Philipp Witkop

Heinrich von Kleist

Verlag
der
Wissenschaften

Philipp Witkop

Heinrich von Kleist

ISBN/EAN: 9783957005885

Auflage: 1

Erscheinungsjahr: 2015

Erscheinungsort: Norderstedt, Deutschland

Hergestellt in Europa, USA, Kanada, Australien, Japan
Verlag der Wissenschaften in Hansebooks GmbH, Norderstedt

Heinrich von Kleist

Heinrich von Kleist

Von

Philipp Witkop

J. G. Cotta'sche Buchhandlung Nachfolger

Stuttgart und Berlin

Dem Hause Emil Enthoven
in Freundschaft

Inhalt

Einleitung: Vom Wesen des Tragischen

Im Sommer 1812 trafen in Teplitz Goethe und Beethoven zusammen. Nie wieder sind sich in der Geschichte der Kunst zwei polar entgegengesetzte Typen von solcher Gipfelhöhe begegnet. „Beethoven" — schrieb Goethe an Zelter — „habe ich in Teplitz kennen gelernt. Sein Talent hat mich in Erstaunen gesetzt; allein er ist leider eine ganz ungebändigte Persönlichkeit, die zwar gar nicht unrecht hat, wenn sie die Welt detestabel findet, aber sie freilich dadurch weder für sich, noch für andere genußreicher macht." Beethoven sprach im Juli 1822 über diese Begegnung zu Friedrich Johann Rochlitz: „... Ich war damals noch nicht so taub wie jetzt, aber schwer hörte ich schon. Was hat der große Mann da für Geduld mit mir gehabt! Was hat er an mir getan! Wie glücklich hat mich das damals gemacht! Totschlagen hätt' ich mich für ihn lassen, und zehnmal... Seit dem Sommer lese ich in Goethe alle Tage. — Er hat den Klopstock bei mir totgemacht; der springt so herum, er fängt auch immer gar zu weit von oben herunter an; immer maestoso! Des-Dur! Wenn er nur nicht immer sterben wollte... Aber der Goethe, der lebt, und wir alle sollen mitleben."

Der apollinische und der dionysische Künstler waren es, die sich in Goethe und Beethoven begegneten. Und wie ihre künstlerische Wesenheit vorbildlich und vollendet, so war auch ihr Verhalten zueinander von vorbildlicher Bedeutung.

Goethe ist der größte Vertreter des apollinischen Künstlertums. Seine menschliche und künstlerische Art, sich der Welt zu bemächtigen, ist sinnliche Anschauung, gegenständliches Denken. „Das Auge war vor allem andern das Organ, womit ich die Welt faßte." Er ist „zum Sehen geboren, zum Schauen bestellt". Schillers Worte zeichnen ihn: „Ihr beobachtender Blick, der so still und rein auf den Dingen ruht." Schon in frühen Jahren, erzählt uns Goethe, erblickte er ein Bild, wo er hinsah. Das ist seine bildende Kraft, die einzelne Erscheinung, den einzelnen Vorgang in ihrer Sonderung zu fassen, zu umgrenzen und sie doch im höchsten Sinne bedeutsam, in sich vollendet zu zeigen, indem er sie als Symbol, als eigenartigen Träger des Allgemeinen zeigt: „Wer nur das Besondere lebendig auffaßt, erhält zugleich das Allgemeine mit." Das Besondere ist ja die Erscheinung des Allgemeinen: „Und es ist das Ewig-Eine, das sich vielfach offenbart." „Das Ewige regt sich fort in allen." In allgegenwärtiger Offenbarung schaut sein klares Auge die Einheit der Welt. Alle Gegensätze: Gott und Welt, Idee und Sinnlichkeit, Geist und Natur haben sich im Schönen, in der Schönheit und Ewigkeit der Erscheinung, der Gestalt ruhevoll durchdrungen und versöhnt. So kann er von der Höhe seines Lebens, da er aus Italien heimkehrt, der leidzerrissenen Menschheit sein tiefstes Wesen in die versöhnende Botschaft zusammenfassen: „Ich bin ein Kind des Friedens."

Beethoven ist der größte Vertreter des dionysischen Künstlertums. Hat der apollinische Künstler das Endliche bejaht, weil es das Unendliche verwirklicht, der

dionyſiſche muß das Endliche, die Welt der Erſcheinung
verneinen, weil das Endliche das Ewige, Göttliche immer
nur unvollkommen darſtellen kann, weil es den Fluch aller
Individuation trägt: das Göttliche, das ſich verwirklichen
will, wird durch die bloße Berührung mit der Materie,
durch den Widerſtand des Beſonderen gehindert, ſich ganz
und rein zu verwirklichen. So bricht das Sein auseinander, überall klafft Zweiheit und Zwieſpalt; Gott und Welt,
Geiſt und Natur, Idee und Sinnlichkeit, Wert und Wirklichkeit — wie auch immer wir die Gegenſätze nennen mögen: unentrinnbar ſind wir zwiſchen ſie geſtellt. Kampf
und Leid iſt der Sinn des Daſeins. „Du wirſt in einem
Tage ſiebzigmal vom Himmel auf die Erde geworfen,“ iſt
das Wort Diotimas an Hyperion-Hölderlin, den dionyſi-
ſchen Lyriker. Und Beethovens Klage: „Wenn ich mich noch
ſo hoch erhoben finde, wenn ich mich in glücklichen Augenblicken in meiner Kunſtſphäre befinde, ſo ziehen mich die
Erdengeiſter wieder herab. Das Tagtägliche erſchöpft
mich.“ Täglich kämpft er mit den „unterirdiſchen Mäch-
ten“, die ihn zwingen, den „nach oben gerichteten Blick
wieder nach unten zu kehren“. Und noch die letzte Gebärde
des Sterbenden iſt eine Gebärde der Anklage und des
Kampfes: Beethoven ſtirbt während eines Gewitters, indem er ſich jäh aufrichtet, drohend die Hand ballt und tot
zurückſinkt.

Aber dem Muſiker iſt ein Ausweg gegeben aus der Not
und Enge und Zweiheit der Erſcheinung. Die Welt der
Muſik iſt unabhängig, iſt über alle Erſcheinung und vor
aller Erſcheinung; jenſeits aller Geſtalt, jenſeits von Bild
und Begriff ſucht ſie die „unendliche Melodie“. Und

Beethoven, der größte absolute Musiker, ist nicht nur das Bild, das Richard Wagner, der sprachlich-gebundene, zeichnet: „Die Welt der Erscheinung hatte einen dürftigen Zugang zu ihm. Sein fast unheimlich stechendes Auge gewahrte in der Außenwelt nichts wie belästigende Störungen seiner inneren Welt, welche sich abzuhalten fast seinen einzigen Rapport mit dieser Welt ausmachte... Gewiß konnten die inneren Willensaffekte dieses Menschen nie oder nur undeutlich seine Auffassung der Außenwelt bestimmen; sie waren zu heftig und zugleich zu zart, um an einer der Erscheinungen haften zu können, welche sein Blick nur mit scheuer Hast, endlich mit jenem Mißtrauen des stets Unbefriedigten streifte." Beethoven ist auch der dionysische Musiker Nietzsches, der Herrscher einer anderen Welt, in der wir „mit der unermeßlichen Urlust am Dasein eins geworden sind und wo wir die Unzerstörbarkeit und Ewigkeit dieser Lust in dionysischer Entzückung ahnen... glücklich Lebendige, nicht als Individuen, sondern als das reine Lebendige, mit dessen Zeugungslust wir verschmolzen sind", der dithyrambische Musiker, mit dem wir „auf die höchsten Sprossen der Empfindung" steigen, „dort erst wieder in der freien Natur und im Reich der Freiheit". Das ist die dionysische Gewalt der Musik, daß sie uns hier, im Endlichen schon, am Unendlichen teilgibt. Nein, wir sind nicht geengt, gefesselt, geknechtet, wir sind frei, unendlich, allmächtig, sobald ihre Stimme ruft, sobald die Seele aufwacht zu ihr. Das ist das „Lied an die Freude", der Weltenhymnus, daß wir in ihr endlich sind und unendlich, Geschöpf und Schöpfer, Zerbrochene und Zerbrecher, daß uns im Endlichen vom Endlichen Erlösung wird.

Aber was dem dionysischen Musiker, unabhängig von aller Erscheinung, restlos geöffnet ist: das Reich der Freiheit, der Ureinheit, das ist seinen Wesensverwandten in anderen Künsten nur als unerfüllbare Sehnsucht, als tragischer Zwiespalt mitgegeben.· Wohl ist das Grundgefühl des tragischen Dichters dem des Musikers tiefst verbunden: „Ich betrachte" — schreibt Kleist im August 1811 — „diese Kunst [die Musik] als die Wurzel, oder vielmehr, um mich schulgerecht auszudrücken, als die algebraische Formel aller übrigen, und so wie wir schon einen Dichter [Goethe] haben, der alle seine Gedanken über die Kunst, die er übt, auf Farben bezogen hat, so habe ich von meiner frühesten Jugend an alles Allgemeine, was ich über die Dichtkunst gedacht habe, auf Töne bezogen.· Ich glaube, daß im Generalbaß die wichtigsten Aufschlüsse über die Dichtkunst enthalten sind." Wohl quellen ihm aus diesem Grundgefühl Stunden unsagbaren Trostes, metaphysischer Süßigkeit: „Ich höre zuweilen," — schreibt Kleist 1800 — „wenn ich in der Dämmerung, einsam, dem wehenden Atem des Westwinds entgegengehe, und besonders, wenn ich dann die Augen schließe, ganze Konzerte, vollständig, mit allen Instrumenten von der zärtlichen Flöte bis zum rauschenden Kontra-Violon.· So entsinne ich mich besonders einmal als Knabe vor neun Jahren, als ich gegen den Rhein und gegen den Abendwind zugleich hinaufging, und so die Wellen der Luft und des Wassers zugleich mich umtönten, ein schmelzendes Adagio gehört zu haben, mit allem Zauber der Musik, mit allen melodischen Wendungen und der ganzen begleitenden Harmonie. Es war wie die Wirkung eines Orchesters, wie ein vollständiges Vaux-hall; ja, ich glaube

sogar, daß alles, was die Weisen Griechenlands von der
Harmonie der Sphären dichteten, nichts Weicheres, Schöneres, Himmlischeres gewesen sei, als diese seltsame Träumerei. Und dieses Konzert kann ich mir, ohne Kapelle, wiederholen, so oft ich will." Aber den tragischen Dichter ruft
die eigene Kunst aus der freien, erlösenden Welt der Musik immer wieder zurück in die Welt der Erscheinung, an die
er mit jeder Außerung gebunden ist. Nur durch die Erscheinung, durch Bild und Begriff kann er sich darstellen; dürftig nur vermag er sie im Rhythmus zu lösen. Und so bleibt
sein Wesen mit allem Wissen und Sehnen zum Unbedingten dem urgründigen Zwiespalt und Kampf alles Lebens
verhaftet. Und was er auch ausspricht, was er auch darstellt, entwächst diesem tragischen Grundgefühl. Jedes Leid
ist ihm nur Symbol dieses Urleids, jeder Konflikt Symbol
dieses Urkonflikts. Sein musikalisches Grundgefühl läßt
ihn gleich dem Mystiker von einer göttlichen Ureinheit träumen, an der wir alle teilhatten, in der wir eins waren; aber
der Sündenfall der Individuation, die mystische, tragische
Urschuld unseres Daseins, hat uns hinausgeworfen in die
Welt der Endlichkeit, der Sonderung, des Zwiespalts. Und
mit der Sonderung des Ich ist seine Einsamkeit gesetzt,
seine „Einzelhaft", das brückenlose Nichtverstehen und
Mißverstehen von Mensch zu Mensch. „Ach, wir sind alle
in einer Wüste. Keiner versteht den andern, und was wir
auch versuchen, wie auch der Drang unserer Herzen sei und
der Ruf unserer Lippen, wir werden immer einsam bleiben ... Man trifft sich nur, indem man sich stößt, und jeder
klagt, wenn er seine zerrissenen Eingeweide in den Händen
trägt, den andern an, der seine zusammenrafft." (Flau

bert.) Mit der Sonderung des Ich ist, je gewaltiger das Ich, sein Drang gegeben, die ihm gesetzte Schranke zu überschreiten, sein Wille zur Maßlosigkeit. Verstrickt in unentrinnbare Konflikte starrt der Tragiker in das abgründige Problem des Lebens: „Dieses rätselhafte Ding,“ — schreibt Kleist 1801 — „das wir besitzen, wir wissen nicht von wem, das uns fortführt, wir wissen nicht, wohin, das unser Eigentum ist, wir wissen nicht, ob wir darüber schalten dürfen, eine Habe, die nichts wert ist, wenn sie uns etwas wert ist, ein Ding wie ein Widerspruch, flach und tief, öde und reich, würdig und verächtlich, vieldeutig und unergründlich, ein Ding, das jeder wegwerfen möchte, wie ein unverständliches Buch, sind wir nicht durch ein Naturgesetz gezwungen, es zu lieben? Wir müssen vor der Vernichtung beben, die doch nicht so qualvoll sein kann als oft das Dasein, und indessen mancher das traurige Geschenk des Lebens beweint, muß er es durch Essen und Trinken ernähren und die Flamme vor dem Erlöschen hüten, die ihn weder erleuchtet noch erwärmt.“

Es ist begreiflich, daß der dionysisch-tragische Künstler, daß Beethoven und Kleist wohl zum apollinischen, zu Goethe hinüberschauen können, daß sie in dunklen, ruhelosen Stunden ausruhen im Frieden des Schönen, sehnend, verehrend, liebend. Nie aber kann und darf der apollinische Künstler, darf Goethe sich der fessellosen Urlust Beethovens öffnen, die alle Erscheinung triumphierend zerbricht, nie dem tragischen Urleid und Urkampf Heinrichs von Kleist. Es würde seine apollinische Weltanschauung beunruhigen, gefährden, sprengen. So empfindet und wertet Goethe fremd und verschlossen Beethoven als „eine ganz ungebändigte Persönlichkeit", während sich Beethoven für ihn „hätte totschlagen lassen". So wehrt er sich immer bewußter gegen das Tragische: „Ich bin nicht zum tragischen Dichter geboren, da meine Natur konziliant ist; daher kann der rein tragische Fall mich nicht interessieren, welcher eigentlich von Hause aus unversöhnlich sein muß, und in dieser übrigens so äußerst platten Welt kommt mir das Unversöhnliche ganz absurd vor" (an Zelter). „Ich kenne mich zwar nicht selbst genug, um zu wissen, ob ich eine wahre Tragödie schreiben könnte; ich erschrecke aber bloß vor dem Unternehmen und bin beinahe überzeugt, daß ich mich durch den bloßen Versuch zerstören könnte" (an Schiller). Selbst gegen die bloße Lektüre Shakespeares wehrt er sich schließlich: „Er ist gar zu reich und gewaltig. Eine produktive Natur darf alle Jahre nur ein Stück von ihm lesen, wenn sie an ihm nicht zugrunde gehen will." Und so verschließt er sich gegen Heinrich von Kleist, der ihm „auf den Knien seines Herzens" seine gewaltigste Tragödie, „Penthesilea", überreicht. Wie Goethe oftmals das Tragische und Pathologische, die beiden Ausdrücke, als wesenseins gebraucht, so hilft er sich auch Kleist gegenüber: er deutet ihn ins Krankhafte: „Sein ‚Hypochonder‘ ist gar zu arg... eine schwere Verirrung der Natur, die den Grund ihrer Entschuldigung allein in einer zu großen Reizbarkeit der Nerven oder in Krankheit finden kann." (März 1808.) „Mir erregte dieser Dichter immer Schauder und Abscheu wie ein von der Natur schön intentionierter Körper, der von einer unheilbaren Krankheit ergriffen wäre" (1826). „Goethe über Kleist," — schrieb Nietzsche 1873, „— fürchtet sich."

Schon die beiden großen deutschen Dramatiker vor und neben Goethe, Lessing und Schiller, suchen die dunkle Unversöhnlichkeit, die Unbedingtheit des Tragischen zu überwinden.

Lessing war der helle dichterische Ausklang des deutschen Rationalismus, jener Jahrhunderte, in denen seit der Reformation der deutsche Geist sich alten, starren, fremden Banden und Gesetzen entwand, sich auf sein Recht und seine Macht besann, sich zusammenfand mit den freien Geistern der Nachbarländer und ein Reich der Vernunft heraufführte, in dem sich alle Lebensrätsel zu lösen schienen. Das helle, männliche, menschliche und menschenverbindende Glück der deutschen Aufklärung leuchtet aus den beiden, ihm eigentümlichen, schöpferischen Dramen Lessings — „Emilia Galotti" ist nur ein Musterbeispiel des Kritikers — aus „Minna von Barnhelm" und „Nathan der Weise". Aus lichter Vernunftreligion erwächst eine Gemeinschaft, ein Bewußtsein, zusammen fortzuschreiten einer immer reineren Menschlichkeit, einer besseren Gesellschaft zu, Vertrauen, Seelenruhe, verklärende Heiterkeit. Das Dunkel zwischen Mensch und Mensch, zwischen Volk und Volk, Glaubensbekenntnis und Glaubensbekenntnis erhellt sich vor den alldurchdringenden Strahlen der selbstbewußten Vernunft. Die Abgründe der Leidenschaft lichten sich; Mensch und Mensch, Natur und Geist verstehen und verständigen sich. Dem Monismus Spinozas kommt der Entwicklungsgedanke von Leibniz zur Hilfe. Der Gedanke einer stetigen Entwicklung löst den Zwiespalt zwischen Welt und Gott, Gut und Böse, Diesseits und Jenseits, Himmel und Hölle. In der Lehre von der Seelenwanderung, die Lessing in An-

knüpfung an Charles de Bonnet aufnimmt, weist der Gedanke des Fortschritts ins Unendliche, findet jede, auch die
unglücklichste, ärmste Seele die Bahn zur Vollendung, den
Frieden.

Ist es in Lessing die reine Vernunft, die die Tragik überwinden will, in Schiller ist es die praktische Vernunft. Aus
dem Reich des Verstandes verlegt er den Kampf ins Reich
der Moral. Das Reich der Sinnlichkeit und der Idee,
der Gebundenheit und der Freiheit, des empirischen und des
intelligiblen Charakters stehen sich gegenüber. Und wenn
auch keineswegs immer in Schillers Dramen — in seiner
Weltanschauung löst sich der tragische Konflikt, indem ihm
die eine Seite, das Reich der Sinnlichkeit, der Natur, des
empirischen Menschen immer gleichgültiger wird; wertbe-
tont bleibt ihm allein die andere: das Reich der Idee, der
Freiheit, des intelligiblen Charakters. „Das Erhabene ver-
schafft uns einen Ausgang aus der sinnlichen Welt." Eine
Weltanschauung, unter der „im wesenlosen Scheine das,
was uns alle bändigt", liegt, die sinnliche Welt, sieht in
triumphierender Gefaßtheit den Fällen entgegen, „wo das
Schicksal alle Außenwerke ersteigt", glaubt, ohne Wesens-
verlust, „sich in die heilige Freiheit der Geister flüchten"
zu können. „Durch eine freie Aufhebung alles sinnlichen
Interesses", durch die freie Entwertung der sinnlichen
Welt wird die Tragik überwunden, löst sie sich in die strahlende Gewißheit: „Kurz ist der Schmerz, und ewig ist die
Freude!"

Neben diese Versuche der theoretischen und praktischen
Vernunft zur Überwindung des Tragischen tritt Goethes
großartigster Versuch: Leben und Welt als Kunstwerk, als

künstlerische Aufgabe zu begreifen, die künstlerische Anschauung zur Weltanschauung zu machen, in der vollendeten Einheit des Weltkunstwerks allen tragischen Zwiespalt aufzulösen, in der Schönheit und Ewigkeit der Erscheinung alle
Gegensätze zum Frieden zu führen. Ihm finden und durchdringen sich das Endliche und Unendliche, Geist und Natur,
Gott und Mensch. Sein Weltgefühl erscheint als eine „aus
dem Innern am Außern sich entwickelnde Offenbarung, die
den Menschen seine Gottähnlichkeit ahnen läßt ... eine
Synthese von Welt und Geist, welche von der ewigen Harmonie des Daseins die seligste Versicherung gibt". „Ist
nicht der Kern der Natur Menschen im Herzen?" „Je
mehr du fühlst, ein Mensch zu sein, desto ähnlicher bist du
den Göttern." „Reine Menschlichkeit" wird die Erlösung
der Welt. „Alle menschliche Gebrechen — Sühnet reine
Menschlichkeit" — das ist der Sinn der „Iphigenie", des
Schauspiels, das Goethes Überwindung des Tragischen
darstellt. In genau entgegengesetztem Rhythmus wie die
Tragödie verläuft es. Steigen dort die ersten Akte leuchtend auf, bis zum Umschwung im dritten, und stürmt dann
alles im dunklen Absturz dem vernichtenden Ende zu, so
steigern sich hier die ersten Akte zu tragischen Dunkelheiten, alle Greuel der Tantaliden häufen sich, alles
Grauen der Antike ballt sich, bis zum drohenden Schicksal,
daß der wahnsinngehetzte, wiedergefundene Bruder unter
dem Opfermesser der Schwester verbluten soll — dann
aber setzt durch Iphigenie der Umschwung ein, das Dunkel
lichtet sich, immer strahlender, immer lösender bricht ihre
„reine Menschlichkeit" durch alle Verwirrung. Und was
in der „Iphigenie" in der Einheit eines Konfliktes sich dar

tut, zeigt sich im „Faust" in der Einheit eines Lebens: „Der gute Mensch in seinem dunklen Drange — Ist sich des rechten Weges wohl bewußt." „Wer immer strebend sich bemüht — Den können wir erlösen." So steht am Ende von Goethes Leben über alles Leid und alle Entsagung hinaus die große Versöhnung, die letzte Bejahung: „Wie es auch sei, das Leben, es ist gut."

Erst in Kleist gewinnt nach diesen gewaltigen Versuchen, das Tragische zu überwinden, die tragische Weltanschauung düster, leidenschaftlich, unbedingt Recht und Raum, um so mehr, als sie in furchtbarer Erschütterung aus ihrem letzten Gegensatz hervorbricht: Kleist wächst aus einem fanatischen Rationalismus, aus dem rückhaltlosen Glauben an die Allmacht der Vernunft.

Das Werden des Tragikers

Am 18. Oktober 1777 nach der Angabe des Garnison-Kirchenbuchs, nach eigener Angabe am 10. Oktober, wurde Heinrich Wilhelm von Kleist zu Frankfurt a. O. geboren, als Sproß eines pommerschen Geschlechts, das seinen Stammbaum bis 1175 zurückführt und das sich seit alters durch militärische Tüchtigkeit auszeichnete: neben dem Physiker, Domherrn Ewald von Kleist, dem Erfinder der Kleistschen (Leydener) Flasche, neben dem Dichter Christian Ewald von Kleist, dem Sänger des „Frühlings" und Freunde Lessings, der als Major in der Schlacht bei Kunersdorf fiel, zählt es achtzehn preußische Generäle, darunter zwei Generalfeldmarschälle. Auch Kleists Vater war Offizier, starb aber schon in Kleists elftem Jahre, im sechzehnten starb seine sehr verehrte Mutter. Nur seine Stiefschwester Ulrike blieb ihm von seinen Geschwistern als opferbereite Freundin nah. Natürlich mußte auch Heinrich von Kleist, noch nicht fünfzehn Jahre alt, in den Soldatenrock, nachdem er in Frankfurt a. O. durch den verständnisvollen Rektor der Bürgerschule, Martini, in Berlin durch den Emigranten S. H. Catel, Religionslehrer an der Ecole de Charité, vorgebildet war. Am 1. Juni 1792 trat er als Gefreiter-Korporal in das Garderegiment zu Potsdam ein. Im folgenden Jahre erlebte er den Feldzug gegen das französische Revolutionsheer und die Belagerung von Mainz. Nach dem Basler Frieden wird er zum Fähnrich ernannt, im Frühjahr 1797 zum Leutnant. Aus dem Feldzug stammt sein erstes — später wohl überarbeitetes Gedicht, in dem er, — der Seelenstimmung Chr. Ewalds von Kleist verwandt, — dem Kriege den „höheren Frieden" der Natur und des Herzens entgegenstellt. Der einförmige Garnison- und Gamaschendienst, die peinliche Gewöhnlichkeit des militärischen Lebens konnten ihn, den schon sein Jugendlehrer Martini als „einen nicht zu dämpfenden Feuergeist" schildert, nicht befriedigen. Freunde und Regimentskameraden, wie Ernst von Pfuel, der später zum Kriegsminister und Ministerpräsidenten aufstieg, und Otto Rühle von Lilienstern, der spätere Generalleutnant und Generalinspektor des gesamten Militärbildungswesens, halfen ihm noch eine Zeitlang darüber fort. Sein „nicht unbedeutendes, wiewohl ganz unausgebildetes Talent zur Musik", kraft dessen er, „ohne Noten zu kennen" (vielmehr wohl: ohne Unterricht genossen zu haben), Tänze komponierte, und alles, was er hörte, augenblicklich nachsang, gab seinem musikalisch-tragischen Lebensgefühl den ersten, unbewußten Ausdruck. Mit Rühle und zwei anderen Kameraden bildete er ein Quartett, in dem er selbst die Klarinette blies. Aber sein leidenschaftlicher Drang zu seinem wahren Selbst, sein ungestümer Entwickelungswille entfremdeten ihn immer mehr dem soldatischen Dienst, er stürzt sich — bald „mehr Student als Soldat" — hungrig in das Studium der Wissenschaften. Nicht um ein Berufs- und Spezialwissen ist es ihm zu tun: in den Sinn des Lebens und der Schöpfung will er vordringen. In rückhaltlosem intellektualistischem Optimismus, ein glühender Jünger der deutschen Aufklärung, Wielands, Leibnizens, der Popularphilosophie, glaubt er, daß ihn das Wissen, die Philosophie, die reine Logik und ihre Grundlage, die reine Mathematik sicher dahin führen werde. Kraft, nur kraft der fortschreitenden Aufklärung des Verstandes, der immer schärferen Verdeutlichung der Begriffe, vermag das Ich die Stelle, die im großen Plan der Welt ihm zugeteilt ist, zu erkennen und zu erfüllen, vermag es sich „auf eine Stufe näher der Gottheit zu stellen". Alle Weltanschauung, alle Bildung, alle Tugend ist bedingt durch die Aufklärung des Verstandes; nur seine Vervollkommnung führt zur Vervollkommnung des Herzens und Charakters. Das Universum bildet einen einzigen großen Zweckzusammenhang, der sich der sinnlich-befangenen, „verworrenen" Anschauung nur unvollkommen kund tut, aber der fortschreitenden Einsicht des Verstandes sich immer reiner, herrlicher, schrankenlos offenbart. So wirft sich dieser „nicht zu dämpfende Feuergeist" mit der letzten Leidenschaftlichkeit seines Wesens in das Studium der Philosophie, seinen ganzen „Lebensplan" stellt er ausschließlich auf das Wissen, auf die rein theoretische Erkenntnis. „Welcher andern Herrschaft" — schreibt er im Mai 1799 seiner Schwester Ulrike — „bist du unterworfen als allein der Herrschaft der Vernunft? Aber dieser sollst du dich auch vollkommen unterwerfen. Etwas muß dem Menschen heilig sein. Uns beide, denen es die Zeremonien der Religion und die Vorschriften des konventionellen Wohlstandes nicht sind, müssen um so mehr die Gesetze der Vernunft heilig sein."

Um sich ausschließlich seinem Wissensdrang hingeben zu können, erbat und erhielt Kleist im Frühjahr 1799 seinen Abschied aus dem Militärdienst. „So knüpft sich an meine

natürliche Abneigung gegen den Soldatenstand noch die
Pflicht, ihn zu verlassen." Philosophie, Mathematik und
Physik studierte er auf seiner Heimatuniversität Frankfurt a. O., zumal unter Christian Ernst Wünsch, dem Ver-
fasser der populären „Kosmologischen Unterhaltungen".
„Ich habe mir ein Ziel gesteckt, das die ununterbrochene An-
strengung aller meiner Kräfte und die Anwendung jeder
Minute Zeit erfordert, wenn es erreicht werden soll." Mit
mehr als Ernst und Eifer, mit ruhloser Leidenschaft drängt
er seinem „einzigen, seinem höchsten Ziele" zu: „Wahrheit
und Bildung".

Niemand ahnte die dämonischen Kräfte, aus denen diese
abstrakten Studien wuchsen. Mißbilligend hatten die Verwandten seinem Austritt aus dem Heere zugesehen, sie hatten ihm sein geringes Vermögen, die unsichern Aussichten
vorgehalten; und wenn er nun eine Wissenschaft trieb, so
konnte es sich für sie nur um eine „Brotwissenschaft" handeln, Jurisprudenz oder Kameralwissenschaft. Seine Le-
benspläne sind ihnen „so fremd und ungleichartig, daß sie
— gleichsam wie aus den Wolken fallen, wenn sie etwas davon ahnten. Auch haben mich einige mißlungene Versuche,
es ihnen näher vor die Augen, näher ans Herz zu rücken,
für immer davon zurückgeschreckt; und ich werde mich dazu
bequemen müssen, es immer tief in das Innerste meines
Herzens zu verschließen." „Tausend Bande knüpfen die
Menschen aneinander, gleiche Meinungen, gleiches Interesse, gleiche Wünsche, Hoffnungen und Aussichten; — alle
diese Bande knüpfen mich nicht an sie, und dieses mag ein
Hauptgrund sein, warum wir uns nicht verstehen." Der
werdende Tragiker erfährt die Einsamkeit, die „Einzel-

haft" alles Irdischen, das brückenlose Nichtverstehen und Mißverstehen von Mensch zu Mensch: „Was ich mit diesem Interesse im Busen, mit diesem heiligen, mir selbst von der Religion, von meiner Religion gegebenen Interesse im engen Busen für eine Rolle unter den Menschen spiele, denen ich von dem, was meine ganze Seele erfüllt, nichts merken lassen darf — das weißt du zwar nach dem äußeren Anschein, aber schwerlich weißt du, was oft dabei im Innern mit mir vorgeht."

Aus dieser gespenstigen Einsamkeit befreien ihn ein wenig die Besuche im Nachbarhaus, in der Familie des Generalmajors von Zenge. Nicht Verständnis, aber schlichte menschliche Wärme findet er dort. „Sie besteht aus lauter guten Menschen und es herrscht darin viele Eintracht, und das äußerste von Zwanglosigkeit. Die älteste Zengin, Minette, hat sogar einen feineren Sinn, der für schönere Eindrücke zuweilen empfänglich ist; wenigstens bin ich zufrieden, wenn sie mich zuweilen mit Interesse anhört, ob ich gleich nicht viel von ihr wieder erfahre." Minette — Wilhelmine nennt er sie später — wird einige Wochen darauf seine Verlobte. Sein einsames, überreiches Herz liebt sie, um seine schmerzhaft überdrängende Fülle hinauszgeben, um in der Hingabe sich selber freier und bewußter empfinden zu können. Er sieht und liebt sie nicht als Persönlichkeit — nur daß sie keine ist, macht diese Liebe möglich — er will sie als sein Geschöpf. „Und wäre ein Mädchen noch so vollkommen, ist sie fertig, so ist es nichts für mich. Ich selbst muß es mir formen und ausbilden." So wächst er im letzten Grunde nicht aus seiner Einsamkeit heraus, immer nur seine Stimme ist es, die er hört.

Durch Vorträge, durch Aufsätze, durch „Denkübungen“ reißt er die Braut in sein ruhloses Streben zur Wahrheit und Bildung, in seinen rationalistischen Optimismus hinein: „Ja, Wilhelmine, wenn Du mir könntest die Freude machen, immer fortzuschreiten in deiner Bildung mit Geist und Herz, wenn Du es mir gelingen lassen könntest, mir an Dir eine Gattin zu formen, wie ich sie für mich, eine Mutter, wie ich sie für meine Kinder wünsche, erleuchtet, aufgeklärt, vorurteilslos, immer der Vernunft gehorchend, gern dem Herzen sich hingebend!“ Es zeichnet die unerhörte rationalistische Gebundenheit dieses „Feuergeistes“, den Fanatismus seines Vernunftglaubens, dem alle Persönlichkeits- und Charakterbildung durch die Aufklärung des Verstandes bedingt ist, wenn er seiner Braut „Denkübungen“ stellt wie diese: „Wenn jemand einen Fehler, von welchem er selbst nicht frei ist, an einem anderen tadelt, so hört man ihn oft antworten: Du machst es selbst nicht besser und tadelst doch andere? — Ich frage: darf man darum nie einen Fehler am andern tadeln, weil ich ihn selbst beging?“ — „Wenn beide, Mann und Frau, füreinander tun, was sie ihrer Natur nach vermögen, wer verliert von beiden am meisten, wenn einer zuerst stirbt?“ — „Eine Frau, die achtungswürdig ist, ist darum noch nicht interessant. Wodurch erwirbt und erhält sich nun wohl eine Frau das Interesse ihres Mannes?“ — „Was ist wünschenswerter, auf eine kurze Zeit oder nie glücklich gewesen zu sein?“ — „Was knüpft die Menschen mehr mit Banden des Vertrauens aneinander, Tugenden oder Schwächen?“ Es scheint kaum glaublich, daß der Dichter, dessen ausbrechende, vulkanische Bildgewalt nur der Bibel, Äschylos, Shakespeare verwandt ist, seiner Braut die pedantisch rationalistische Erklärung und Aufgabe geben kann: „Bei einem Bilde oder einem Gleichnis kommt es überhaupt auf möglichst genaue Übereinstimmung und Ähnlichkeit in allen Teilen der beiden verglichenen Gegenstände an. Alles, was von dem einen gilt, muß bei dem andern irgendeine Anwendung finden. Willst du dich einmal üben, ein recht interessantes Gleichnis herauszufinden, so vergleiche einmal den Menschen mit einem Klavier. Du müßtest dann Saiten, Stimmung, den Stimmer, Resonanzboden, Tasten, den Spieler, die Noten usw. in Erwägung ziehen, und zu jedem das Ähnliche bei dem Menschen herausfinden."

Wenn diese Liebe auch nicht im Dunkel der Leidenschaft, in metaphysischen Tiefen wurzelte, so entwuchs doch auch ihr die tragische Erkenntnis, daß jedes Band innerhalb des Endlichen — und das liebste zumeist! — uns nur fester und leidvoller an die Verwirrung und Zwiespältigkeit alles Endlichen bindet. Alle Liebe drängt zur Vereinigung, alle Brautschaft zur Ehe. Aber sollte die Ehe möglich werden, so mußte er ein Amt suchen, so mußte er von der absoluten Wissenschaft zur Brotwissenschaft niedersteigen, so konnte er seinem heiligsten Ziel: „Wahrheit und Bildung" nur eingeschränkt treu bleiben. Jahrelang währt dieser Kampf. Immer wieder versucht er, um der Liebe und Ehe willen in die Enge eines Amtes einzugehen, immer wieder drängt sein ungestümer Wille zum Absoluten ihn davon zurück, bis schließlich der Künstler in ihm frei wird und alle Bande sprengt. „Ich will kein Amt nehmen. Warum will ich es nicht? — O wie viele Antworten liegen mir auf der Seele! Ich kann nicht eingreifen in ein Interesse, das ich mit meiner Vernunft nicht prüfen darf. Ich soll tun, was der Staat von mir verlangt, und doch soll ich nicht untersuchen, ob das, was er von mir verlangt, gut ist. Zu seinen unbekannten Zwecken soll ich ein bloßes Werkzeug sein — ich kann es nicht. Ein eigener Zweck steht mir vor Augen, nach ihm würde ich handeln müssen, und wenn der Staat es anders will, dem Staate nicht gehorchen dürfen. Meinen Stolz würde ich darin suchen, die Aussprüche der Vernunft geltend zu machen gegen den Willen meiner Obern — nein, Wilhelmine, es geht nicht, ich passe mich für kein Amt... Ich arbeite nur für meine Bildung gern, und da bin ich unüberwindlich, geduldig und unverdrossen. Ich würde die Zeit meinem Amte stehlen, um sie meiner Bildung zu widmen — nein, Wilhelmine, es geht nicht, es geht nicht... Ich darf kein Amt wählen, weil ich das ganze Glück, das es gewähren kann, verachte... Lieben wollen wir uns und bilden, und dazu gehört nicht viel Geld."

Zum erstenmal bemüht sich Kleist um ein Amt im August 1800, nach drei knappen, überanstrengten Semestern an der Universität Frankfurt a. O., in Berlin. Der Minister von Struensee gab ihm eine Volontärstelle im Zoll- und Akzisedepartement und Aufträge, die ihn mit seinem älteren, reifen und lebensklugen Freunde, dem Urenkel des Dichters Brockes, auf eine zweimonatliche Reise nach Würzburg führten, wo sich Kleist zudem einer ärztlichen Kur unterwarf, die jedenfalls in einem chirurgischen, lokalen Eingriff bestand, und die ihn vielleicht auch von langen, drückenden sexuellen Unruhen heilte. Diese Reise an der Seite eines

erfahrenen Freundes, mit ihrer eilenden Fülle landschaft-
licher, menschlicher, künstlerischer Eindrücke zieht Kleist zum
erstenmal aus der verschlossenen Innerlichkeit, der rationalistischen Gebundenheit seines Wesens in die Welt der bewegten, farbigen Anschauung, des Lebens.

Das lange Gedicht für Wilhelmine aus dem Beginn
der Reise zeigt noch die alte, nüchterne Befangenheit; das
ist keine Dichtung, das sind rhythmisch aufgefädelte Alle-
gorien:

> Auch zu der Liebe schwimmt nicht stets das Glück,
> Wie zu dem Kaufmann nicht der Indus schwimmt.
> Sie muß sich ruhig, in des Lebens Schiff,
> Des Schicksals wildem Meere anvertraun,
> Dem Wind des Zufalls seine Segel öffnen,
> Es an der Hoffnung Steuerruder lenken,
> Und, stürmt es, vor der Treue Anker gehn.
> Sie muß des Wankelmutes Sandbank meiden,
> Geschickt des Mißtrauns spitzen Fels umgehn,
> Und mit des Schicksals wilden Wogen kämpfen,
> Bis in des Glückes sichern Port sie läuft.

Aller künstlerischen Anschauung ist Kleist noch so verschlossen, daß er der Dresdener Galerie gegenüber be-
ziehungslos bleibt: „Wir gingen in die berühmte Bildergalerie. Aber wenn man nicht genau vorbereitet ist, so gafft
man so etwas an wie Kinder eine Puppe. Eigentlich habe
ich daraus nicht mehr gelernt, als daß hier viel zu lernen
sei." Er ist noch so sehr Rationalist, daß er selbst der Kunst
gegenüber nur zu fragen weiß, was aus ihr zu lernen sei.
Auch seine Schilderungen der Städte und Gegenden sind

zuerst rein gegenständliche Berichte zum teilnehmenden Unterricht für Wilhelmine. Allmählich weckt „das große Gepräge der Natur" seinen Natursinn. „Ja, mein liebes Mädchen, das ist ein ganz anderer Stil von Gegend, als man in unserm traurigen märkischen Vaterlande sieht." Aber erst in seinem letzten Briefe aus Würzburg ringt seine Naturbetrachtung nach dichterischer Bildkraft: „Geradeaus strömt der Main von der Brücke weg, und pfeilschnell, als hätte er sein Ziel schon im Auge, als sollte ihn nichts abhalten, es zu erreichen, als wollte er es, ungeduldig, auf dem kürzesten Wege ereilen — aber ein Rebenhügel beugt seinen stürmischen Lauf, sanft, aber mit festem Sinn, wie eine Gattin den stürmischen Willen ihres Mannes, und zeigt ihm mit edler Standhaftigkeit den Weg, der ihn ins Meer führen wird — — und er ehrt die bescheidene Warnung und folgt der freundlichen Weisung, und gibt sein voreiliges Ziel auf und durchbricht den Rebenhügel nicht, sondern umgeht ihn, mit beruhigtem Laufe, seine blumigen Füße ihm küssend." Solche Bilder sind zum größeren Teil noch erdacht, nicht erschaut, sind nicht der schöpferischen Anschauung, sondern bewußter äußerer Verknüpfung entwachsen, und ihr allegorischer Rationalismus wird oft noch restlos deutlich: „Das Ersteigen der Berge, wie der Weg zur Tugend, ist besonders wegen der Aussicht, die man eben vor sich hat, beschwerlich. Drei Schritte weit sieht man, weiter nicht, nichts als die Stufen, die erstiegen werden müssen." Aber da und dort bricht die reine Anschauung gestaltungskräftig durch: „Der Felsen mit der Zitadelle sah ernst auf die Stadt herab und bewachte sie wie ein Riese sein Kleinod, und an den Außenwerken herum schlich ein

Weg, wie ein Spion, und krümmte sich in jede Bastion, als ob er rekognoszieren wollte, wagte aber nicht in die Stadt zu gehen, sondern verlor sich in die Berge."

Die erste Künstlerfreude, die in diesen Naturbildern schafft, und die sie den „Denkübungen" geradezu als Bildübungen gegenüberstellt, ist sich ihres wahren Selbst noch nicht bewußt. Kleist gelten auch diese Übungen als Lernübungen. Die Natur tritt ihm als Lehrerin neben die Wissenschaft, zumal auf moralischem Gebiete. „Mir leuchtet es immer mehr und mehr ein, daß die Bücher schlechte Sittenlehrer sind. Was wahr ist, sagen sie uns wohl, auch wohl, was gut ist, aber es dringt nicht in die Seele ein. Einen Lehrer gibt es, der ist vortrefflich, wenn wir ihn verstehen; es ist die Natur. Ich will Dir das nicht durch ein langes Geschwätz beweisen, sondern lieber durch Beispiele zeigen. Ich ging an jenem Abend vor dem wichtigsten Tage meines Lebens [vor der Operation] in Würzburg spazieren. Als die Sonne herabsank, war es mir, als ob mein Glück unterginge. Mich schauerte, wenn ich dachte, daß ich vielleicht von allem scheiden müßte, von allem, was mir teuer ist. Da ging ich, in mich gekehrt, durch das gewölbte Tor sinnend zurück in die Stadt. Warum, dachte ich, sinkt wohl das Gewölbe nicht ein, da es doch keine Stütze hat. Es steht, antwortete ich, weil alle Steine auf einmal einstürzen wollen — und ich zog aus diesem Gedanken einen unbeschreiblichen und erquickenden Trost, der mir bis zu dem entscheidenden Augenblicke immer mit der Hoffnung zur Seite stand, daß auch ich mich halten würde, wenn alles mich sinken läßt. Das würde mir kein Buch gesagt haben, und das nenne ich recht eigentlich lernen von der Natur."

Dies ist ein künstlerisch erschautes und erfühltes Bild. In der „Penthesilea" kehrt es wieder:

> Steh, stehe fest, wie das Gewölbe steht,
> Weil seiner Blöcke jeder stürzen will!
> Beut deine Scheitel, einem Schlußstein gleich,
> Der Götter Blitzen dar und rufe: trefft!
> Und laß dich bis zum Fuß herab zerspalten,
> Solang ein Atem Mörtel und Gestein,
> In dieser jungen Brust, zusammenhält.

Hier hat Kleist das intuitive Bild künstlerisch ausgestaltet, im Briefe hat es der noch rationalistisch Befangene in die intellektuelle Sphäre gezogen. Ihm ist die sinnliche Wahrnehmung noch, wie der Leibnizschen Monadologie, nur die Vorstufe der reinen Verstandeserkenntnis: „Bestrebe dich, nicht bloß die Erscheinungen wahrzunehmen, sondern auch etwas von ihnen zu lernen. Frage bei jeder Erscheinung: worauf deutet das hin? Und dann wird die Antwort dich mit irgendeiner nützlichen Lehre bereichern; oder frage wenigstens, wenn das nicht geht: womit hat das eine Ähnlichkeit? Und dann wird das Auffinden des Gleichnisses deinen Verstand schärfen." Von dieser rationalistischen Einstellung kommt er zu „einigen anleitenden Beispielen", die in ihrer dürren Allegorie geradezu pedantisch sind: „daß du nicht wie das Tier den Kopf zur Erde neigst, sondern aufrecht gebaut bist und in den Himmel sehen kannst — worauf deutet das hin? — — Du hast zwei Ohren und doch nur einen Mund ... Frage dich einmal selbst, worauf das hindeutet, daß du mehr Ohren hast als Münder. — Ich ging letzthin in der Nacht in der Königsstraße. Ein Mann

kam mir entgegen mit einer Laterne. Sich selbst leuchtete
er auf den Weg, mir aber machte er es noch dunkler. Mit
welcher Eigenschaft des Menschen hat diese Blendlaterne
Ähnlichkeit? — Wenn du in der Küche das kochend-heiße
Wasser in das kühlere Gefäß gießest, und die sprudelnde
Flüssigkeit, indem sie das Gefäß ein wenig erwärmt, selbst
dadurch abgekühlt wird, bis die Temperaturen in beiden sich
ins Gleichgewicht gesetzt haben — welche vortreffliche Hoffnung ist daraus für uns beide und besonders für mich zu
ziehen, oder worauf deutet das hin?" usw. usw.

So streiten sich schon in Kleist — ihm noch unbewußt —
der werdende Künstler und der Rationalist. Der amtlichen
Anstellung entgegen, die ihn immer unerträglicher dünkt,
träumt er von einem neuen Lebensplan: „Du weißt, daß
ich mich für das schriftstellerische Fach bilde." Und wenn er
stolz darauf hinweist: „Viele Männer haben geringfügig
angefangen und königlich ihre Laufbahn beschlossen. Shakespeare war ein Pferdejunge, und jetzt ist er die Bewunderung der Nachwelt", so ist sein Gefühl schon in der ihm
wesenseigenen Atmosphäre, aber sein Intellekt zielt auf den
aufklärerischen Popular-Schriftsteller, legt sich ein „Ideenmagazin" an und will „nach Paris gehen und die neueste
Philosophie in dieses neugierige Land verpflanzen".

Der Minister hat ihn schriftlich eingeladen, sich anstellen
zu lassen. Aber wenn er auch den Sitzungen der technischen
Deputation während des Winters beiwohnt, er ist mehr als
jemals abgeneigt, ein Amt zu nehmen, seit sich durch seine
Reise „die Sphäre für meinen Geist und für mein Herz
ganz unendlich erweitert" hat. „Solange die Metallkugel
noch kalt ist, so läßt sie sich wohl hineinschieben in das

enge Gefäß, aber sie paßt nicht mehr dafür, wenn sie glüht — fast so wie der Mensch nicht für das Gefäß eines Amtes, wenn ihn ein höheres Feuer erwärmt." So unterirdisch die vulkanischen Gluten seines Wesens noch in ihm wühlen, vom Rationalismus verdeckt, sie zwingen ihn doch schon in tragische Entfremdung und Verlassenheit. Vor den dämonischen Forderungen seiner unbekannten Berufung halten Staat, Amt, Gesellschaft, Religion und Tradition nicht stand. Alles fällt von ihm ab. „Ich verachte den ganzen Bettel von Adel und Stand." Die eisige Einsamkeit des Genius schließt ihn ein: „Ich passe mich nicht unter die Menschen, es ist eine traurige Wahrheit, aber eine Wahrheit; und wenn ich den Grund ohne Umschweife angeben soll, so ist es dieser: sie gefallen mir nicht." Er ist anders als die andern. Und er hat wie der tragische Held die Pflicht und den Willen, anders zu sein: „Am Hofe teilt man die Menschen ein wie ehemals die Chemiker die Metalle, nämlich in solche, die sich dehnen und strecken lassen, und solche, die dies nicht tun." Ihn wird keine äußere Macht zur Nachgiebigkeit zwingen. Schicksalstreu wird er einsam das Feuer hüten, das ihn verzehrt: „Wenn man den warmen Körper unter die kalten wirft, so kühlen sie ihn ab — und darum ist es wohl recht gut, wenn man fern von den Menschen bleibt." In solchen Bildern bricht aus der Schicksalsnot seines Lebens — ihm selbst noch unbewußt — zuerst der Dichter durch. Selbst seinen Liebsten und Nächsten, selbst Schwester und Braut gegenüber bleibt er in die Einsamkeit seines Schicksals gebannt: „Wenn ich dir nur einen Strahl von dem Feuer mitteilen könnte, das in mir flammt!" schreit er auf zu Wilhelmine. „Gern möchte ich dir alles mitteilen, wenn es möglich wäre," klagt er der Schwester. „Aber es ist nicht möglich", es gibt keine Brücken von Mensch zu Mensch, einst hatte er, wie Lessing, an die Allmacht der Vernunft geglaubt, zu verstehen und zu verständigen: „Wo nur die Vernunft herrschend ist, da vertragen sich die Meinungen leicht" — jetzt weiß er, „daß es uns an einem Mittel zur Mitteilung fehlt. Selbst das einzige, das wir besitzen, die Sprache, taugt nicht dazu, sie kann die Seele nicht malen, und was sie uns gibt, sind nur zerrissene Bruchstücke. Daher habe ich jedesmal eine Empfindung wie ein Grauen, wenn ich jemandem mein Innerstes aufdecken soll... Ach, es gibt kein Mittel, sich andern ganz verständlich zu machen, und der Mensch hat von Natur keinen andern Vertrauten als sich selbst." Längst ist er aus der hellen optimistischen Welt des Rationalismus hinausgeschritten, ohne sich dessen bewußt geworden zu sein. Man hat ihn in die gelehrte Welt eingeführt, „worin ich mich aber so wenig wohl befinde als in der ungelehrten. Diese Menschen sitzen sämtlich wie die Raupe auf einem Blatte, jeder glaubt, seines sei das Beste, und um den Baum bekümmern sie sich nicht". Schon spürt er die rationalistischen Grundfesten seines Wesens erschüttert: „Selbst die Säule, an welcher ich mich sonst in dem Strudel meines Wesens hielt, wankt — — Ich meine die Liebe zu den Wissenschaften ... Wissen kann unmöglich das Höchste sein... Ach, es ist so traurig, weiter nichts als gelehrt zu sein." Vor dem aufdämmernden Licht der neuen, metaphysischen Erkenntnis fallen die farbigen Schleier der Erscheinung, die tragische Hellsicht Hamlets überkommt ihn: „Ach, es gibt eine traurige Klarheit, mit welcher die

Natur viele Menschen, die an dem Dinge nur die Oberfläche sehen, zu ihrem Glücke verschont hat. Sie nennt mir
zu jeder Miene den Gedanken, zu jedem Worte den Sinn,
zu jeder Handlung den Grund — sie zeigt mir alles, was
mich umgibt und mich selbst in seiner ganzen armseligen
Blöße, und der farbige Nebel verschwindet, und alle die
gefällig geworfenen Schleier sinken und dem Herzen ekelt
zuletzt vor dieser Nacktheit." Mit verzweifelter Angst
starrt er seinem letzten Ideale, seiner Liebe, prüfend ins
Antlitz: „Daher kann ein Wechsler die Echtheit der Banknote, die sein Vermögen sichern soll, nicht ängstlicher untersuchen, als ich deine Seele."   .

Noch bebt er vor der Entscheidung, vor den Schauern
seiner tragischen Wiedergeburt zurück, zurück davor, die ganzen bisherigen Grundlagen seines Wesens preiszugeben und
über ihrem Zusammensturz seine neue wesenseigene, tragische Welt zu errichten. Noch sucht er sich einzureden, daß
es nicht die Wissenschaft an sich sei, deren Allmacht er wanken fühlt, daß es nur ihre Unendlichkeit und die Beschränktheit seines Ich sei, darunter er leide: „Mir ist es unmöglich, mich wie ein Maulwurf in ein Loch zu graben und alles
andere zu vergessen. Mir ist keine Wissenschaft lieber als
die andere — soll ich immer von einer Wissenschaft zur anderen gehen und immer nur auf ihrer Oberfläche schwimmen und bei keiner in die Tiefe gehen? Das ist die Säule,
welche schwankt." Aber es bedarf nur einer letzten Erschütterung, und die unterirdischen, vulkanischen Gewalten sprengen die Decke. Kants Philosophie selber ist es, aus der ihm
diese Erschütterung kommt.

Kant war ebensosehr der Vollender wie der Überwinder

des Rationalismus. Er hatte die Macht der Vernunft bis
zu ihren letzten Möglichkeiten, aber damit auch zu ihren
Grenzen geführt. Bisher war Kleist nur das erste zum Bewußtsein gekommen. Schon seit dem Sommer 1799, jedenfalls seit dem folgenden Winter hat er sich mit Kant
beschäftigt, im August 1800 hat er in einem Brief an die
Schwester eine eigene Schrift über die Kantische Philosophie erwähnt, die er noch in Frankfurt abgefaßt haben muß.
Kants Anthropologie und „Religion innerhalb der Grenzen
der bloßen Vernunft" finden sich in wörtlichen Anklängen
in seinen Briefen wieder. Wilhelmine entwickelt er auf
Grund der Kantischen Darlegungen den Gedanken des reinen moralischen Vernunftglaubens: weder in transzenden-
ten Glaubensvorstellungen über einen Gott und ein Jenseits, noch in der Erfüllung äußerer religiöser Gebräuche
könne das Wesen der Religion bestehen; sonst würde es
schwankend und ungewiß, in jedem Augenblick und an allen
Orten der Erde verschieden sein: „Aber in uns flammt eine
Vorschrift — und die muß göttlich sein, weil sie ewig und
allgemein ist, sie heißt: erfülle deine Pflicht; und dieser
Satz enthält die Lehren aller Religionen. Alle anderen
Sätze folgen aus diesem und sind in ihm gegründet, oder
sie sind nicht darin begriffen, und dann sind sie unfruchtbar
und unnütz. Daß ein Gott sei, daß es ein ewiges Leben,
einen Lohn für die Tugend, eine Strafe für das Laster gebe,
das alles sind Sätze, die in jenem nicht gegründet sind, und
die wir also entbehren können. Denn gewiß sollen wir sie
nach dem Willen der Gottheit selbst entbehren können, weil
sie es uns selbst unmöglich gemacht hat, es einzusehen und zu
begreifen." Aus solcher Auffassung spricht noch mehr die

Macht als die Grenze der Vernunft. Die Religion wird den „schwankenden und ungewissen" persönlichen Vorstellungen, die nicht „einzusehen und zu begreifen" sind, entzogen und in einer „allgemeinen Vorschrift" begründet.

Hat Kleist die „Kritik der reinen Vernunft" erst nach den religionsphilosophischen Schriften Kants kennen gelernt? Und hat sie an sich in ihm die letzte Erschütterung seiner Weltanschauung bewirkt? Oder war es so, daß er jetzt als ein anderer, als der heimlich werdende Tragiker, mit dem Lebensverlangen des Tragikers zum Metaphysischen — die tragische Weltanschauung ist eine metaphysische — anders Kants Schriften las, anders sie erlebte?

Kant hatte in der „Kritik der reinen Vernunft" die Allmacht der Vernunft, den Triumphzug des Geistes, bis zur äußersten Möglichkeit geführt. Er hatte die heimliche Tragik der Welt, den Kampf zwischen Subjekt und Objekt, Geist und Natur aufgehoben: das Subjekt, der Geist war Sieger geworden. Die ganze antike Erkenntnistheorie war ein Abbilden der Dinge, ihr Sich-Abdrücken im Geiste gewesen, der Geist war nur die Tafel gewesen, auf der die Dinge ihr Bild und Namen schrieben, er war nur der passive Träger der Welt gewesen. Jetzt zeigte Kants „Kopernikanische Tat", daß es vielmehr umgekehrt mit unserer Erkenntnis stehe, daß nicht der Geist ein Abdruck der Welt, daß die Welt ein Abdruck des Geistes sei. Die Welt ist ein auseinanderfallendes Chaos, wüst und leer wie vor der Schöpfung, erst der Geist gibt ihr Form durch seine apriorischen Formen, die Kategorien, gibt ihr Zusammenhang, Einheit, „Wirklichkeit", erst der Geist erschafft sie. Die Welt ist die einheitliche Tat unseres Geistes.

Das war die höchste Stufe, auf die man den Geist führen konnte, alle Widersprüche und Gegensätze des Daseins schienen in ihm gelöst zu sein, er schien alldurchdringend, allüberwindend, die Allmacht selbst. Mit atemloser Leidenschaft mag Kleist diesen Triumphzug, diese höchste Bestätigung seines rationalistischen Ideals miterlebt haben.

Aber eben hier setzt mit der letzten Vollendung auch die schärfste Begrenzung ein. Kant führt nicht nur zum höchsten Gipfel, sondern auch zum tiefsten Abgrund der Erkenntnis: wir erkennen die Welt, insofern wir sie erschaffen, aber wir erschaffen nicht die Welt an sich; das Material der Erkenntnis, das Chaos vor der Schöpfung, ist uns gegeben; wir erschaffen nur die Form der Welt; nicht die „Dinge an sich", nur die Dinge für uns, nur ihre „Erscheinung" sind uns zugänglich. „Was es für eine Bewandtnis mit den Gegenständen an sich... haben möge, bleibt uns gänzlich unbekannt; wir kennen nichts als unsere Art, sie wahrzunehmen, die uns eigentümlich ist, die auch nicht notwendig jedem Wesen, obzwar jedem Menschen zukommen muß."

Vor dieser unerbittlichen Begrenzung brach Kleist zusammen. Je leidenschaftlicher, je fanatischer er der Allmacht der Vernunft vertraut, je rückhaltloser er auf sie seinen ganzen Lebensplan, seine ganze Bestimmung gebaut hatte, und je vulkanischer gerade jetzt in ihm der werdende Tragiker nach dem Unbedingten rief, desto tiefer fühlte er sich enttäuscht, betrogen, verraten und verdammt. Jetzt erst wurde ihm auch deutlich, daß er Kants religionsphilosophische Schriften einseitig verstanden hatte, daß auch die unmittelbare Einheit des Theoretischen und Praktischen, des

Denkzusammenhangs und des sittlichen Weltzusammenhangs, die bisher die naive Voraussetzung all seines Denkens gebildet hatte, unhaltbar sei. Auch die moralische Begreiflichkeit der Welt war nun für ihn aufgehoben. Die Wahrheit hatte ihren kosmischen Sinn verloren; der Bau des Alls, der „Plan der Vorsehung" lag in undurchdringlicher, unerbittlicher Dunkelheit.

Zwei Briefe, an die Braut und an die Schwester (22. und 23. März 1801) ballen den verzweifelnden Aufschrei dieses Zusammenbruchs: „Ich hatte schon als Knabe mir den Gedanken angeeignet, daß die Vervollkommnung der Zweck der Schöpfung wäre. Ich glaubte, daß wir einst nach dem Tode von der Stufe der Vervollkommnung, die wir auf diesem Sterne erreichten, auf einem andern weiter fortschreiten würden, und daß wir den Schatz von Wahrheiten, den wir hier sammelten, auch dort einst brauchen könnten. Aus diesen Gedanken bildete sich so nach und nach eine eigene Religion, und das Bestreben, nie auf einen Augenblick hienieden still zu halten, und immer unaufhörlich einem höheren Grade von Bildung entgegenzuschreiten, ward bald das einzige Prinzip meiner Tätigkeit. Bildung schien mir das einzige Ziel, das des Bestrebens, Wahrheit der einzige Reichtum, der des Besitzes würdig ist. — Ich weiß nicht, liebe Wilhelmine, ob Du diese zwei Gedanken: Wahrheit und Bildung, mit einer solchen Heiligkeit denken kannst, als ich. — Das freilich würde doch nötig sein, wenn du den Verfolg dieser Geschichte meiner Seele verstehen willst. Mir waren sie so heilig, daß ich diesen beiden Zwecken, Wahrheit zu sammeln, und Bildung mir zu erwerben, die kostbarsten Opfer brachte — Du kennst sie. — Doch ich muß mich kurz fassen. Vor kurzem ward ich mit der neueren, sogenannten Kantischen Philosophie bekannt — und Dir muß ich jetzt daraus einen Gedanken mitteilen, indem ich nicht fürchten darf, daß er Dich so tief, so schmerzhaft erschüttern wird als mich. Auch kennst Du das Ganze nicht hinlänglich, um sein Interesse vollständig zu begreifen. Ich will indessen so deutlich sprechen als möglich." Und nun führt er zur Verdeutlichung des weltanschaulichen Konflikts ein wenig passendes Beispiel an, von dem er selbst im nächsten Briefe an Wilhelmine sagt: „Ich habe mich nur des Auges in meinem Briefe als eines erklärenden Beispiels bedient, weil ich Dir selbst die trockene Sprache der Philosophie nicht vortragen konnte." „Wenn — so fährt er fort — alle Menschen statt der Augen grüne Gläser hätten, so würden sie urteilen müssen, die Gegenstände, welche sie dadurch erblicken, sind grün, und nie würden sie entscheiden können, ob ihr Auge ihnen die Dinge zeigt, wie sie sind, oder ob es nicht etwas zu ihnen hinzutut, was nicht ihnen, sondern dem Auge gehört. So ist es mit dem Verstande. Wir können nicht entscheiden, ob das, was wir Wahrheit nennen, wahrhaft Wahrheit ist, oder ob es uns nur so scheint. Ist das letzte, so ist die Wahrheit, die wir hier sammeln, nach dem Tode nicht mehr — und alles Bestreben, ein Eigentum sich zu erwerben, das uns auch in das Grab folgt, ist vergeblich. — Ach, Wilhelmine, wenn die Spitze dieses Gedankens Dein Herz nicht trifft, so lächle nicht über einen andern, der sich tief in seinem heiligsten Innern davon verwundet fühlt. Mein einziges, mein höchstes Ziel ist gesunken, und ich habe nun keines mehr. — Seit dieser Überzeugung, nämlich, daß hienieden keine

Wahrheit zu finden ist, vor meine Seele trat, habe ich nicht wieder ein Buch angerührt. Ich bin untätig in meinem Zimmer umhergegangen, ich habe mich an das offene Fenster gesetzt, ich bin hinausgelaufen ins Freie, eine innerliche Unruhe trieb mich zuletzt in Tabagien und Kaffeehäuser, ich habe Schauspiele und Konzerte besucht, um mich zu zerstreuen, ich habe sogar, um mich zu betäuben, eine Torheit begangen; und dennoch war der einzige Gedanke, den meine Seele in diesem äußeren Tumult mit glühender Angst bearbeitete, immer nur dieser: dein einziges, dein höchstes Ziel ist gesunken."

Wie in einem wahnsinnigen Gedanken an Flucht jagt es ihn auf — er will reisen. „Die Bewegung auf der Reise wird mir zuträglicher sein, als dieses Brüten auf einem Flecke." „Mein Wille ist durch Frankreich (Paris), die Schweiz und Deutschland zu reisen." Der gläubige Rationalist in ihm ist vernichtet. „Mich ekelt vor allem, was Wissen heißt." Die Tragödie wirft ihre dunklen Schatten voraus: „Ich will mir einen Zweck suchen, wenn es einen gibt."

Wenn man nur — wie Kant bewies — erkennt, was man erschafft, so mußte er jetzt aus der tiefsten Not seines Herzens zum Schöpfer werden, so maßte er die Welt, seine tragische Welt erschaffen, um zu erkennen. Die Göttlichkeit und Dämonie seiner Berufung erwartet ihn.

Geheimnisvoll ziehen das innere und äußere Schicksal des Menschen, zumal des überragenden, schöpferischen Menschen, einander an. Kleist selbst und seine dramatischen Helden wissen darum: „Das Schicksal oder mein Gemüt — und ist das nicht mein Schicksal?" schreibt Kleist an Ulrike. Kaum hat er die rationalistischen Trümmer seiner Jugendanschauung hinter sich gelassen, kaum drängt er auf verworrenen Wegen seiner neuen Bestimmung, der Tragödiendichtung, zu, so nehmen seine Tage und Taten tragische Färbung an. Der Zwiespalt wie die Ironie des Tragischen umstricken und umdüstern ihn: „Innerlicher Ekel vor aller wissenschaftlichen Arbeit" treibt ihn zur Reise. Aber wie er sich und der Schwester Ulrike, die ihn hilfreich begleitet, beim Minister des Auswärtigen die Pässe besorgt, muß er einen Zweck der Reise angeben. Und da er den wahren nicht nennen kann, — Ekel und Flucht vor allem Wissen — so täuscht er als den wahrscheinlichsten eben den vor, der ihn ekelt: in Paris zu studieren, und zwar Mathematik und Naturwissenschaft! In Paris, wo er diesem Ausweis gemäß wirklich einige Vorlesungen besucht, höhnt und stöhnt er voll Bitterkeit: „Ach, Wilhelmine, die Menschen sprechen mir von Alkalien und Säuren, indessen mir ein allgewaltiges Bedürfnis die Lippen trocknet." In Butzbach, bei Frankfurt a. M., scheuten die Pferde des Reisewagens, während sie bei abgehängten Zügeln vor einem Wirtshaus getränkt wurden, durch ein Eselsgeschrei und gingen in voller Karriere durch, der Wagen schlug zertrümmert um, Kleist und Ulrike stürzten hinaus. — „Und," fragt Kleist mit erbitterter Ironie, „an einem Eselsgeschrei hing ein Menschenleben? Und wenn es nun in dieser Minute geschlossen gewesen wäre, darum also hätte ich gelebt? Darum? Das hätte der Himmel mit diesem dunkeln, rätselhaften, irdischen Leben gewollt, und weiter nichts?" Mitleidig sah die Schwester, die Reisegenossin, dem Ringen und Rasen, dem abgründigen Leiden dieses „Feuergeistes" zu, sie verstand nicht, was in ihm vorging — er selber verstand es ja erst allmählich —, schließlich suchte sie nach körperlichen Gründen für seine Düsterkeit: „Du rietest mir," schreibt Kleist ihr später, „einmal in Paris, ich möchte, um heiterer zu werden, doch kein Bier mehr trinken, und sehr empfindlich war mir diese materialistische Erklärung meiner Trauer." Welch wilde Bitternis, welch gellende Ironie mag den werdenden Tragiker in jenem Augenblick durchzuckt haben. Und wie peitschend mag seine Antwort gewesen sein! „Hab ich jemals Gewissensbisse gefühlt, so ist es bei der Erinnerung an mein Betragen gegen Dich auf unserer Reise. Ich werde nicht aufhören, Dich um Verzeihung zu bitten, und wenn Du in der Sterbestunde bei mir bist, so will ich es noch tun."

Bitterkeit und Weh! Ironie und Zwiespalt! Da ihm Wahrheit und Bildung gesunken sind, bleibt als letzter Lebensgrund seine Liebe. „Diesen ganzen innerlichen Kampf hat unaufhörlich der Wunsch, einst in Deinen Armen davon auszuruhen, unterbrochen; und hell und lebendig ist in mir das Bewußtsein, daß ich schnell lieber den Tod wählen möchte, als durch das ganze Leben das Gefühl, Dich betrogen zu haben, mit mir herumzuschleppen." Und doch schrillt aus diesem Schwur schon geheime Angst, schon empfindet er selbst diese Trennung, die ihn hinausjagt ins Ferne und Dunkle als „gefährlich" für seine Liebe. Unschuldig-schuldvoll fühlt er schon, daß er nicht nur sich selbst, daß er fremdes Wesen mit entwurzelt und in den tragischen Sturm seines Geschickes hinausgerissen: „Du hättest ein so ruhiges

Schicksal verdient, warum mußte der Himmel Dein Los an einen Jüngling knüpfen, den seine seltsam gespannte Seele ewig-unruhig bewegt?" Und je greller dieser Schicksalssturm ihre Wesensverschiedenheit enthüllt, je ferner er die Geliebte zurücklassen, je rücksichtsloser er seinen Weg verfolgen muß, desto erschütterter fühlt er den Fluch des Endlichen, daß wir oft gerade dem am meisten weh tun müssen, den wir am meisten lieben: „Ach, warum kann ich dem Wesen, das ich glücklich machen sollte, nichts gewähren als Träume? Warum bin ich verdammt, das, was ich liebe, mit jeder Handlung zu verletzen?"

Aus der Brust des Gefolterten, des Furien-Gehetzten bricht der Klage- und Anklageschrei der Kreatur: „Nichts als Schmerzen gewährt mir dieses ewig bewegte Herz, das wie ein Planet unaufhörlich in seiner Bahn zur Rechten und zur Linken wankt, und von ganzer Seele sehne ich mich, wonach die ganze Schöpfung und alle immer langsamer und langsamer rollenden Weltkörper streben: nach Ruhe!"

Seine tragische Berufung treibt ihn vorwärts; aber wie die Propheten des Alten Testamentes sich vor der Qual ihrer Berufung, dem Geheiß ihres Gottes sträubten, sich bis in den Bauch des Walfisches flüchteten, so träumt und sinnt er von Flucht und Ausweg. Nicht vorwärts sieht er, sondern rückwärts: aus dem Zwiespalt von Geist und Natur will er zurück in die Einfalt, in das Pflanzendasein des Landmanns, des Bauern. „Ach, ich sehne mich unaussprechlich nach Ruhe... wer erfüllt getreuer seine Bestimmung nach dem Willen der Natur als der Hausvater, der

Landmann? Ach, mit Freuden wollte ich um dieses Glück allen Ruhm und Ehrgeiz aufgeben." „Unter den persischen Magiern gab es ein religiöses Gesetz: ein Mensch könne nichts der Gottheit wohlgefälligeres tun, als dieses, ein Feld zu bebauen, einen Baum zu pflanzen und ein Kind zu zeugen. — Das nenne ich Weisheit, und keine Wahrheit hat noch so tief in meine Seele gegriffen als diese. Das soll ich tun, das weiß ich bestimmt. — Ach, Wilhelmine, welch ein unsägliches Glück mag in dem Bewußtsein liegen, seine Bestimmung ganz nach dem Willen der Natur zu erfüllen! Ruhe vor den Leidenschaften!! — — Ich habe noch etwas von meinem Vermögen, wenig zwar, doch wird es hinreichen, mir etwa in der Schweiz einen Bauernhof zu kaufen, der mich ernähren kann, wenn ich selbst arbeite, ich will im eigentlichsten Verstande ein Bauer werden."

Rousseau, den er schon vor seinem Zusammenbruch an Kant — allerdings intellektualistischer — verstanden und geliebt hatte, gibt dieser Sehnsucht den weltanschaulichen Rückhalt. Rousseau ist der einzige Philosoph, dem er treu geblieben ist; seinen Kampf gegen den Rationalismus, gegen die Enge und Beschränktheit der gesellschaftlichen Kultur, seinen Aufruf an Herz und Gefühl, seinen Weckruf „zurück zur Natur" erlebt er leidenschaftlich in Rousseaus Werken mit, die er auch Wilhelmine wieder und wieder empfiehlt. „Falsch ist jedes Ziel, das nicht die reine Natur dem Menschen steckt."

Und aus diesem neuen, leidenschaftlichen Verhältnis zur Natur wächst ein Naturgefühl, das die äußeren, gegenständlichen oder allegorischen Schilderungen seiner Würzburger Reise hinter sich läßt und Naturbilder gibt aus dem inneren Leben der Natur heraus, aus der Seele des Alls: „Heute" — schreibt er aus Dresden — „lag ich auf den Brühlschen Terrassen, ich hatte ein Buch mitgenommen, darin zu lesen, aber ich war zerstreut und legte es weg. Ich blickte von dem hohen Ufer herab auf das herrliche Elbtal, es lag da wie ein Gemälde von Claude Lorrain unter meinen Füßen — es schien mir wie eine Landschaft auf einen Teppich gestickt, grüne Fluren, Dörfer, ein breiter Strom, der sich schnell wendet, Dresden zu küssen, und hat er es geküßt, schnell wieder flieht — und der prächtige Kranz von Bergen, der den Teppich wie eine Arabeskenborde umschließt — und der reine, blaue, italische Himmel, der über die ganze Gegend schwebte. — Mich dünkte, als schmeckte süß die Luft, holde Gerüche streuten mir die Fruchtbäume zu, und überall Knospen und Blüten, die ganze Natur sah aus wie ein fünfzehnjähriges Mädchen. — Ach, Wilhelmine, ich hatte eine unaussprechliche Sehnsucht, nur einen Tropfen Freude zu empfangen, es schien ein ganzes Meer davon über die Schöpfung ausgegossen."

Und mit der allgemeinen Erschütterung, Lösung und Befreiung seines Gefühls, das nun im Gegensatz zum Verstand zur Grundkraft seines Wesens wird, sich der Welt zu bemächtigen — „O der Verstand! Der unglückselige Verstand! Folge deinem Gefühl!" — ist auch endlich sein Kunstgefühl erwacht. Auf der Würzburger Reise war er eilig und hilflos durch Dresdens Bildergalerie geschritten, er hatte sie angegafft „wie Kinder eine Puppe". Jetzt schreibt er selig: „Nichts war so fähig, mich so ganz ohne alle Erinnerung wegzuführen von dem traurigen Felde der Wissenschaft als diese in dieser Stadt gehäuften Werke der

Kunst. Die Bildergalerie, die Gipsabgüsse, das Antiken-
kabinett, die Kupferstichsammlung, die Kirchen-Musik in
der katholischen Kirche, das alles waren Gegenstände, bei
deren Genuß man den Verstand nicht braucht, die nur allein
auf Sinn und Herz wirken. Mir war so wohl bei diesem
ersten Eintritt in diese für mich ganz neue Welt voll
Schönheit." Neidvoll betrachtet er auf seinen Spaziergän-
gen die jungen Künstler, die draußen die schöne Natur ko-
pieren: „Glückliche Menschen, welche kein Zweifel um das
Wahre, das sich nirgends findet, kümmert, die nur in dem
Schönen leben, das sich doch zuweilen, wenn auch nur als
Ideal, ihnen zeigt." Früher hatte er sich zerlegend, durch
abstrakte Analyse, der Welt bemächtigt, jetzt durch intui-
tives Erleben. Innere und äußere Anschauung, Seele und
Sinne haben die Augen aufgetan. Auf der Würzburger
Reise hatte er beim Besuch der katholischen Kirche geschrieben: „Wenn man in eine solche katholische Kirche tritt und
das weitgebogene Gewölbe sieht und diese Altäre und diese
Gemälde — und diese versammelte Menschenmenge mit
ihren Gebärden — wenn man diesen ganzen Zusammenfluß
von Veranstaltungen sinnend betrachtet, so kann man gar
nicht begreifen, wohin das alles führen soll. Bei uns er-
weckt doch die Rede des Priesters, oder ein Gellertsches
Lied manchen herzerhebenden Gedanken; aber das ist hier
bei dem Murmeln des Pfaffen, das niemand hört, nicht
möglich. Ich bin überzeugt, daß alle diese Präparate nicht
einen einzigen vernünftigen Gedanken erwecken." Jetzt
schreibt er: „Nirgends fand ich mich aber tiefer in meinem
Innersten gerührt als in der katholischen Kirche, wo die
größte erhabenste Musik noch zu den andern Künsten tritt,

das Herz gewaltsam zu bewegen. Ach, Wilhelmine, unser Gottesdienst ist keiner. Er spricht nur zu dem kalten Verstande, aber zu allen Sinnen ein katholisches Fest."

Aus diesem neuen Lebensgefühl reift der neue Stil. Die Sprache entwächst der Begrifflichkeit, dem „Ideenmagazin", der Allegorie. Sie gewinnt Anschauung, Farbe, drängenden Rhythmus. Der Brief aus Paris vom 16. August 1801 ist das Gegenstück zu den Stilübungen des Würzburger Briefes vom 10. Oktober 1800. Die innere Lebensfülle treibt zur Verdichtung und Steigerung der geschauten Bilder. „L'art — sagt Delacroix — c'est l'exagération à propos." Kleists Schilderung von Paris atmet den Geist Balzacs. „Denken Sie sich in der Mitte zwischen drei Hügeln, auf einem Flächenraum von ohngefähr einer Quadratmeile, einen Haufen von übereinandergeschobenen Häusern, welche schmal in die Höhe wachsen, gleichsam den Boden zu vervielfachen, denken Sie sich alle diese Häuser durchgängig von jener blassen, matten Modefarbe, welche man weder gelb noch grau nennen kann, und unter ihnen einige schöne, edle, aber einzeln in der Stadt zerstreut, denken Sie sich enge, krumme, stinkende Straßen, in welchen oft an einem Tage Kot mit Staub und Staub mit Kot abwechseln, denken Sie sich endlich einen Strom, der, wie mancher fremde Jüngling, rein und klar in diese Stadt tritt, aber schmutzig und mit tausend Unrat geschwängert sie verläßt, und der in fast gerader Linie sie durchschneidet, als wollte er den ekelhaften Ort, in welchen er sich verirrte, schnell auf dem kürzesten Wege durcheilen — denken Sie sich all diese Züge in einem Bilde, und Sie haben ohngefähr das Bild einer Stadt, deren Aufenthalt Ihnen so reizend scheint. Verrat, Mord und Diebstahl sind hier ganz unbedeutende Dinge, deren Nachricht niemand affiziert. Ein Ehebruch des Vaters mit der Tochter, des Sohnes mit der Mutter, ein Totschlag unter Freunden und Anverwandten sind Dinge, dont on a eu d'exemple, und die der Nachbar kaum des Anhörens würdigt. Kürzlich wurden einer Frau 50000 Rt. gestohlen, fast täglich fallen Mordtaten vor, ja vor einigen Tagen starb eine ganze Familie an Vergiftung; aber das alles ist das langweiligste Ding von der Welt, bei deren Erzählung sich jedermann ennuyiert. Auch ist es etwas ganz Gewöhnliches, einen toten Körper in der Seine oder auf der Straße zu finden. Ein solcher wird dann in einem auf dem Pont St. Michel dazu bestimmten Gewölbe geworfen, wo immer ein ganzer Haufe übereinanderliegt, damit die Anverwandten, wenn ein Mitglied aus ihrer Mitte fehlt, hinzukommen und es finden mögen. Jedes Nationalfest kostet im Durchschnitt zehn Menschen das Leben. Das sieht man oft mit Gewißheit vorher, ohne darum dem Unglück vorzubeugen. Bei dem Friedensfest am 14. Juli stieg in der Nacht ein Ballon mit einem eisernen Reifen in die Höhe, an welchem ein Feuerwerk befestigt war, das in der Luft abbrennen, und dann den Ballon entzünden sollte. Das Schauspiel war schön, aber es war vorauszusehen, daß, wenn der Ballon in Feuer aufgegangen war, der Reifen auf ein Feld fallen würde, das vollgepfropft von Menschen war. Aber ein Menschenleben ist hier ein Ding, von welchem man 800000 Exemplare hat. — Der Ballon stieg, der Reifen fiel, ein Paar schlug er tot, weiter war es nichts. — — Zwei Antipoden können einander nicht fremder und unbekannter sein als zwei Nach-

barn von Paris, und ein armer Fremdling kann sich gar an
niemanden knüpfen, niemand knüpft sich an ihn — zuweilen
gehe ich durch die langen, krummen, engen, schmutzigen, stinkenden Straßen, ich winde mich durch einen Haufen von
Menschen, welche schreien, laufen, keuchen, einander schieben,
stoßen, umdrehen, ohne es übelzunehmen, ich sehe einen fra-
gend an, er sieht mich wieder an, ich frage ihn ein paar
Worte, er antwortet mir höflich, ich werde warm, er
ennuyiert sich, wir sind einander herzlich satt, er empfiehlt
sich, ich verbeuge mich, und wir haben einander vergessen,
sobald wir um die Ecke sind. — Zwei Reisende, die zu zwei
verschiedenen Zeiten nach Paris kommen, sehen zwei ganz
verschiedene Menschenarten. Ein Aprilmonat kann kaum so
schnell mit der Witterung wechseln als der Franzose mit der
Kleidung. Bald ist ein Rock zu eng für einen, bald ist er
groß genug für zwei, und ein Kleid, das sie heute einen
Schlafrock nennen, tragen sie morgen zum Tage und umgekehrt. Dabei sitzt ihnen der Hintere bald unter dem Kopfe,
bald über dem Nacken, bald haben sie kurze Arme, bald
keine Hände, die Füße scheinen bald einem Hottentotten,
bald einem Sineser anzugehören, und die Philosophen mögen uns von der Menschengattung erzählen, was sie wollen,
in Frankreich gleicht jede Generation weder der, von welcher
sie abstammt, noch der, welche ihr folgt."

In dieser Schilderung kommt Kleists Dichterkraft zum
Durchbruch. Mit welcher Freude, welch souveräner Gewalt greift seine formende Hand in die stoffliche Fülle,
die ihm die Weltstadt bietet! Und in der Überlegenheit und Freiheit, mit der er den Stoff durch die Form vertilgt, findet er zum erstenmal die Freiheit des Humors.

Andere Stilproben schließen sich an, eine pathetische, feierliche, Jean-Paulisierende und eine idyllische, eine Liebesszene aus dem Hameau de Chantilly. Auch die letzte verrät bewußte, freie Gestaltungskraft, wie sie nur das Werk eines Dichters sein kann. Kleist ist sich seiner dichterischen Berufung bewußt geworden, schon wächst sein erstes Drama der Vollendung zu. In seinem nächsten Briefe, an seinem 24. Geburtstag, offenbart er sich: „Ich habe mir, da ich unter den Menschen in dieser Stadt so wenig für mein Bedürfnis finde, in einsamer Stunde (denn ich gehe wenig aus) ein Ideal ausgearbeitet; aber ich begreife nicht, wie ein Dichter das Kind seiner Liebe einem so rohen Haufen, wie die Menschen sind, übergeben kann. Dich wollte ich wohl in das Gewölbe führen, wo ich mein Kind, wie eine vestalische Priesterin das ihrige, heimlich aufbewahre bei dem Schein der Lampe."

Endlich hat Kleist seinen Wesensmittelpunkt, seine innere Heimat gefunden. Eine Sicherheit gibt es nun für ihn im Schicksalssturm seines Lebens, eine innere Welt, in der er Herr ist, Schöpfer ist, unabhängig ist. Ihr verschreibt er sich mit dem letzten Tropfen seines Blutes, in abgründiger Leidenschaft. Vor ihr zerfällt die Außenwelt in Ohnmacht und Zufall. Sein inneres, schöpferisches Selbstgefühl allein ist ihm — wie seinen Helden — Gewißheit und Gesetz. „Ich trage eine innere Vorschrift in meiner Brust, gegen welche alle äußern, und wenn sie ein König unterschrieben hätte, nichtswürdig sind. Daher fühle ich mich ganz unfähig, mich in irgendein konventionelles Verhältnis der Welt zu passen." „Nie in meinem Leben, und wenn das Schicksal noch so sehr drängte, werde ich etwas tun, das meinen inneren Forderungen, sei es auch noch so leise, widerspräche." Aber mit dem Segen der Berufung dunkelt auch unerbittlich ihre Tragik auf. Je tiefer er sich seiner inneren, unbedingten Welt verschreibt, desto heimatloser wird er in der äußeren. Keinen Augenblick denkt er, beide zu verbinden: „Bücherschreiben für Geld — o nichts davon!" Beruf, Amt, Heimat sinken hinter ihm zusammen. „Zurückkehren zu Euch ist, so unaussprechlich ich Euch liebe, doch unmöglich, unmöglich. Ich will lieber das Äußerste ertragen. — Laß mich. Erinnere mich nicht mehr daran. Wenn ich auch zurückkehrte, so würde ich doch gewiß, gewiß ein Amt nicht nehmen. Das ist nun einmal abgetan. Dir selbst wird es einleuchten, daß ich für die üblichen Verhältnisse gar nicht mehr passe. Sie beschränken mich nicht mehr, so wenig wie das Ufer einen anschwellenden Strom." Einsam, nur seiner inneren Welt lauschend, will er in die Einfalt der Natur, des bäuerlichen Lebens flüchten. „Ein stilles, dunkles, unscheinbares Leben" auf einem kleinen Bauernhof der Schweiz ist sein Traum. Zu ihm will er Wilhelmine überreden. Sie aber erschrickt vor der Abenteuerlichkeit eines solchen Lebensplanes; sie erinnert ihn an die Schwächlichkeit ihres Körpers, sie erwägt, daß sie Kopfschmerzen im Sonnenschein bekomme. Im November bricht Kleist von Paris nach der Schweiz auf. Aus Frankfurt a. M., wo er sich nach heftigen Auftritten von seiner Schwester Ulrike trennt, schickt er Wilhelmine am 2. Dezember ein Ultimatum. Auf ihre Antwort, die „noch einmal mit vieler Herzlichkeit auf ihn einstürmt, zurückzukehren ins Vaterland", betrachtet er ihr Verhältnis als gelöst. Er hält es nicht einmal für nötig, das auszusprechen.

Seine Stelle als Offizier hatte er preisgegeben, die Aussichten auf ein Amt ausgeschlagen, die Heimat verlassen. Von den Grundfesten seines Lebensplans lagen „Wahrheit und Bildung" zertrümmert hinter ihm. Nun war auch die zweite, die Liebe, gesunken, das letzte, was ihn mit den Menschen verband. Die Göttlichkeit und Dämonie seiner Berufung jagen ihn. Ein letzter erklärender Brief an Wilhelmine, ein halbes Jahr später, zerbricht in dem Aufschrei: „Liebes Mädchen, schreibe mir nicht mehr. Ich habe keinen anderen Wunsch, als bald zu sterben." Am 10. Dezember 1801 betritt er bei Basel die Schweiz, sein — wie er glaubt — „neues Vaterland". „Es war eine finstere Nacht... Nahes und Fernes, alles war so dunkel." Aber mit sich führt er die fast vollendete Handschrift seines ersten Dramas: Die Familie Schroffenstein.

Die Familie Schroffenstein

Kleist dachte in Basel den Politiker und Schriftsteller
Heinrich Zschokke zu treffen, der ihm als Privatdozent in
Frankfurt a. O. bekannt geworden war; er sollte ihn beim
Ankauf eines Bauerngutes in der Schweiz beraten.
Zschokke war nach Bern übergesiedelt. Kleist reiste ihm
nach. Auch Zschokkes Freunde, Ludwig Wieland, der Sohn
des Dichters, und Heinrich Geßner, der Sohn des Schweizer Idyllendichters, Wielands Schwiegersohn, traten ihm
dort nahe. Ihnen las er im Januar oder März 1802 seine
Dichtung vor, die sich damals noch „Familie Ghonorez"
nannte und auf spanischem Boden spielte. — Auch ein erster
Entwurf, ein skizziertes Szenar, „Familie Thierrez", ist
erhalten. — Auf den Rat der Freunde versetzte er sie nach
Deutschland. Da ihr keine besondere spanische Färbung eignete, brauchte er nur die Namen zu wechseln. Geßner verlegte das Drama; Kleist, der schon ganz im „Robert Guiskard" lebte, überließ nach einigen hastigen Änderungen
Wieland die anonyme Herausgabe. Viel zu sehr hat man
die überlieferte Handschrift der „Familie Ghonorez" als
die eigentliche Kleistische Fassung gegen den Druck der „Familie Schroffenstein" ausgespielt und die nicht immer glückliche Überarbeitung Wieland zur Last gelegt.

Kleists Erstlingsdrama zeigt wie der Götz, die Räuber,
die Judith schon durchaus eigene Wesenheit und Form.
Aber Goethe, Schiller, Hebbel hatten in der Lyrik ihre
erste Befreiung gefunden. Kleist hatte nur in keusch-ver-

haltenen Briefen vor wesensfremden Herzen karg sich aus=
sprechen können, die ganze dunkle Gewalt und Leidenschaft
seiner Seele entlädt sich gesammelt in sein erstes Drama.
Alle tragische Erschütterung und Erbitterung, enttäuschte
Hoffnungen, verratener Glaube, zerbrochene Ziele schreien
in Leid und Zerrissenheit, in Kampf und Aufruhr aus diesen
Akten. In wilder höhnender Ironie gellt es von Szene zu
Szene: „Das ist deine Welt! Das heißt eine Welt!" Es
ist wie ein einziges, tötliches Erbrechen von Blut und Galle.

Die grauenvolle Erschütterung durch Kant, der Zusam=
menbruch seines leidenschaftlichen Glaubens an die Allmacht
der Vernunft, jener „einzige Gedanke, den meine Seele in
diesem äußeren Tumulte mit glühender Angst bearbeitete:
Dein einziges, dein höchstes Ziel ist gesunken," schrillt in
Klage, in Anklage, in metaphysischer Bitterkeit aus dem
undurchdringlichen Dunkel, von dem wir, von dem die Ge=
stalten des Dramas umschlossen sind: „Gott der Gerechtig=
keit! — Sprich deutlich mit dem Menschen, daß er's weiß
— Auch, was er soll!" „Ich bin dir wohl ein Rätsel? —
Nun tröste dich; Gott ist es mir." „Bin ich denn Gott,
daß du mich fragst?"

Wir sind hinaus verwiesen aus dem Paradiese der Un=
schuld, unser Erkenntnishunger ward uns zur Sünde ge=
rechnet, wir sind verdammt zur Blindheit und Dunkelheit.
Hilflos und weglos irren wir im Staub des Endlichen.
Mit der verzehrenden Sehnsucht zum Unbedingten im Her=
zen erleiden wir das Äschyleische Urwort: „Rein verrinnet
keines Menschen Leben — Jeder zahlet eine schwere Schuld",
erleiden es hier im reinsten Träger der Handlung schmerz=
lich=bitter: „Ganz rein, seh' ich wohl ein, kann's fast nicht

abgehn, — Denn, wer das Schmutzige anfaßt, den besu-
delt's." Die erniedrigende Abhängigkeit des Geistes vom
Roh=Körperlichen, die Kleists aufstürmende Schöpferkraft
wieder und wieder in Ohnmacht zurückreißt, bricht empört
aus dem Aufschrei: „O pfui! o pfui! ein Geist ist doch ein
elend Ding." Und die „traurige Klarheit" über die „ganze
armselige Blöße" des Endlichen, die tragische Einsicht
Hamlets, die schon in den Briefen aufstöhnt: „Ach, es ist
ekelhaft, zu leben," steigert sich hier zum qual= und grauen-
vollsten Daseins=Ekel: „Es hat das Leben mich wie eine
Schlange — Mit Gliedern zahllos, ekelhaft umwunden —
Es schaudert mich, es zu berühren."

Die leidvoll=düstere Grundstimmung des Dramas aber
ist das abgründig erlittene, tragische Wissen um die Einsamkeit alles Endlichen: „Ach, wir sind alle in einer Wüste.
Keiner versteht den andern." (Flaubert.) Seit seinem
ersten bewußten Gedanken, seit seiner Fähnrichszeit hatte
Kleist diese gespenstische Einsamkeit erfahren. Unverstan-
den, mißverstanden, fremd lebte er zwischen seinen Kameraden. Fremd zwischen seinen Geschwistern! Selbst sie verstanden ihn nicht, verkannten und mißdeuteten sein heiligstes
Handeln, so daß er ihnen aus der Schweiz zurufen mußte:
„Zurückzukehren zu Euch, ist, so unaussprechlich ich Euch
liebe, doch unmöglich, unmöglich. Ich will lieber das
Äußerste ertragen." Und nicht genug, daß wir einander
nicht verstehen, uns mißdeuten, daß kein Wort vom Abgrund zum Abgrund des Ich eine Brücke schlägt, wir drängen, stoßen, verwunden einander, unter dem Fluch der Vereinzelung, des maßlosen Strebens im engbemessenen Raum.
„Man trifft sich nur, indem man sich stößt, und jeder klagt,

wenn er seine zerrissenen Eingeweide in den Händen hält,
den andern an, der seine zusammenrafft." (Flaubert.) Das
war die Übersteigerung der tragischen Einsamkeit zum Dä-
monisch-Furchtbaren, die er erfahren hatte, daß wir in dieser
Welt der Sonderung selbst dem Liebsten, dem Herz unsres
Herzens, Weh und Wunden schlagen: „Warum bin ich ver-
dammt, das was ich liebe, mit jeder Handlung zu verletzen."
Nicht nur in persönlicher Leidenschaft, in tragischer Er-
kenntnis, spricht im Drama Bruder gegen Bruder: „Die
Stämme sind zu nah gepflanzet, sie — Zerschlagen sich die
Äste." Gipfelung allen tragischen Urkonflikts entreißt den
Söhnen des gleichen Vaters um der Liebe, der zwiefachen
Liebe zur einen Geliebten willen Degen und Wort: „Mein
Leben — Und deins sind wie zwei Spinnen in der Schachtel
— drum zieh!"

Zwei nahverwandte Familien sind es, die in diesem Erstlingsdrama die Einsamkeit, Fremdheit, Brückenlosigkeit
alles Menschlichen bedeuten. Bruder steht gegen Bruder.
Feindliche Brüder — ein altes dramatisches Mittel. Aber
aus welchen metaphysischen Tiefen, aus welcher Nacht des
Leidens schreit es hier auf: des gleichen Vaters Kraft,
der gleichen Mutter Leib entsprossen, bluthaft eins — und
doch einander ewig fern und fremd, taumelnd vom Nichtverstehen ins Mißverstehen, vom Mißverstehen ins Mißtrauen, vom Mißtrauen in Haß, von Haß in Rache, in
Feindschaft, in Mord und Vernichtung. Um alles zu
gipfeln, sind die Gattinnen noch zu Stiefschwestern gemacht.
Und der Anlaß des Mißtrauens: eine Tat der Liebe, ein
Vertrag, der beim Absterben des einen Geschlechts das
andere zum Erben bestimmt. Die Grundstimmung des

Dramas ist nicht tragisches Leid, sondern tragische Jronie: Hohn und Empörung, die Kleist, der Gefolterte, seinem Schicksal auf der Folter ins Antlitz speit. Nicht nur die Sinnlosigkeit — die wilde Sinnwidrigkeit des Daseins wird dargetan. Nicht aus Haß kommt Haß, der Haß keimt aus Liebe; nichts entwächst seinem Grunde: je mehr sich Feindschaft, Mord und Greuel der Handlung steigern, desto mehr löst sich der Grund, darauf sie ruht, desto greller entpuppt sich der Mord am jüngsten Sproß als Hirngespinst. Eine Randbemerkung der Handschrift hat in zerrissenen Worten das Thema hingewühlt: „Das Schicksal ist ein Taschenspieler — Sturm der Leidenschaft, Raub des Irrtums, Grimm — hat uns zum Narren."

Der jüngste Sohn des Bruders auf Rossitz ist ertrunken. Ein Weib hat seiner Leiche zu abergläubischen Zwecken den kleinen Finger abgeschnitten; zwei Dienstleute des Bruders auf Warwand kommen hinzu, schneiden im gleichen Aberglauben am kleinen Finger der andern Hand und werden von Rossitzern überrascht. Einer wird gleich niedergeschlagen, der andere, auf die Folter geworfen, haucht sterbend den Namen seines Herrn, des Bruders auf Warwand aus: Sylvester. „Also", folgert der Verstand — der dem Menschen gegeben ist zur Verständigung! — „also ist Sylvester der Mörder. In seinem Auftrag haben seine Mannen den jüngsten Sproß seines Bruderhauses aus dem Weg geräumt — als ersten aus dem Weg geräumt! — damit Platz wird für den Erbvertrag." Und: „also" — folgert das Gefühl, das „Rechtsgefühl", des Menschen letzte, unübertreffliche Instanz — „ist Rache Pflicht und Mord am Bruderhause göttliches Gebot".

Gewaltig setzt das Drama ein: im Sarg der tote Knabe. Seinem unschuldigen Kinderkörper entsteigen die Zersetzungsdünste: Mißtrauen, Haß, Rache. Die Kapelle, die dem Gott der Liebe geweiht ist, dröhnt wieder vom Haßgesang: „Dessen Thron die weiten Räume decken, — Dessen Reich die Sterne Grenzen stecken, — Dessen Willen wollen wir vollstrecken, — Rache! Rache! Rache! schwören wir." Das Abendmahl, das Gedächtnismahl göttlicher Liebe, wird zum Unterpfand des Bruderhasses: „Ich schwöre Rache! Rache! auf die Hostie — Dem Haus Sylvesters, Grafen Schroffenstein." Das Gebet, die Brücke zu den seligen Höhen des All und Einen wird zum Absturz in die verlorensten Abgründe der Vereinzelung: „O Gott! Wie soll ein Weib sich rächen?" — „In Gedanken. Würge sie betend."

Von solch ungeheurer Basis führt der Weg in die Gipfel- und Felsen-Einsamkeit dieser Tragödie. Vergebens sucht der ahnungslose, unschuldig beschuldigte Bruder sich gegen die Schmutz- und Blutwellen der Mißverständnisse, der Haß- und Mordsucht zu wehren. Längst sind die Seelen seiner Frau, seines Kindes, seiner Mannen von ihnen überspült. Gerade je mehr er sich wehrt, desto hilfloser verstrickt er sich. Gerade sein Verstehen zeugt Mißverstehen, seine edel behauptete Unschuld gebiert neue Schuld. Mord folgt auf Mord, Verhängnis auf Verhängnis. Und zuletzt ist auch er verstrickt in das unentwirrbare, unentrinnbare Netz der Mißverständnisse und Leidenschaften. Beide Brüder zielen zuletzt in Haß und Rache auf den letzten Sproß ihres brüderlichen Geschlechts und durchbohren dabei in tragischer Verblendung das eigene Kind. In die nächtliche Höhle

stolpert der blinde Großvater, geführt vom wahnsinnig gewordenen Bastard-Enkel. Der Blinde allein sieht und erkennt die Leichen trotz des Kleidertausches. Die Väter stehen
vor den eigenen, hingemordeten Kindern. Und auf diesem
Gipfelgrat der Qual tritt unter die Leiderstarrten, Schicksalgenarrten die Frau mit dem abgeschnittenen Kindesfinger
und enthüllt die Grundlosigkeit des Mordverdachts, aus
dem die Kettenreihe der Verbrechen wuchs. Mit dämonischem Hohn schleudert sie diesen Drahtpuppen der Endlichkeit — in der ersten Fassung achtmal — ihr „Püppchen!"
zu. Und aller irdischen Weisheit letzter Schluß zerschrillt
in Jronie: „Wenn ihr euch totschlagt, ist es ein Versehen."

In dies grauenvolle, hohndurchgellte Schicksalslied singt
die Liebe ihre metaphysisch süßen Weisen. Sie ist der einzige Akkord im Mißklang alles Endlichen, Nach- und Vorklang jener „unendlichen Melodie", jener göttlichen Alleinheit, von der wir erinnernd träumen, zu der wir sehnend
zurückwollen. Und eben die Kinder der tötlich Verfeindeten,
die letzten Opfer des Hasses sind ihre Träger — anfangs,
ohne Namen und Herkunft voneinander zu wissen; ahnungslos schwört Ottokar auf die Hostie dem ganzen Hause der
Geliebten Rache und Untergang. Dann kommt die Erkenntnis ihrer irdischen Verstricktheit; einen Augenblick zittern
auch sie voreinander im Wirrsal des Mißtrauens, doch
Angst und Zwietracht des Jrdischen fällt, die Liebe triumphiert. Und nun setzt der Kampf ein, diese Flamme aus
einer ewigen Welt zu behaupten im Wirbelsturm dieser
Schicksale, mit ihrem Licht Jammer, Fremdheit und Haß,
das Düster des Jrdischen zu erhellen. Aber im Reiche des
Endlichen hat das Unendliche nicht Recht noch Macht. Je

tiefer die Liebe der Welt des Ewigen angehört, desto notwendiger muß sie die irdische lassen: Erfüllung wird ihr nur im Tod. Romeo und Julia, Tristan und Isolde, Agnes und Ottokar: ihre Liebessehnsucht ist Todessehnsucht.

Nie ist dieses Helldunkel aller tragischen Liebe, dies Ineinander von metaphysischer Süßigkeit und weher Todesgewißheit, ergreifender Gestalt geworden als in der Umkleideszene des letzten Aktes, die Kleist als erste Vision des Dramas vollendet haben soll. Agnes wartet in einer Höhle des Gebirges auf den Geliebten. Das Stelldichein ist Ruppert, dem Oheim und Feind zu Ohren gekommen. Ottokar, den erwarteten Geliebten, den eigenen Sohn hat er gefangen setzen lassen, und er eilt mit Santing, des gehaßten Bruders Tochter zu überraschen, in ihr den letzten Sproß des Hauses zu vernichten. Ottokar gelingt es, sich durch einen unerhörten Sprung aus dem Kerker zu lösen. Kurz vor dem Vater erreicht er die Höhle; ihm bleibt nur Zeit, mit der Geliebten die Oberkleider zu tauschen und als Todesopfer sich selbst dem Schwert seines Vaters entgegenzudrängen. Dieser Kleidertausch darf Agnes in seinen eigentlichen Gründen nicht bewußt werden. Sie würde nicht zulassen, daß der Geliebte sich für sie opfert. Ottokar muß ihre Phantasie ablenken, sie einspinnen in entrückte Gesichte und Gefühle und unmerklich über den Kleiderwechsel hinwegtäuschen. Stärker als Tod und Gefahr ist aber nur eine Macht: Die Liebe. Sie allein auch hindert, daß zarte Scham sich regt und das Bewußtsein weckt. Und so führt Ottokar die ganze Welt der Liebe vor Agnes Phantasie herauf, ihr heimlichstes Ahnen, ihre süßeste Verheißung. Die sich bisher nur zwischen den Schwertspitzen ihrer Väter

getroffen, furchtsam zwischen Haß und Tod, jetzt fallen die
trennenden Schranken vor ihnen, alles Leben wird einig in
Liebe, die Welt ist vollkommen. Während er nach dem
Mörderschritt des Vaters draußen lauscht, während er schon
den kalten Stahl seine Haut durchschneiden fühlt, zaubert
er der Geliebten der Liebe letzte Süßigkeit, die Stunde der
Erfüllung vor:

       Wir machen diese Nacht
Zu einem Fest der Liebe, willst du? Komm!
In kurzem ist der Irrtum aufgedeckt,
Sind nur die Väter erst versöhnt, darf ich
Dich öffentlich als meine Braut begrüßen.
— Mit diesem Kuß verlobe ich mich dir.
     — — — Ach, Agnes! Agnes!
Welch eine Zukunft öffnet ihre Pforte!
Du wirst mein Weib, mein Weib!
      — — — Der Tag,
Die Nacht vielmehr ist nicht mehr fern.   .
     — — — Ach, Agnes
Wenn erst das Wort gesprochen ist, das dein
Gefühl, jetzt eine Sünde, heiligt — — Erst
Im Schwarm der Gäste, die mit Blicken uns
Wie Wespen, folgen, tret' ich zu dir, sprichst
Du zwei beklemmte Worte, wendest dann
Vielschwatzend zu dem Nachbar dich. Ich zürne
Der Spröden nicht, ich weiß es besser wohl.
Denn wenn ein Gast, der von dem Feste scheidet,
Die Türe zuschließt, fliegt, wo du auch seist,
Ein Blick zu mir herüber, der mich tröstet.
Wenn dann der letzte auch geschieden, nur

Die Väter und die Mütter noch beisammen —
— „Nun, gute Nacht ihr Kinder!" — Lächelnd küssen
Sie dich, und küssen mich — wir wenden uns,
Und eine ganze Dienerschar mit Kerzen
Will folgen. „Eine Kerze ist genug,
Ihr Leute", ruf ich, und die nehm ich selber,
Ergreife deine, diese Hand (Er küßt sie.)
— Und langsam steigen wir die Treppe, stumm,
Als wär uns kein Gedanke in der Brust,
Daß nur das Rauschen sich von deinem Kleide
Noch in den weiten Hallen hören läßt.
Dann — — Schläfst du, Agnes?

Agnes.

— Schlafen?

Ottokar.

Weil du plötzlich
So still. — Nun weiter. Leise öffne ich
Die Türe, schließe leise sie, als wär
Es mir verboten. Denn es schauert stets
Der Mensch, wo man als Kind es ihm gelehrt.
Wir setzen uns. Ich ziehe sanft dich nieder,
Mit meinen Armen stark umspann ich dich,
Und alle Liebe sprech ich aus mit einem,
Mit diesem Kuß.

Todeswarnungen sprengen die Vision der Liebe. Barnabe, Agnes Begleiterin, die am Eingang der Höhle Wache steht, meldet Ottokar heimlich, daß zwei Gestalten um den Berg schleichen. Agnes wird unruhig. Und mit neuer Macht nimmt Ottokar die Vision auf:

Wo blieb ich stehen?
Ja, bei dem Kuß. — Dann kühner wird die Liebe,
Und weil du mein bist — bist du denn nicht mein?
So nehm' ich dir den Hut vom Haupte (er tut's), störe
Der Locken steife Ordnung (er tut's), drücke kühn
Das Tuch hinweg (er tut's), du lispelst leis: o lösche
Das Licht! und plötzlich, tief verhüllend, webt
Die Nacht den Schleier um die heilige Liebe
Wie jetzt.

Barnabe (aus dem Hintergrunde).

O Ritter! Ritter!

(Agnes sieht sich ängstlich um.)

Ottokar (fällt ihr ins Wort).

Nun entwallt
Gleich einem frühling-angeschwellten Strom
Die Regung ohne Maß und Ordnung — schnell
Lös' ich die Schleife, schnell noch eine (er tut's), streife dann
Die fremde Hülle leicht dir ab. (Er tut's.)

Agnes.

O Ottokar,
Was machst du? (Sie fällt ihm um den Hals.)

Ottokar (an dem Überkleide beschäftigt).

Ein Gehilfe der Natur,
Stell' ich sie wieder her. Denn wozu noch
Das Unergründliche geheimnisvoll
Verschleiern? Alles Schöne, liebe Agnes,
Braucht keinen andern Schleier, als den eignen,
Denn der ist freilich selbst die Schönheit.

                        Barnabe.

                                Ritter! Ritter!
Geschwind!

                        Agnes.
            Was rief das Mädchen denn
So ängstlich?

                        Ottokar.
            Es ist nichts.

                        Agnes.
                    Es ist etwas.

                        Ottokar.
Zwei Bauern, ja, sie irrten sich. — Du frierst,
Nimm diesen Mantel um. (Er hängt ihr seinen Mantel um.)

Dann drückt er ihr schnell seinen Helm auf die Locken,
wirft selbst ihre Oberkleider über, schickt sie hinaus und
lockt das Schwert des Vaters auf sich. Diese Mischung
von heiliger Angst um das Leben der Geliebten, von eigener
Todesnähe und von einem strahlend erfüllten Liebesglück,
das in verzweifelter Spannung gespielt wird, die Geliebte
zu retten, und das doch den Spieler selbst immer schmerz-
lich-seliger hinreißt, dieses sinnlich übersinnliche Schauspiel
an der Grenze zweier Welten: das ist wahrhaft tragische
Schönheit.

Entscheidend für die Größe einer Tragödie ist die Stärke
des tragischen Grundgefühls, aus dem sie erwächst. Vor
ihm kann alles Stofflich-Einzelne gleichgültig werden; was
äußerlich zufällig erscheint, wird vor ihm notwendig; man
fühlt: ist es nicht diese Verstrickung des Endlichen, die den

Helden zu Fall bringt, so wird eine zweite, dritte, hundertste es sein; jede einzelne ist nur Anlaß, nur Zeichen, der Grund ist allgemein, ist die „gebrechliche Einrichtung der Welt" (Kleist), der tragische Zwiespalt alles Lebens selber. Aber die höchste Vollendung der Tragödie wird erreicht, wenn aus der inneren tragischen Form die äußere sowohl in zwingender Einheit wie eigengesetzlicher Klarheit hervorwächst. Auch dies Vollkommene ist Kleist, dem geborenen Dramatiker, schon in seinem Erstlingsdrama eigen.

Schon die Exposition stammt in ihrer Gewalt nicht nur aus der lang gestauten, jäh durchbrechenden tragischen Leidenschaft des Dichters, die naturgemäß zur höchsten Spannung drängt, sie entstammt einem ebenso sichren Kunstbewußtsein. Mit dem Öffnen des Vorhangs ist sie gegeben: der Kindersarg, das Abendmahl, der Racheschwur. Und in der nächsten Szene zwischen Jeronimus, dem verwandten Sproß einer dritten Schroffensteiner Linie, und dem Kirchenvogt, die den erst empörten Jeronimus vom Recht des Racheschwures überzeugt, wird uns schon dessen Grundlosigkeit ahnend deutlich. Mit ihr setzt der kunstvolle, tragisch-ironische Rhythmus des Dramas ein: die immer dunklere Verstrickung in Mißtrauen, Rache und Mord und zugleich parallel die immer hellere Auflösung der Grundvoraussetzung, des Kindermordes, in Trug und Schein, in einen harmlosen Unglücksfall. In der Führung der Handlung jagt und häuft die wilde, qualvolle Bitternis von Kleists Weltanschauung die tragischen Zwischenfälle, aber jeder Fall ist zwingend begründet und ist Glied einer kunstvoll geschmiedeten, unlösbaren Kette. Immer durchdringen sich tragisches Grundgefühl und künstlerische Bewußtheit. Wenn der blinde Großvater in der Höhle den Kleidertausch Ottokars und Agnes' und damit den Mord der Väter an den eigenen Kindern zuerst entdeckt, so entspricht das einmal der tragisch bitteren Ironie des Dichters, daß der Blinde unter allen der einzig Sehende ist, andererseits rechtfertigt die Dunkelheit der nächtigen Höhle, vor der ja alle gleich blind sind und darin der Blinde kraft seines feineren Tastgefühls sich am schnellsten zurechtfindet, den Vorgang in aller äußeren Wirklichkeit.

Auch die Gestalten des Dramas entwachsen Kleists tragischem Grundgefühl, aber künstlerische Bewußtheit hat sie restlos objektiviert. Ihr Wesen und ihre Sprache ist weder dialektisch bestimmt, wie das Lessingscher Menschen, die sich zerlegend ihres Ichs und der Welt bemächtigen, noch pathetisch-rhetorisch wie das der Schillerschen Dramengestalten, die im Kampf der Pflicht ihr Verhältnis zur sittlichen Weltordnung immer neu feststellen. Kleists Menschen wurzeln wie er selbst einzig in ihrem Gefühl, auch ihnen gilt Kleists Mahnruf an seinen Freund: „O der Verstand! Der unglückselige Verstand!... Folge deinem Gefühl." Nur das unergründliche, unbedingte Gefühl ihres Selbst, das sich nie ganz im Zwist und Wirrsal des äußeren Geschehens verliert, sondern sich immer wieder in seinem Eigengesetz herstellt, gibt ihnen Wegrichtung und Wegsicherheit, drängt und bewahrt sie in tragischer Größe gegen Welt und Schicksal. Und weil dieses Gefühl ebenso leidenschaftlich wie unergründlich ist, darum kann es nicht über sich selbst reflektieren, sich nicht auseinanderlegen, sich nicht mitteilen, darum ist seine Sprache nicht dialektisch, nicht rhetorisch, sondern gleichnis- und bildhaft. Der Verstand drückt sich in Begriffen, das Gefühl sich in Bildern aus. Und die Gewalt, mit der diese Bilder aus dem glühenden, wühlenden Gefühlskern des Dichters emporgeschleudert werden, erzwingt einen Sturm des Rhythmus, eine leidenschaftliche und seherische Sprachkraft, die der Bibel, Äschylos, Shakespeare, in Deutschland nur dem späten Hölderlin verwandt ist, die in der „Familie Schroffenstein" noch durch Erinnerungen an Don Carlos und Wallenstein unterbrochen wird, im „Robert Guiskard" ihre reine Größe und in der „Penthesilea" ihren flammengewaltigen Ausbruch findet.

Lessings Menschen suchen auf den Höhen ihrer Erlebnisse durch prüfende Zergliederung ihres Wesens und ihrer Lage Klarheit und Behauptung, Schillers Gestalten besinnen sich in pathetisch-rhetorischem, oft prachtvoll strömendem Ausdruck neu auf ihre Stellung zwischen Freiheit und Notwendigkeit, Ideen- und Sinnenwelt. Beide sind auf ihren Erlebnishöhen auch am beredsamsten, beiden ist der Monolog — nicht als stilistisches Notmittel — als wesenseigne, notwendige Ausdrucksform gegeben. Kleists Menschen werden desto schweigsamer, je erregter sie und ihre Lage werden; auf ihren Höhenpunkten verstummen sie. Ihr tragisches Grundgefühl weiß die Unergründlichkeit des Lebens wie des eigenen Herzens, weiß, daß keine zerlegende Vernunft durch dieses heilige Dunkel dringt, weiß, daß über dem Abgrund von Mensch zu Mensch keine Brücke führt, keine Verständigung möglich ist, daß keine Sprache das Unaussprechliche aussprechen kann. „Gern möchte ich dir alles mitteilen, wenn es möglich wäre. Aber es ist nicht möglich, und wenn es auch kein weiteres Hindernis gäbe, als daß es uns an einem Mittel zur Mitteilung fehlt. Selbst das einzige, das wir besitzen, die Sprache taugt nicht dazu, sie kann die Seele nicht malen, und was sie uns gibt, sind nur zerrissene Bruchstücke. Daher habe ich jedesmal eine Empfindung wie ein Grauen, wenn ich jemandem mein Innerstes aufdecken soll."

In der ersten Szene erfährt Ottokar durch Johann, daß seine ungenannte Geliebte die Tochter des feindlichen Bruderhauses ist, dem er soeben, Eltern und Kindern, auf die Hostie den Tod geschworen. Hier — oder in einem Monolog am Schluß der Szene — hätte ein Schillerscher Held in hinreißendem, mitleiderregendem Ausbruch sich Luft gemacht. Kleists Ottokar „lehnt sich auf Johanns Schulter": „O laß — An deiner Brust mich ruhn, mein lieber Freund." Kurz darauf fällt er in ähnlicher Bewegung wortlos Jeronimus um den Hals, oder eilt hinaus ins Freie. Hier vollzieht sich — nicht aus äußerem Formwillen, sondern aus dem tiefsten Wesen Kleists und seiner Gestalten — die Entwicklung zum modernen Drama, das den Monolog preisgibt und seine Menschen oft mehr durch körperliche Bewegungen als durch Worte charakterisiert. Bewußt hat Kleist zu dieser, seiner eigenen Form sich durchgerungen: In der ersten Fassung, der „Familie Ghonorez" erwidert Agnes, als Ottokar um ihren Namen drängt, und sie die dunkle Verstrickung in die Todesfeindschaft ihrer Väter ahnt: „Mir weht ein Schauer wie von bösen Geistern — Um Haupt und Brust und hemmt die Rede mir." Das ist noch Schillers Sprachart. In der zweiten Fassung stammelt sie nur: „Ich kann nicht reden, Ottokar." Und wenn die inneren Erlebnisse gar zu gewaltig, zu unbegreiflich aufstürmen, dann werden Kleists Geftalten ihrem unerträglichen Übermaß entrückt, sie sinken bewußtlos zusammen, wie am Schluß des ersten Aufzugs Sylvester. Kleist selbst sollte in den verzweifelten Schick- salsstürmen, die seiner warteten, im prometheischen Ringen um seine Kunst mehrfach so die rettende Entrückung, das barmherzige Dunkel des Unbewußten finden.

Robert Guiskard

Kleist nahm sich nicht die Zeit zur letzten Durcharbeitung
seines Erstlingsdramas: sein Schöpferdrang stürmte einem
neuen Werke zu, daran er vom April 1802 bis zum Oktober
1803 in Hoffen und Verzweifeln sich müde rang: dem
„Robert Guiskard".

Den Plan, ein Landgut in der Schweiz zu kaufen, „ein
Feld mit eigenen Händen zu bebauen", mußte er aufgeben:
im Zwiste der politischen Parteiungen, der alten, kanto-
nalen Patrizier-Regierungen und der neuen ungeteilten Hel-
vetischen Republik, die sich unter Frankreichs Schutz gebildet hatte, waren französische Truppen einmarschiert,
Genf und andere Teile der alten Eidgenossenschaft waren
der französischen Republik einverleibt. „Es hatte allen Anschein, daß die Schweiz sowie Cisalpinien französisch werden wird, und mich ekelt vor dem bloßen Gedanken." „Mich
erschreckt die bloße Möglichkeit, statt eines Schweizer Bür-
gers durch einen Taschenspielerkunstgriff ein Franzose zu
werden. Unter diesen Umständen denke ich nicht einmal daran, mich in der Schweiz anzukaufen." Er mietete sich für
den Sommer am Ausflusse der Aare aus dem Thunersee
auf der Delosea-Insel ein kleines Häuschen, dem alle Herrlichkeit der Alpen offen lag: Strom und See, Weingärten
und Bergwälder, Felsen und Gletscher, Eiger, Mönch,
Jungfrau und Schilthorn. Auge in Auge dieser gewaltigen Natur — nur eine Fischerfamilie, deren Tochter ihm

den Haushalt führte, war Mitbewohner der Insel — schuf er an seinem gewaltigen Plan.

Sein Herz war schöpferselig und hoffnungsvoll. „Diese außerordentlichen Verhältnisse tun mir erstaunlich wohl, und ich bin von allem Gemeinen so entwöhnt, daß ich gar nicht mehr hinüber möchte an die anderen Ufer, wenn Ihr [Ulrike] nicht da wohntet."

Aber seine ausbrechende Fülle, sein gestaltender Wille, die in Gehalt und Form nach dem Sonnenhöchsten gegriffen, fühlen sich bald in den Widerstand des Stoffes und der Stilprobleme verstrickt, stockende Stunden kommen, er zweifelt an seiner Kraft. Der letzte, schmerzlich-dunkle Brief an Wilhelmine klagt: „Ich zog in ein ganz einsames Häuschen auf einer Insel in der Aare, wo ich mich nun mit Lust oder Unlust, gleichviel, an die Schriftstellerei machen muß. Indessen geht, bis mir dieses glückt, wenn es mir überhaupt glückt, mein kleines Vermögen gänzlich drauf, und ich bin wahrscheinlicherweise in einem Jahr ganz arm... Ich habe keinen andern Wunsch als bald zu sterben." Von der äußersten Erregung und Entrückung seiner Schöpfertrunkenheit stürzt er in die dunkelsten Tiefen der Ohnmacht, der Verzweiflung, der Verlassenheit. Sein Körper hält den wilden Visionen, den rasenden Überspannungen seines Geistes nicht stand; erschöpft bis in den Tod bricht er zusammen.

Ein Arzt in Bern nimmt sich seiner an. „Ich liege" — schreibt er im August — „seit zwei Monaten krank in Bern... Ich bitte Gott um den Tod." Ulrike eilt herbei, um ihn zu pflegen. Mit ihr und Ludwig Wieland verläßt er die vom Bürgerkrieg zerrissene Schweiz. Er begibt sich nach

Weimar. Fremd streift der Ruhlos-Ringende die beiden Vollendeten: Goethe und Schiller. Sein Genesungsgefühl wird neue Schöpferkraft. „Mein liebes Ulrikchen" — schreibt er am 9. Dezember — „der Anfang meines Gedichtes, das der Welt Deine Liebe zu mir erklären soll, erregt die Bewunderung aller Menschen, denen ich es mitteile. O Jesus! Wenn ich es doch vollenden könnte! Diesen einzigen Wunsch soll mir der Himmel erfüllen; und dann mag er tun, was er will."

Der alte Wieland, der schon den jungen Goethe im Feinsten und Tiefsten seines Wesens zuerst erfühlt hatte, erkannte Kleists geniale Gewalt. Nach vielfachen Besuchen auf Wielands Landsitz Osmannstedt bei Weimar entschloß Kleist sich endlich einer herzlichen Einladung zu folgen und ganz hinauszuziehen. Mit Wärme, mit Liebe, mit Bewunderung kam Wieland dem wesensfremden tragischen Genius entgegen. Ihm verdanken wir in einem späteren Briefe das wertvollste Zeugnis, das wir über Kleist besitzen. Er schildert ihn, wie er bei aller Liebe und Ehrfurcht doch schwer und verschlossen blieb, wie er im dunkeln Schaffensdrang die Welt vergaß, „bei Tische sehr häufig etwas zwischen den Zähnen mit sich selbst murmelte, und dabei das Air eines Menschen hatte, der sich allein glaubt, oder mit seinen Gedanken an einem anderen Orte und mit ganz anderm Gegenstande beschäftigt ist. Er mußte mir endlich gestehen, daß er in solchen Augenblicken von Abwesenheit mit seinem Drama zu schaffen hatte". Mitten im Gespräch überfielen Kleist die schöpferischen Gesichte, „so daß ein einziges Wort eine ganze Reihe von Ideen in seinem Gehirn wie ein Glockenspiel anzuziehen schien und verursachte, daß er nichts weiter von dem, was man ihm sagte, hörte und also auch mit der Antwort zurückblieb". Endlich entdeckt Kleist Wieland, „daß er an einem Trauerspiel arbeite, aber ein so hohes und vollkommenes Ideal davon seinem Geist vorschweben habe, daß es ihm noch immer unmöglich gewesen sei, es zu Papier zu bringen. Er habe zwar schon viele Szenen nach und nach aufgeschrieben, vernichte sie aber immer wieder, weil er sich selbst nichts zu Dank machen könne". Und nach vielen vergeblichen Bitten kam eines Nachmittags die Stunde, in der Kleist seine Verhaltenheit sprengte und den Anfang des „Robert Guiskard" aus dem Gedächtnis deklamierte. Erschüttert erkannte Wieland ein Werk von weltumfassender Gewalt: „Wenn die Geister des Äschylus, Sophokles und Shakespeares sich vereinigten, eine Tragödie zu schaffen, sie würde das sein, was Kleists Tod Guiskards des Normannen, sofern das Ganze demjenigen entspräche, was er mich damals hören ließ. Von diesem Augenblick an war es bei mir entschieden, Kleist sei dazu geboren, die große Lücke in unserer dramatischen Literatur auszufüllen, die selbst von Schiller und Goethe noch nicht ausgefüllt worden ist."

Trunken von Schöpferglück erlebte Kleist diese Anerkennung: „Als ich sie [meine Tragödie] dem alten Wieland mit großem Feuer vorlas, war es mir gelungen, ihn so zu entflammen, daß mir über seine innerlichen Bewegungen vor Freude die Sprache verging, und ich zu seinen Füßen niederstürzte, seine Hände mit heißen Küssen überströmend." „Das war" — schreibt er noch 4½ Jahre später an Wieland — „der stolzeste Augenblick meines Lebens." Einer der Großen im Reiche der Dichtung hatte ihn verstanden, ihn anerkannt, sich vor ihm gebeugt, ihn den ewigen Genien der Menschheit zugereiht. Mit neuem Mute nimmt er die Gestaltung auf. „In kurzem werde ich Dir viel Frohes zu schreiben haben; denn ich nähere mich allem Erdenglück." Aber die Tragik seines Lebens gönnte ihm keine Ruhe, entriß ihn dem Boden, wo er zum erstenmal Wurzeln trieb, „wo ich mehr Liebe gefunden habe, als die ganze Welt zusammen aufbringen kann". Und — tragische Jronie! — die Liebe selber war es, die ihn verjagte. „Ich habe mehr Liebe gefunden als Recht ist, und muß über kurz oder lang wieder fort; mein seltsames Schicksal!" Wielands jüngste Tochter, die noch nicht 14jährige Luise, hatte dem leid- und rätselvollen Gast ihre Liebe zugewandt. Und er, „der Flüchtling, der Unbehauste", fand aus den Gewitterspannungen seines Schaffens nicht Weg noch Recht zu ihr. Er mußte vor der Liebe flüchten! „Ich mußte fort! o Himmel, was ist das für eine Welt!"

Am 24. Februar verließ Kleist Osmannstedt und begab sich über Weimar nach Leipzig, im April nach Dresden, wo in Pfuel und den Schwestern von Schlieben alte Freunde seiner warteten. Zumal Henriette von Schlieben ist ihm später so nahe gekommen, daß eine Zeichnung Henriettes von der Hand der älteren Schwester die — ernst- oder scherzhafte? — Unterschrift trägt: „Henriette von Schlieben, Kleists Braut." Aber auch in Dresden litt es ihn nicht. Die Dämonie seines Schaffens jagt ihn weiter. Als Gast Pfuels — „der Rest meines Vermögens ist aufgezehrt" — geht er Mitte Juni mit ihm nach der Schweiz, „wo ich diese meine literarische Arbeit, die sich allerdings über mein Erwarten verzögert, unter seinen Augen voll-

enden soll". All sein Denken und Dichten ist fiebernd dar-
auf gerichtet, sich durch Vollendung des Guiskard „den
Kranz der Unsterblichkeit zusammenzupflücken". Ein Brief
Wielands, den er am Vorabend der Abreise in Dresden er-
halten, brennt in ihm als Vermächtnis: „Nichts ist dem
Genius der heiligen Muse, die Sie begeistert, unmöglich.
Sie müssen ihren Guiskard vollenden, und wenn der ganze
Kaukasus und Atlas auf Sie drückte."

Die Schweiz wird rasch durchquert, die Stätten früheren Glücks, Bern und Thun, wieder aufgesucht, die italie-
nische Grenze überschritten, Mailand und Venedig durch-
eilt. Aber kein Brief, kein Wort Kleists berichtet über die
Eindrücke dieser Reise; sie geht hin im wechselnden Aufsturm und Absturz, im verzweifelten Unterfangen, das
Werk zu vollenden oder zu vergessen. Endlich in Genf
bricht er anfangs Oktober zusammen; in erhabener Resignation schreibt der tödlich Ermüdete: „Der Himmel weiß,
meine teuerste Ulrike (und ich will umkommen, wenn es
nicht wörtlich wahr ist), wie gern ich einen Blutstropfen
aus meinem Herzen für jeden Buchstaben eines Briefes
gäbe, der so anfangen könnte: ‚mein Gedicht ist fertig.'
Aber Du weißt, wer, nach dem Sprichwort, mehr tut, wie
er kann. Ich habe nun ein Halbtausend hintereinander folgender Tage, die Nächte der meisten mit eingerechnet, an
den Versuch gesetzt, zu so vielen Kränzen noch einen auf
unsere Familie herabzuringen: jetzt ruft mir unsere heilige
Schutzgöttin zu, daß es genug sei. Sie küßt mir gerührt
den Schweiß von der Stirne und tröstet mich, wenn jeder
ihrer lieben Söhne nur eben so viel täte, so würde unserm
Namen ein Platz in den Sternen nicht fehlen', und so sei

es denn genug. Das Schickſal, das den Völkern jeden Zu-
ſchuß zu ihrer Bildung zumißt, will, denke ich, die Kunſt
in dieſem nördlichen Himmelsſtrich noch nicht reifen laſſen.
Töricht wäre es wenigſtens, wenn ich meine Kräfte länger
an ein Werk ſetzen wollte, das, wie ich mich endlich überzeugen muß, für mich zu ſchwer iſt. Ich trete vor einem
zurück, der noch nicht da iſt, und beuge mich, ein Jahr-
tauſend im voraus, vor ſeinem Geiſte. Denn in der Reihe
der menſchlichen Erfindung iſt diejenige, die ich gedacht habe,
unfehlbar ein Glied, und es wächſt irgendwo ein Stein ſchon
für den, der ſie einſt ausſpricht... Ich kann Dir nicht
ſagen, wie groß mein Schmerz iſt. Ich würde von Herzen
gern hingehen, wo ewig kein Menſch hinkommt.“ Die alte
tragiſche Einſicht und Bitternis ſteigt in ihm auf. Empörung des unendlichen Geiſtes über die Art, wie in der Welt
des Endlichen ihn das Schickſal zum Narren hält: „Iſt es
aber nicht unwürdig, wenn ſich das Schickſal herabläßt,
ein ſo hilfloſes Ding, wie der Menſch iſt, bei der Naſe
herumzuführen? Und ſollte man es nicht faſt ſo nennen,
wenn es uns gleichſam Kuxe auf Goldminen gibt, die, wenn
wir nachgraben, überall kein echtes Metall enthalten? Die
Hölle gab mir meine halben Talente, der Himmel ſchenkt
dem Menſchen ein Ganzes oder gar keins.“ Und erſchüt-
ternd bricht das Schreiben ab: „Lebe wohl, grüße alles —
ich kann nicht mehr.“

Nach Hauſe mag er nicht zurückkehren: ſein „empfind-
liches Gemüt“ „entſetzt die Vorſtellung“, ſich „einen Prä-
tendenten mit Anſprüchen unter einem Haufen von Menſchen“ zu denken, „die ſein Geburtsrecht zur Krone nicht anerkennen“. Er begibt ſich — faſt mittellos — über Lyon

nach Paris, „sehr entschlossen, ohne große Wahl zuzugrei-
fen, wo sich etwas finden wird". Hier folgt der letzte Auf-
sturm, der furchtbarste Zusammenbruch. Er verbrennt den
„Robert Guiskard", den ersten Akt einer Tragödie „Leo-
pold von Österreich", die fragmentarischen Szenen eines
Dramas „Peter der Einsiedler", von dem wir nur den
Titel kennen. Von Todesgedanken gehetzt, verläßt er den
Freund, der ihn unter den Leichen der Morgue sucht, und
wandert verstört, zu Fuß, ohne Paß an die Nordküste
Frankreichs, um in Boulogne sich der Expedition Napoleons gegen die Engländer anzuschließen und so — im
Dienste des Erbfeinds! — den Tod zu finden. Ein Brief
aus St. Omer gibt die wunde Leidenschaft und Entrückung
dieser Tage in einer Bildkraft und Rhythmik, einem dunklen, metaphysischen Glanz, wie er aus letzten Worten Guiskards oder Penthesileas bricht: „Meine teuere Ulrike! Was
ich Dir schreiben werde, kann Dir vielleicht das Leben ko-
sten; aber ich muß, ich muß, ich muß es vollbringen. Ich
habe in Paris mein Werk, so weit es fertig war, durch-
lesen, verworfen und verbrannt: und nun ist es aus. Der
Himmel versagt mir den Ruhm, das größte der Güter der
Erde; ich werfe ihm, wie ein eigensinniges Kind, alle übrigen hin. Ich kann mich Deiner Freundschaft nicht würdig
zeigen, ich kann ohne diese Freundschaft doch nicht leben: ich
stürze mich in den Tod. Sei ruhig, Du Erhabene, ich werde
den schönen Tod der Schlachten sterben. Ich habe die Hauptstadt dieses Landes verlassen, ich bin an seine Nordküste
gewandert, ich werde französische Kriegsdienste nehmen, das
Heer wird bald nach England hinüberrudern, unser aller
Verderben lauert über den Meeren, ich frohlocke bei der

Aussicht auf das unendlich-prächtige Grab. O du Geliebte, du wirst mein letzter Gedanke sein!"

Die Expedition Napoleons gegen England kam nicht zustande. Den entrückt Umherirrenden, der ohne Paß stündlich in Gefahr ist, als Spion aufgegriffen und erschossen zu werden, trifft ein Bekannter und nimmt ihn mit nach Paris. Dort stellt ihm der preußische Gesandte, der seine Verstörtheit erkennt, einen Paß aus, der direkt nach Potsdam lautet, und so ist er zur Heimkehr gezwungen. Aber unterwegs, in Mainz, sinkt er in einer allgemeinen Zerrüttung der Nerven nieder. Der berühmte, Wieland bekannte Arzt, Dr. Wedekind nimmt ihn in sein Haus auf. Fünf Monate, die er Bett und Zimmer hüten muß, geben seiner töblich erschöpften Seele Genesungsruhe.

Im Mai 1808 erscheint, wohl aus dem Gedächtnis wieder hergestellt, im 4. bis 5. Stück des „Phöbus", der von Kleist und Adam Müller herausgegebenen Dresdener Monatsschrift, das „Fragment aus dem Trauerspiel: Robert Guiskard, Herzog der Normänner".

In Schillers „Horen" III (Stück 1—3) erschien 1797 ein großer historischer Aufsatz des sächsischen Offiziers Karl Wilhelm Ferdinand von Funk „Robert Guiskard, Herzog von Apulien und Kalabrien". Ihm entnahm Kleist seinen Stoff. Mit königlicher Kraft und Sicherheit der Gestaltung schob er die verwirrende Fülle der Ereignisse und Personen zurück; der Zufall der Geschichte hatte ihm keine Bedeutung. In einsamer tragischer Größe wächst ihm die Gestalt Guiskards auf, des berufenen Genius, der vom kühnen

Abenteuerer zum mächtigen Fürsten emporsteigt, sein kleines, kriegsgehärtetes Volk von Sieg zu Sieg reißt und schließlich seine Hand nach einer Kaiserkrone ausstreckt, Byzanz, der Hauptstadt der Welt, zustürmt — in einer müden, bröckelnden Zeit der geborene, schöpfergewaltige Herrscher. Auf dem Wege dahin, vor Durazzo, im Golf von Thessalonich, ereilen den unerschütterten, trotzigen Sieger Hunger und Seuche, zehntausende von Rittern und Soldaten verderben, er selber wird angesteckt und dahingerafft. „Mit ihm sanken alle seine hohen Entwürfe ins Grab." (Funk.)

Kleist läßt die buntgewaltige Fülle dieses Lebens; alles Schicksal ballt er in seinen letzten Tag. Und diesen legt er, wohin der Erobererwille zielt: vor die Mauern von Byzanz. Ungeheuer ist die dramatische Situation: Mauern und Türme der Hauptstadt der Welt — das brandende Weltmeer — zwischen ihnen ein Held und ein Heer, zur Weltherrschaft bestimmt, Auge in Auge dem letzten, allüberwindenden Sieg, niedergestreckt von der Pest.

Das waren die beiden Grundkonflikte aller Lebenstragik gewesen, an denen Kleist gelitten, gegen die er sich in titanischem Troß, in Fluch und Hohn und Bitternis empört hatte: Fremdheit und Zwiespalt zwischen Mensch und Mensch und Fremdheit und Zwiespalt zwischen Geist und Leib, Idee und Sinnlichkeit. Den ersten Konflikt hatte er in der „Familie Schroffenstein" gestaltet, der Tragödie von der gespenstigen Einsamkeit und Brückenlosigkeit alles Menschlichen, darin Brüder, Eltern und Kinder sich mißverstehen, verwunden und vernichten. Den zweiten zu gestalten, drängte ihn nun: Fremdheit und Zwiespalt zwischen Geist und Leib, Idee und Sinnlichkeit, die entwürdigende Ab-

hängigkeit des Geiſtes vom Roh-Körperlichen, die ſeine
eigenen unendlichen Pläne immer wieder brutal bedrohte,
ſeine viſionär aufſtürmende Seele wieder und wieder in
Ohnmacht zurückriß, die grauſige Einſicht, „daß der Menſch
über jedem großen Schickſal, aber unter jeder Armſelig-
keit ſteht". (Hebbel.) Jenes Eſelsgeſchrei, das auf ſeiner
erſten Pariſer Reiſe ſeine Wagenpferde ſcheu gemacht, ſein
Leben, ſein Werk, die ganze Unendlichkeit ſeiner inneren
Welt in Frage geſtellt hatte, vergaß er nie, das ſchrillte
nach in ſeiner Seele als gelle, wilde Diſſonanz. Die
„Furcht, ich möchte ſterben, ehe ich meine Arbeit vollendet
habe", ließ ihn nicht mehr. Zähneknirſchend ſpürte er die
erniedrigende Abhängigkeit ſeines unendlichen Geiſtes und
Werkes von der banalen, brutalen Endlichkeit ſeines Leibes.
„Ich habe" — ſchreibt er im November 1805 — „dieſen
ganzen Herbſt wieder gekränkelt: ewige Beſchwerden im
Unterleibe, die mein Browniſcher Arzt wohl dämpfen, aber
nicht überwinden kann. Dieſe wunderbare Verknüpfung
eines Geiſtes mit einem Convolut von Gedärmen und Eingeweiden. Es iſt, als ob ich von der Uhr abhängig wäre,
die ich in meiner Taſche trage." Und im Juni 1806: „Es
iſt, als ob das, was auf mich einwirkt, in eben dem Maße
wächſt als mein Widerſtand; wie die Gewalt des Windes
in dem Maße, als die Pflanzen, die ſich ihm entgegenſetzen.
Ich bin ſeit mehreren Monden ſchon mit den hartnäckigſten
Verſtopfungen geplagt. Nicht genug, daß ich bei der Unruhe, in welche ſie mich verſetzen, unfähig zu jedem Geſchäft
bin, das Anſtrengung erfordert: kaum, daß ich dazu tauge,
die Seite eines Buches zu überleſen." Und Ende Oktober:
„Ich leide an Verſtopfungen, Beängſtigungen, ſchwitze und

phantasiere, und muß unter drei Tagen immer zwei das Bett hüten. Mein Nervensystem ist zerstört." — Beethoven, der an dauerndem Darmkatarrh, Kleist, der an jahrelangen Verstopfungen leidet — beide, den ewigen Protest gegen diese erniedrigende Abhängigkeit ihres unendlichen Geistes in die Höhen der Musik und der Tragödie hinausschleudernd: das ist die tragische Ironie der Weltenschöpfer!

Dieser Schicksalsfluch und Schicksalstrotz ist der Gefühlskern des Guiskard-Fragmentes: ein Welteroberer, ein Genius, berufen, das Angesicht der Erde zu erneuern, die Zeit, die aus den Fugen war, einzurenken, wird angesichts seines letzten, entscheidenden, kaiserlichen Triumphes niedergeworfen von der Banalität und Brutalität des Körperlichen, von der Pest zerfressen wie jeder Stallknecht seines Heeres. In letztem, übermenschlichem Protest bietet er dem Schicksal Trotz, sterbend rafft er sein pestkrankes Volk zum Sturm, dann erlischt, zerfällt, verwest er. „Mit ihm sanken alle seine hohen Entwürfe ins Grab."

In dieses Drama wollte Kleist alle dunkle Schönheit und Größe seiner Kunst zusammendrängen. Diesmal sprach sein tragisches Lebensgefühl sich nicht in einer Familien-, sondern in einer welthistorischen Katastrophe aus. Und so konnte und sollte diese Tragödie zu den äußersten Höhen bringen, die je der tragischen Dichtung vergönnt waren. In Rhythmus, Bildkraft und Aufbau sollte ihr alle Glut und Feiergröße werden. Sie sollte jene religiöse, völkische Gewalt wiederfinden, die der antiken Tragödie eignete, die jede Aufführung damals zu einem festlichen Spiel, einem Erleben des Volkes machte. Und sollte doch die einsame

Dämonie der Shakespearischen, ganz auf sich gestellten Persönlichkeit aufnehmen.

Die Gestalten der antiken Tragödie waren noch streng dem Wesen und Gesetz ihres Volkes verbunden; nicht der Einzelne: das Geschlecht, der Familienverband war der Träger der Verantwortung; des zum Zeichen war die Blutrache, war — wie im Alten Testament — die Anschauung, daß Gott die Sünden der Väter an den Kindern und Enkeln heimsucht bis ins dritte und vierte Glied. Diese Verbundenheit wird zum „Schicksal". Unentrinnbar verkettet sich so die Geschlechter-Tragik der „Orestie". Und so ist der Chor nicht nur historisch — als Überbleibsel des ursprünglich allein vorhandenen Chorliedes — möglich, sondern innerlich, wesentlich, weil Konflikte nicht einzelner Persönlichkeiten, sondern des Geschlechtsverbandes — der Träger des Staates ist — verhandelt werden; daran kann und will das Volk teil haben. Nicht Gesetz und Recht des Individuums, Gesetz und Recht des Volk-Staates, das Recht und Gesetz, stehen zur Entscheidung. In Shakespeares Dramen ist die Persönlichkeit aus diesem Zusammenhang herausgetreten. Das Christentum mit seiner Grundanschauung vom metaphysischen Wert der Einzelseele, die Renaissance mit ihrer Verherrlichung des Individualismus, der Protestantismus, der den Einzelnen unmittelbar seinem Gott gegenüberrückte, hatten die Persönlichkeit befreit und so einsam auf sich gestellt, daß sie oft nur noch von sich, ihrem Wesen und Wert wußte. In Shakespeares Tragödie stehen Gesetz und Recht des Individuums im Mittelpunkt. Das Volk ist leere, verächtliche Masse.

Kleist wollte in „Robert Guiskard" Wesen und Wert

des Individuums aus seiner einsamen Gelöstheit zurück-
führen, dem seines Geschlechtes und Volkes wieder tiefer
verbinden. Die Tragödie sollte wieder eine menschlich brei-
tere völkische Bedeutung haben.

Ein Volk gipfelt und rechtfertigt sich in seinen größten
Persönlichkeiten, in ihnen findet es seinen ewigen Ausdruck.
So ist Wert und Wesen, Wille, Sieg und Verhängnis
Guiskards auch das seines Volkes. Von Anfang an erfüllt — wie im antiken Chor — das Volk die Bühne. Nie
ist die Verbundenheit von Volk und Führer innerlicher und
ergreifender dargestellt. Aus seiner tiefsten Not, aus Pest
und Vernichtung strömt das Volk zu seinem Genius, so wie
im Augenblick der Angst das Blut zum Herzen strömt. Er
hat es sieghaft durch alle Schicksalsstürme geführt, er muß
es auch aus diesem furchtbarsten retten. „Wenn er der Pest
nicht schleunig uns entreißt — Die uns die Hölle grausend
zugeschickt, — So steigt der Leiche seines ganzen Volkes —
Dies Land ein Grabeshügel aus der See.“ Grauenhaft
groß malt das Volk sein Verderben:

Mit weitausgreifenden Entsetzensschritten
Geht sie [die Pest] durch die erschrocknen Scharen hin
Und haucht von den geschwollenen Lippen ihnen
Des Busens Giftqualm in das Angesicht!
Zu Asche gleich, wohin ihr Fuß sich wendet,
Zerfallen Roß und Reiter hinter ihr,
Vom Freund den Freund hinweg, die Braut vom Bräut'-
Vom eignen Kind hinweg die Mutter schreckend!   [gam,
Auf eines Hügels Rücken hingeworfen,
Aus ferner Öde jammern hört man sie,

Wo schauerliches Raubgeflügel flattert,
Und den Gewölken gleich, den Tag verfinsternd,
Auf die Hilflosen kämpfend niederrauscht.

In Verzweiflung und Grauen wächst die Beschwörung zur Drohung:

> Auch ihn ereilt, den Furchtlos-Trotzenden,
> Zuletzt das Schicksal noch und er erobert,
> Wenn er nicht weicht, an jener Kaiserstadt
> Sich nichts als einen prächt'gen Leichenstein!
> Und statt des Segens unserer Kinder setzt
> Einst ihres Fluches Mißgestalt sich drauf — — —
> Wenn er nicht hört, der Unerbittliche, so setze
> Den Jammer dieses ganzen Volkes, setz' ihn
> Gleich einem erzenen Sprachrohr an, und donnre,
> Was seine Pflicht sei, in die Ohren ihm —!
> Wir litten, was ein Volk erdulden kann.

Aber kaum ist ein Bericht von Guiskards Krankheit in das Volk gedrungen, da vergißt es das eigne Leid, da bangt es nur um ihn. Aller dramatische Anteil verdichtet sich in der Angst und Erwartung: kann, wird Guiskard vor dem Volk erscheinen? Als er erscheint, als das Volk in ihm seines Wesens ewigen Ausdruck wiedersieht, da vergißt es den Wunsch um eigene Rettung:

> Ein Wunsch, mein hoher Herzog, führt uns her. —
> Jedoch nicht ihm gehört, wie du wohl wähnst,
> Der Ungestüm, mit dem wir dein begehrt,
> Und sehr beschämen würd' uns deine Milde,
> Wenn du das glauben könntest von der Schar.
> Der Jubel, als du aus dem Zelte tratst,

Von ganz was anderm, glaub' es, rührt er her:
Nicht von der Lust bloß, selbst dich zu erblicken;
Ach von dem Wahn, du Angebeteter!
Wir würden nie dein Antlitz wiedersehn.

Drangvoll beschwört ihn das Volk, sich künftig nicht mehr der Ansteckung auszusetzen, nicht mehr selber sich um die Erkrankten zu sorgen:

Nicht einer ist, o Guiskard, unter ihnen,
Der hilflos nicht, verworfen lieber läge,
Jedwedem Übel sterbend ausgesetzt,
Als daß er Hilf' von dir, du Einziger,
Du ewig Unersetzlicher empfinge,
In immer reger Furcht, den gräßlichsten
Der Tode dir zum Lohne hinzugeben.

Und als Guiskards Trotz und Lachen sie über sein Befinden beruhigt, da flammt aus der töblichen Angst im Jubel der Erlösung — „O du geliebter Fürst! Dein heitres Wort — Gibt uns ein aufgegebenes Leben wieder!" — das heiligste Gebet des Volkes auf: um die Unzerstörbarkeit seines Helden, um die Ewigkeit seines genialen Abbildes:

Wenn keine Gruft doch wäre, die dich deckte!
Wärst du unsterblich doch, o Herr! unsterblich,
Unsterblich, wie es deine Taten sind!

Erst in den letzten Sätzen des Fragments findet der eigene Jammer wieder Wort.

Auch im „Wallenstein" — 3½ Jahre vor „Robert Guiskard" — erfüllen Masse und Führer Drama und Bühne; aber die Aufgabe ist leichter: sie treten getrennt auf. Und sie

dürfen getrennt auftreten, da sich nicht in tiefem Blutzu=
sammenhang Volk und Genius, sondern Soldatenführer
und Soldateska darstellt. Aus diesem Blut= und Schick=
salszusammenhang, dieser Wesens=Gipfelung und =Recht=
fertigung eines Volkes wächst die Gestalt Guiskards —
die sonst nur durch ein Gewitter von Taten hätte gezeichnet
werden können und hier am letzten ihrer Tage, pestver=
fallen vor uns steht — von Anfang an ins Mythische, Gi=
gantische. Im ersten Satz ertönt sein Name, und jede Zeile
leitet, jede Bewegung drängt zu ihm. „Hin zu Guiskard!"
das ist das erste. „Wird Guiskard erscheinen?" das zweite.
„Kann er erscheinen? ist er krank? ist er tot?" ist das dritte
angstvoll gesteigerte Thema des Fragments.

In diese brandende Frage und Erwartung wächst immer
deutlicher Guiskards riesenhafte Gestalt. Zuerst zeigt He=
lenas, der Tochter, Wort ihn schlafend, eine Morgenstunde
lang ruhend vom ungeheueren Schicksalsstreit, dann weist
der Normann, der vor dem Zelte Wache hält, den kranken
Guiskard: nur aus verschlossenem Zelt ein jammervolles
Stöhnen, „als haucht ein kranker Löwe die Seele von sich".
Dann zeichnet Abälard den kranken Riesen, den wir nur
gehört:

Noch eben, da er auf dem Teppich lag,
Trat ich zu ihm und sprach: „Wie geht's dir, Guiskard?"
Drauf er: „Ei nun," erwidert er, „erträglich! —
Obschon ich die Giganten rufen möchte,
Um diese kleine Hand hier zu bewegen."
Er sprach: „Dem Ätna wedelst du, laß sein!"
Als ihm von fern, mit einer Reiherfeder

Die Herzogin den Busen fächelte;
Und als die Kaiserin, mit feuchtem Blick,
Ihm einen Becher brachte und ihn fragte,
Ob er auch trinken woll'? antwortet er:
„Die Dardanellen, liebes Kind!" und trank.

In drei Bildern ist hier eine mythische Gestalt geschaffen, riesenhaft, allen äußersten Erdgewalten, den Giganten, dem Ätna, dem Weltmeer wesensnah; ohne jeden Überschwang, im schlichten, schweren Ernst der Krankheit nah. Und welche Güte in diesem sterbenden Titanen bei aller Gewalt! Man mag in der Weltliteratur nach einer gleichen Stelle suchen. Und dann stemmt der pestzerfressene Riese sich empor, zuerst in Abälards Schilderung:

Doch das hindert nicht,
Daß er nicht stets nach jener Kaiserzinne,
Die dort erglänzt, wie ein gekrümmter Tiger
Aus seinem offnen Zelt hinüberschaut — — —
Kurz, wenn die Nacht ihn lebend trifft, ihr Männer,
Das Rasende, ihr sollt es sehn, vollstreckt sich,
Und einen Hauptsturm ordnet er noch an.

Und dann erscheint der Bang- und Heiß-Erwartete — zuerst noch mittelbar, im Auge des Knaben, der halb auf den Hügel stieg:

Frei in des Zeltes Mittes seh' ich ihn!
Der hohen Brust legt er den Panzer um,
Dem breiten Schulternpaar das Gnadenkettlein!
Dem weitgewölbten Haupt drückt er, mit Kraft,
Den mächtig-wankend-hohen Helmbusch auf!
Jetzt seht, o seht doch her! — da ist er selbst!

Endlich! endlich! steht er vor uns, schicksalsgewaltig.
Und sein Wort ist Kraft, nicht krampfig gesteigerte, nein
gebändigte Kraft und Güte. Gerade die Verhaltenheit
gibt seiner Gestalt das Übermächtige, Dämonische (das
Kleistische im Gegensatz zum Schillerischen). Mit einem
Lachen jagt er Furcht und Verdacht des Volkes von sich:

Mein Leib ward jeder Krankheit mächtig noch.
Und wär's die Pest auch, so versichr' ich euch:
An diesen Knochen nagt sie selbst sich krank!

— — —

In Stambul halt ich still und eher nicht!

Um diesen felsig aufgereckten Genius brandet das Volk,
in wundervoller atmosphärischer Bildkraft immer wieder
unter Bildern des Meeres gesehen, dessen Wogen es rings
umbrausen, dessen Tiefen es begraben werden:

Wenn ihr den Felsen zu erschüttern geht,
Den angstempört die ganze Heereswog'
Umsonst umschäumt.

— — —

Das heult,
Gepeitscht vom Sturm der Angst, und schäumt und gischt,
Dem offnen Weltmeer gleich. — Schaff Ordnung hier!
Sie wogen noch das Zelt des Guiskards um.

— — —

Ein Volk, in so viel Häuptern rings versammelt,
Bleibt einem Meere gleich, wenn es auch ruht,
Und immer rauschet seiner Wellen Schlag.

Der Wechsel zwischen Volks- und Einzelszenen, zwischen
Chor und Solisten, die Stimmenführung ist nicht nur von
höchster dramatischer, sondern auch musikalischer Gewalt;
auch darin gelingt Kleist eine Verschmelzung des griechi-

schen und Shakespeareschen Stils. Des Sophokles „Ödipus“ klingt vernehmlich an; auch er zeigt ja den Platz vor der Königsburg, das Volk, das vor der Pest zum Herrscher flieht, die Bittgesandtschaft um Abhilfe, den Greis als Wortführer. Nur daß Kleist im Gegensatz zum antiken Chor den seinen streng dramatisch baut, alle epischen, lyrischen und reflektierenden Bestandteile ausscheidet; sein Chor ist nicht Zuschauer, sondern mithandelnder Schicksalsgenoß.

Aber diese in Shakespeares Sinne rein dramatische Führung der Handlung ist und würde in der Fortsetzung um so schwieriger, als Kleist sich dabei nicht Shakespeares Freiheiten im Wechsel von Zeit und Raum zugesteht, sondern die strenge Einheit der Antike festhält; am schwierigsten dadurch, daß er wieder gleich der Antike, zumal dem Ödipus, die Darstellung mit der Katastrophe beginnt, ohne sich gleich dem antiken Drama zu gestatten die Vorgeschichte in epischen Berichten zu geben. Auch die Sprache sucht — gemäß der Verbindung von Typus und Charakter, Volk und Persönlichkeit — die höhere Einheit: des Musikalischen und Charakteristischen, der antiken Getragenheit und der persönlich gefärbten und bewegten Ausdruckswahrheit Shakespeares. So rechtfertigt sich Wielands Wort: „Wenn die Geister des Äschylus, Sophokles und Shakespeares sich vereinigten eine Tragödie zu schaffen, sie würde das sein, was Kleists Tod Guiskards des Normannen, sofern das Ganze demjenigen entspräche, was er mich damals hören ließ.“

Man hat Plan auf Plan gemacht, das Fragment zu ergänzen; zumal an den Streit zwischen dem Sohn und Neffen Guiskards hat man angeknüpft und 'daran, daß

Guiskard dieſen Neffen, den urſprünglich beſtimmten Nachfolger ſeines Vaters, Guiskards einſt regierenden Bruders,
als Vormund des Thrones beraubt. Aber alle anderen
Verwicklungen ſind und bleiben gleichgültig vor dem einen:
Guiskard iſt peſtkrank! Und die Peſt iſt unerbittlich, und
iſt ſchnell. Schon daß „die Nacht ihn lebend trifft", iſt frag-
lich. Ob er in prometheiſchem Trotz ſich aufbäumt, ob er
ſelbſt ſterbend die Stadt noch erobert: der welterobernde
Wille, der weltenſchaffende Genius vergeht vor der Banalität und Brutalität des Körperlichen, und mit ihm ſein
Volk, das ohne ihn dem Schickſalsſturm nicht trotzen kann,
niemand iſt da, der ihn erſetzen könnte. „Mit ihm" —
ſchließt ſchon Funks Bericht, Kleiſts Unterlage — „ſanken
alle ſeine hohen Entwürfe ins Grab und der Glanz des
apuliſchen Staates erloſch. Das Heer, von paniſchem
Schrecken ergriffen, verließ ſeine Eroberungen und ſtürzte
ſich auf die Schiffe. Mit einer ſolchen Eile drängten ſie
ſich zur Rückkehr, daß viele mit ihren Pferden ins Meer
ſprangen, und über der Begierde, ſich zu retten, ertranken.
Kein Feind hatte ſie gedrängt, erſt nach einigen Tagen
wagten ſich die Griechen an die Küſte hervor und machten
zitternd die Zurückgebliebenen zu Sklaven. Ein fürchter-
licher Sturm ergriff die Flotte, und nur ein kleiner Teil
des mächtigen Heeres, das noch vor wenigen Tagen einem
Kaiſerthron den Untergang drohte, ſah die Heimat wieder."

Der Schickſalstrotz und Untergang des Genius vor der
Peſt gibt aber nur tragiſche Situationen, keine tragiſche
Handlung.

Amphitryon

Der Zusammenbruch in Mainz ist der furchtbarste in
Kleists Leben. Fünf Monate braucht sein Körper, um Bett
und Zimmer zu überwinden, zwei Jahre Seele und Geist,
um sich wieder auf schöpferische Bahnen zu wagen. Wieder
träumt er von einer Flucht nach rückwärts, in die Ruhe und
Einfalt natürlichen Lebens: er will bei einem Tischler in
Koblenz Arbeit nehmen. Aber sein treuer Arzt, der eine
Zeitlang daran denkt, ihn in einem Bureau unterzubringen,
bestimmt und verhilft ihm zur Heimreise. Mitte Juli trifft
er — seit acht Monaten verschollen — in Frankfurt bei den
Verwandten ein. Die Familie setzt ihm ein Almosen von
25 Talern im Monat aus, in der Erwartung, daß er alles
tun wird, um nun endlich einen bürgerlichen Beruf, eine
ordentliche Anstellung zu erreichen. Und sein Schaffens-
glaube ist so zerbrochen, daß auch er keinen anderen Lebens-
ausweg sucht. Er reist zum Generaladjutanten des Königs,
er bittet um Anstellung, er entschuldigt seine Verlorenheit
und Entrückung in Paris, in St. Omer, seinen Brief von
dort an den preußischen Gesandten, seine „Einschiffungs-
geschichte“ als Ausgeburten seiner Krankheit, einer „firen
Idee“, eines „Schmerzes im Kopfe“, der so „unerträglich
heftig“ wurde, „daß ich zuletzt in die Verwechselung der
Erdare gewilligt haben würde, ihn los zu werden“. Mit
bitterer Selbstbeherrschung antwortet er auf die Frage,
„ob Sie von allen Ideen und Schwindeln, die vor kurzem
im Schwange waren, völl'g hergestellt sind“, auf die Vor-

würfe, „ich hätte das Militär verlaſſen, dem Zivil den Rücken gekehrt, das Ausland durchſtreift, mich in der Schweiz ankaufen wollen, Verſche gemacht (o meine teuere Ulrike!), die Landung mitmachen wollen uſw. uſw." Und mit überlegener künſtleriſcher Ironie zeichnet ſein Bericht das Bild dieſes hilfloſen, geiſtesarmen, im Grunde gutmütigen Höflings. Auf dem Rückweg lieſt er Wielands Brief über den Guiskard und erhebt ſich ſo „mit einem tiefen Seufzer ein wenig aus der Demütigung, die ich ſoeben erfahren habe."

„Wie flogen wir" — ſchreibt er an Ernſt von Pfuel, mit dem er die letzte Reiſe gemacht und den er plötzlich in Paris verlaſſen hatte — „vor einem Jahre einander in Dresden in die Arme! Wie öffnete ſich die Welt unermeßlich, gleich einer Rennbahn, vor unſern in der Begierde des Wettkampfs erzitternden Gemütern! Und nun liegen wir, übereinander geſtürzt, mit unſeren Blicken den Lauf zum Ziele vollendend, das uns nie ſo glänzend erſchien als jetzt, im Staube unſeres Sturzes eingehüllt! — — — So umarmen wir uns nicht wieder! So nicht, wenn wir einſt, von unſerem Sturze erholt, denn wovon heilte der Menſch nicht! einander auf Krücken wieder begegnen."

Der Geh. Oberfinanzrat Karl Freiherr von Stein zum Alten-Stein, der ſpätere Miniſter, nahm ſich Kleiſts an, empfahl ihn dem Miniſter von Hardenberg, ließ ihn auf ſeinem Bureau arbeiten und erreichte, daß Kleiſt anfangs Mai 1805 als Diätar der Kgl. Domänenkammer mit 600 Talern Jahresdiäten nach Königsberg geſchickt wurde, zugleich zur kameralwiſſenſchaftlichen Ausbildung in den Vorleſungen von Prof. Kraus. 1806 traf Kleiſt in Königs=

berg seine frühere Braut, Wilhelmine von Zenge, als Frau des Professors Krug, Kants neuberufenen Nachfolgers, in Gesellschaft wieder. Die Schwester, Luise von Zenge, vermittelte die Bekanntschaft und den unbefangenen Verkehr mit ihrem Schwager. Bald war Kleist ein gern gesehener täglicher Gast im Hause Krugs.

Nicht ohne Wehmut sah Kleist dem schlichten Glück der Einst-Geliebten zu. Als Jüngling hatte er sich aus finsterer, frierender Einsamkeit an ihre Brust geflüchtet. In leidvoller Sehnsucht nach Liebe und menschlicher Gemeinsamkeit hatte er die Wesensferne, scheu Befremdete gefragt — so erzählt Wilhelmine Prof. Krug — „was ich an ihm auszusetzen habe", er hatte ihr versichert, „ich könne aus ihm machen, was ich wolle, ich möchte ihm nur sagen, wie er meine Liebe gewinnen könne." Und da sie ihm den Mann geschildert, der sie glücklich machen könnte, „gab er sich so viel Mühe, diesem Bilde ähnlich zu werden", daß sie ihm endlich ihre Hand versprach. Aber nicht lange vermochte er der Einfalt und Innigkeit des jungen Mädchens zärtlich nachzugeben, die Unbedingtheit seiner Natur brach durch und suchte nun die Geliebte dem eigenen Gesetz zu unterwerfen: „Er hatte einen erhabenen Begriff von Sittlichkeit und mich wollte er zum Ideal umschaffen, welches mich oft bekümmerte." Vergebens strengte sie all ihre Kräfte an, ihre Talente auszubilden, suchte sie im Zusammenbruch seiner Weltanschauung ihm liebend beizustehen, bereit, sich „ganz für ihn aufzuopfern". Sein tragischer Ikarusflug ließ sie unter sich. Und während er von Sonnenhöhen zum Abgrunddunkel hin und wider stürmte, fand sie an der Seite des gutmütigen Durchschnitts-Gelehr-

ten das enge, warme Herdglück ehlicher Gemeinschaft. So
sah er sie wieder, lieblich, innig, friedevoll. Und alte Träume
wachten auf; einer Fabel Lafontaines „Die beiden Tauben“,
die er in seiner Bearbeitung zum persönlichen Bekenntnis
formt, entquillt ihr zärtlicher Duft:

> Wann kehrt ihr wieder, o ihr Augenblicke,
> Die ihr dem Leben einz'gen Glanz erteilt?
> So viele jungen lieblichen Gestalten,
> Mit unempfundnem Zauber sollen sie
> An mir vorübergehn? Ach, dieses Herz!
> Wenn es doch einmal noch erwarmen könnte!

In „Richard Wagner in Bayreuth“ spricht Nietzsche
von der Doppelheit des dithyrambischen Dramatikers, der
in tragischer Hellsicht der verworrenen, gequälten, schlaf-
süchtigen Menschheit gegenübersteht, versucht, ihr mit über-
mütiger Verspottung zu begegnen. „Aber wie eigentümlich
gekreuzt wird diese Empfindung, wenn gerade zu der Helle
seines schaudernden Übermutes ein ganz anderer Trieb sich
gesellt, die Sehnsucht aus der Höhe in die Tiefe, das liebende Verlangen zur Erde, zum Glück der Gemeinsamkeit
— dann, wenn er alles dessen gedenkt, was er als Ein-
samer-Schaffender entbehrt, als sollte er nun sofort, wie
ein zur Erde niedersteigender Gott, alles Schwache, Menschliche, Verlorene, mit feurigen Armen zum Himmel empor-
heben, um endlich Liebe und nicht mehr Anbetung zu finden und sich, in der Liebe, seiner selbst völlig zu entäußern!
Gerade aber die hier angenommene Kreuzung ist das tat-
sächliche Wunder in der Seele des dithyrambischen Dramatikers; und wenn sein Wesen irgendwo auch vom Begriff
zu erfassen wäre, so müßte es an dieser Stelle sein. Denn

es sind die Zeugungsmomente seiner Kunst, wenn er in diese Kreuzung der Empfindungen gespannt ist, und sich jene unheimlich-übermütige Befremdung und Verwunderung über die Welt mit dem sehnsüchtigen Drange paart, der selben Welt als Liebender zu nahen."

So zeichnet Nietzsche die tragische Einsamkeit und Sehnsucht des Schaffenden, des Gottes und Genius — die schwermuttiefe Melodie seines Schicksalliedes, „jenes einsamsten Liedes, das je gedichtet worden ist": das Nachtlied Zarathustras klingt hier voraus. Und so zeichnet er — in wörtlichem Anklang — die tragische Zwiegestalt Jupiters-Kleists.

Wohl hatte Kleist in erhabenen Kämpfen die Göttlichkeit seiner Berufung erfahren, er hatte Schicksale und Gestalten geschaffen, der Gottheit ein prometheisches „Hier sitz ich, forme Menschen wie du!" zurufen dürfen, aber er hatte alles dafür hingeben müssen, alle Bande menschlicher Gemeinsamkeit. Ihn hatte gebangt vor der Dämonie solcher Berufung. Immer wieder hatte er zurückgeschaut nach der engen, warmen Gemeinschaft der andren: „Leben, so lange die Brust sich hebt, genießen, was rundum blüht, hin und wieder etwas Gutes tun, weil das auch ein Genuß ist, arbeiten, damit man genießen und wirken könne, andern das Leben geben, damit sie es wieder so machen und die Gattung erhalten werde — und dann sterben —, dem hat der Himmel ein Geheimnis eröffnet, der das tut und weiter nichts. Freiheit, ein eignes Haus, und ein Weib, meine drei Wünsche, die ich mir beim Auf- und Untergange der Sonne wiederhole, wie ein Mönch seine drei Gelübde! O um diesen Preis will ich allen Ehrgeiz fahren lassen!" (15. August

1801). Sein Schicksalsdrang war stärker gewesen als sein Wille zum Glück, er hatte Frieden und Gemeinschaft geopfert, er war in rasendem Ansturm zu den einsamen Gipfelhöhen der Götter und Genien vorgedrungen. Aber je mehr er im Zusammenbruch des Robert Guiskard an seiner Schöpferkraft irre geworden, desto tiefer war er jetzt im neuen Anblick der ehemals Geliebten und ihres stillen, warmen Glücks der alten Sehnsucht zugänglich. Der alten Sehnsucht, aber in einem neuen Sinne: es war nicht mehr ein Sehnen auf gleicher Ebene, von Mensch zu Mensch, vom Bräutigam zur Braut, es war die Sehnsucht des Genius, der über den Erden wohnt, in den Wolken und Blitzen tragischer Spannungen, die Sehnsucht des Schöpfers, der einmal liebend eingehen möchte in den Frieden der Geschöpfe.

Die drängende Gewalt dieser Stimmung ergoß sich in ein Werk, das wenig geeignet war, sie aufzunehmen: in Molières Amphitryon. Molières Komödie liegt der Mythos des Herakles zugrunde, den Jupiter als Heiland und Retter den vielgeplagten Menschen erweckte; er selber stieg, der Gott, zur Erde nieder und nahte unter der Gestalt ihres Gatten sich der Würdigsten: Alkmene, der reinen Königin, und da sie darum in Verdacht und Gefahr geriet, offenbarte er sich im Glanz und Gewitter und verkündigte die Geburt des Göttersohnes. Den griechischen Tragikern hatten mit der Zersetzung des religiösen Mythos die Komödiendichter den Stoff entwandt. Von einem unbekannten griechischen Dichter hatte ihn Plautus übertragen: eine Komödie des Doppelgängertums, der Irrungen und Wirrungen, in der nicht nur der Gott und der Gatte, sondern auch deren Diener, Merkur und Sosias, in bewußten und unbewußten komischen Verwechselungen sich überboten. 1638 hatte Jean Rotrou Les Sosies und nach ihm 1668 Molières Amphitryon in diese derbe Verwandlungskomik die skeptische Frivolität, den geistreichen Übermut, die galante Ironie und heimlich-bittere Selbstironie der Pariser Hofgesellschaft getragen. Im Bilde des Gottes, der in der alten Tragödie zur Erde niederstieg, der Menschheit den Retter zu zeugen, verbarg er den roi soleil, den es nach der schönen, reizvollen Gattin eines Höflings gelüstet, der unter der Maske ihres Gatten eine Liebesnacht erlistet, und dessen Partnerschaft sich der dupierte Gatte schließlich noch zur Ehre rechnen muß.

In diesen wesensfremden Rahmen drängte Kleist seine tragische Sehnsucht. Beim Freund und Verleger seines Erstlingswerkes, Heinrich Geßner, hatte Zschokke eine deutsche Bühnenbearbeitung von Molières Lustspielen und Possen in 6 Bänden herausgegeben; der Amphitryon fehlt darin. Vielleicht hatte ihn Kleist für diese Ausgabe übersetzen wollen. Und wie bei Lafontaines Fabel hatte der Schöpferdrang ihn weitergetrieben, den Sonnenkönig, dessen ruchlose Frivolität ihm zuwider war, beiseite geschoben, hinter seiner mythologischen Maskerade das reine Bild des Gottes wieder hervorgeholt, und plötzlich hatte seine Sehnsucht und Tragik selig-erschrocken im Gott sich selbst erkannt, durch den Mund des Gottes klagte und fragte seine Schöpfereinsamkeit in die innig-einige Welt der Geschöpfe:

Du wolltest ihm, mein frommes Kind,
Sein ungeheures Dasein nicht versüßen?

Ihm deine Brust verweigern, wenn sein Haupt,
Das weltenordnende, sie sucht,
Auf seinen Flaumen auszuruhen? Ach, Alkmene!
Auch der Olymp ist öde ohne Liebe.
Was gibt der Erdenvölker Anbetung,
Gestürzt in Staub, der Brust, der lechzenden?
Er will geliebt sein, nicht ihr Wahn von ihm.
In ew'ge Schleier eingehüllt,
Möcht' er sich selbst in einer Seele spiegeln,
Sich aus der Träne des Entzückens wiederstrahlen.

Seine Schöpferkraft und Sehnsucht schuf sich die Frauengestalt, der solche Worte gelten konnten. Molière hatte Alkmene, die selbst bei Plautus noch rein und edel wie wenige Frauengestalten der griechischen Bühne wirkte, nur oberflächlich gezeichnet und in den Hintergrund gerückt; im dritten Akte tritt sie nicht mehr auf. Kleists Alkmene ward wohl durch Wilhelmine von Zenge-Krug, die Einstgeliebte, angeregt, aber Alkmene überwuchs sie weit, sie nahm alle Schönheit, Reinheit, Innigkeit und Treue auf, sie ward zum Symbol des Still-in-sich-ruhenden, Hold-in-sich-vollendeten, der ruhlose dionysische Tragiker schuf in ihr sein apollinisches Gegenbild: ein Kind des Friedens, gestaltete und segnete in ihr das Leben, das sich ihm versagte. Nie wieder hat Kleist ein solch verklärtes Bild reiner Menschlichkeit und Weiblichkeit geschaffen; Penthesilea und Käthchen sind ihm zu verwandt, fortgerissen von dämonischer Leidenschaft. Wie Jupiter steht er staunend, ergriffen vor der eigenen Schöpfung:

Mein süßes, angebetetes Geschöpf!
In dem so selig ich mich, selig preise!

So urgemäß dem göttlichen Gedanken,
In Form und Maß und Sait' und Klang,
Wie's meiner Hand Äonen nicht entschlüpfte!

Vor diesen beiden hohen Gestalten und ihrem dichterischen Seelenanteil weichen alle anderen Personen in den
Hintergrund. Es zeigt Kleists reife dramatische Kraft, wie
er aus ihnen eine Handlung entwickelt, verwickelt, steigert
und löst, die alle eigene Erregung in ihre objektiven Gestalten, in szenische Leidenschaft umsetzt, und die mit den
alten Vorlagen nichts mehr gemein hat. Die Liebessehnsucht des Gottes, die unbeirrbare Keuschheit und Treue
Alkmenes stehen gegeneinander. Unter dem Bilde des
Gatten war ihr der Gott genaht, aber es war der Gatte,
dem sie in ihm sich hingegeben, er, der Gott, war ihr fern
und fremd geblieben, seine tiefste Sehnsucht ist ungestillt:
                              Er war
    Der Hintergangene... Ihn
    Hat seine böse Kunst, nicht dich getäuscht.
                      Wenn er
    In seinem Arm dich wähnte, lagst du an
    Amphitryons geliebter Brust, wenn er
    Von Küssen träumte, drücktest du die Lippe
    Auf des Amphitryon geliebten Mund.
    O einen Stachel trägt er, glaub' es mir,
    Den aus dem liebeglühenden Busen ihm
    Die ganze Götterkunst nicht reißen kann.

Je größer die Sehnsucht des Gottes ist, nicht als Doppel-
gänger des Gatten, sondern in seinem Eigenwert und -We-
sen geliebt zu sein, desto mehr muß er in eifervollen, doppel-
deutigen Fragen sein Geheimnis lüften, desto blendender

bedrängt er die Erschreckende mit der Strahlengewalt seiner Allgöttlichkeit. (So mag Kleist in schweren, einsamen Stunden einmal die tragische Gewalt seiner Schöpfergröße vor der scheu-befremdeten Wilhelmine enthüllt haben, um in ihrem Mitleid, ihrer Ergriffenheit, ihrem liebenden Anteil auszuruhen):

> Du sahst noch sein unsterblich Antlitz nicht,
> Alkmene. Ach, es wird das Herz vor ihm
> In tausendfacher Seligkeit dir aufgehn.
> Was du ihm fühlen wirst, wird Glut dir dünken,
> Und Eis, was du Amphitryon empfindest.
> Ja, wenn er deine Seele nur berührte,
> Und zum Olymp nun scheidend wiederkehrt,
> So wirst du das Unglaubliche erfahren,
> Und weinen, daß du ihm nicht folgen darfst.

Aber er vermag sie nicht zu gewinnen, nur zu beunruhigen, zu verwirren. Dieser apollinisch Umfriedeten ist alles Ewige im Gatten, im Geliebten, Gestalt geworden; ihre Einheit, ihre Reinheit ruhen in ihm:

> Wie könnte dir ein anderer erscheinen?
> Wer nahet dir, o du, vor deren Seele
> Nur stets des Ein- und Ein'gen Züge stehn?

Solcher heiligen Einheit und Reinheit ist Zwiespalt und Sünde wesensfeind:

> Ich will nichts hören, leben will ich nicht,
> Wenn nicht mein Busen mehr unsträflich ist.

Was auch der Gott versucht im dialektisch zugespitzten, ruhlosen Hin und Wider der Fragen, Bitten, Beschwörungen: er vermag ihr kein Wort der Liebe zu entlocken,

sie bleibt makellos und unbeirrbar: „Meine Ehrfurcht ihm
[dem Gott] und meine Liebe, dir, Amphitryon." Ergriffen
muß er bekunden:

> Du bist, du Heilige, vor jedem Zutritt
> Mit diamantnem Gürtel angetan.
> Auch selbst der Glückliche, den du empfängst,
> Entläßt dich schuldlos noch und rein, und alles,
> Was sich dir nahet, ist Amphitryon.

Dramatisch aber leuchtet diese Reinheit erst vollends auf,
da Alkmene schaudernd sie zerstört, sie verraten glaubt: was
alle dialektisch bohrenden, eifervollen Fragen des Gottes,
was die fassungslosen Vorhalte des heimgekehrten Gatten
verwirrend in ihr aufrührten, es scheint entsetzlich gewiß,
als sie am Diadem des Labdakus, dem mitgebrachten Pracht-
geschenk des Gatten, nicht mehr seinen Namenszug, das A,
sondern ein andres, fremdes Anfangszeichen, das J Jupi-
ters erblickt. Also muß ein anderer ihr erschienen sein und
in der Maske des Gatten in ihren Armen geruht haben!
Dann aber, wenn sie in der Person des Gatten sich täuschen
konnte, dann hätte ihr innerstes Wesen sie verraten, dann
müßte sie an sich selbst irre werden. Alle Abgründe des
Tragischen klaffen vor der Friedvoll-Reinen, unbegreifbare
Schauder erschüttern sie. Sie will fliehen, sie schwört dem
Gatten — und ruft der Götter ganze Schar, des Meineids
fürchterliche Rächer auf —, nie wieder seinem Bett zu
nahen. Sie selber dringt in ihn, sie, die Unwürdige, preiszugeben:

> Geh du, mein lieber Liebling, geh mein alles,
> Und find' ein andres Weib dir und sei glücklich,

> Und laß des Lebens Tage mich durchweinen,
> Daß ich dich nicht beglücken darf.

Durch letzte Wirrnisse, Leiden und Schrecken führt der Dramatiker diese Seele, damit ihre unzerstörbare Reinheit und Holdheit um so sieghafter leuchte, in machtvollem, thematischem Aufstieg, bis endlich das feierlich große Finale die Lösung bringt: die erhabene Selbstoffenbarung des Gottes, die ruhmvolle Verheißung an das königliche Haus, die Verkündigung des Herkules, des Gottessohnes. Alkmene ist in Amphitryons Arme gesunken vor der Übergewalt der göttlichen Erscheinung, vor dem Überdrang der wechselnden Empfindungen, durch die sie in dieser einen Nacht hindurchgegangen. Die dionysische Offenbarung droht ihre apollinisch umfriedete Seele zu sprengen. Vom Gotte, der zum letztenmal sie triumphierend fragt: „Meinst du, dir sei Amphitryon erschienen?“, erfleht sie: „Laß ewig in dem Irrtum mich, soll mir — Dein Licht die Seele ewig nicht umnachten.“ Und als die Götter aufgefahren, die Himmel sich wieder geschlossen, die Feldherrn mit nüchternen Glückwünschen an den König das Überirdische dieses Erlebnisses schon dem Alltag einordnen, als Amphitryon die immer noch Betäubte, Überwältigte anruft „Alkmene!“, da löst sich alles Unsagbare, der Seelenwirbel von Bangen, Leiden, Schaudern und demütig-frommem Glück in ein Kleistisch wortloses, tiefaufseufzendes „Ach!“

Über der Heimkehr des Gottes aber, dessen Schöpfereinsamkeit trotz aller Inbrunst nur Ehrfurcht errungen, nicht Liebe, schimmert das selbstlos entsagende Glück des Künstlers, dem es genug ist, liebend zu schauen, zu schaffen, statt zu besitzen, der sich selig preist in seinem Werke.

Diese ganze Handlung samt den Charakteren ihrer Träger ist Kleists freie Schöpfung. Sie füllt die größte Hälfte des zweiten und den Schluß des dritten Aktes, dem Umfange nach ein Drittel, der Bedeutung nach den Hauptteil des Dramas. Sie ist in ihrer Grundstimmung von überirdischem, tragischem Glanz und sprengt den Lustspielcharakter des Werkes, der sich noch in Kleists Titel behauptet, unabwendbar. Kleist hat die komischen Dienerszenen mit Sosias und Merkur, die ganze Verwechslungskomik beibehalten, ja er hat ihre Parodie der Haupthandlung noch betont, indem er eine groteske Szene schuf, darin Charis, das Weib des Sosias — Apollon, Hermes oder Ganymed in ihrem Gatten witternd — vor dem unflätig Scheltenden, den nur nach Kohl und Wurst gelüstet, zerknirscht sich niederwirft. Molières Komik hat durch Kleist eine derbere, niederländische Färbung erhalten, die den Stil des „Zerbrochenen Kruges" vorwegnimmt. Aber die grellen Farben dieser Komik vermögen sich dem tragischen Glanz der Alkmene- und Jupiter-Handlung nicht zu verbinden, zumal die Handlungen nicht nur nebeneinander, sondern durch Amphitryon ineinander laufen. Unmöglich kann ein Sosias über diese edelreine Alkmene sagen: „Sie braucht fünf Grane Nieswurz. — In ihrem Oberstübchen ist's nicht richtig." Unmöglich kann Alkmene der Charis dieser Rüpelszenen ihre tragisch-erschütterte Seele öffnen. Unmöglich kann dieser von Tragik umwitterte Jupiter von einem Gott begleitet sein, der wie Merkur nichts, gar nichts Göttliches an sich hat, sondern ganz in der vorgefundenen Rüpelkomik der Dienerszenen verbleibt.

Kein Drama Kleists ist so mißverstanden worden wie

dieses, nicht zum wenigsten durch die Schuld seiner Freunde. Adam Müller hatte in seiner Begeisterung das Werk den romantisch-mystischen Ideen der Zeit verbinden wollen, er hatte Gentz geschrieben, daß es „ja wohl ebensogut von der unbefleckten Empfängnis der heiligen Jungfrau, als von dem Geheimnis der Liebe überhaupt“ handle. Gentz hatte diese Gedanken Goethe in Karlsbad (Juli 1807) vermittelt, und Goethe — den katholisierenden Tendenzen der Romantik gegenüber mehr als je gereizt — hatte das Drama abgelehnt mit dem seither so oft wiederholten Einwand: „Das Stück enthält nichts Geringeres als eine Deutung der [antiken] Fabel ins Christliche, in die Überschattung der Maria vom Heiligen Geist.“ Nun ist zwar der antike Mythus von der Geburt des Herkules, des „Gottmenschen“ (Pindar und Äschylus), den Zeus als Retter vom Fluche den Menschen zeugt, dem christlichen Mythus von der Geburt des Heilandes in vielem verwandt. Bei Kleist aber tritt die Zeugungslegende durchaus in den Hintergrund. Der Gottessohn, der im antiken Mythus das eigentliche Ziel der göttlichen Menschwerdung ist, hier ist er nur eine letzte, krönende Gnade, die erst der Ehrgeiz Amphitryons nach hohen Vorbildern von Jupiter erbittet. Kleists Handlung und die Charaktere ihrer Träger wachsen aus den tragischen Tiefen seines Lebens und sind der Antike ebensofern wie Molière.

Der zerbrochene Krug

In den Dienerszenen des Amphitryon hatte Kleist das
Reich der Komödie, einer derben, niederländischen Komödie
betreten, dahin er schon einmal den Weg genommen. Im
Januar 1802 hatte er mit den Schweizer Freunden Hein-
rich Zschokke und Ludwig Wieland einen poetischen Wett-
streit verabredet. Ein Kupferstich, vermutlich von Jean
Jaques Le Veau nach einem verschollenen Gemälde Jean
Philibert Debucourts, war der Anlaß. Er hing in Zschokkes
Zimmer und trug die Unterschrift la cruche cassée. „In
den Figuren desselben“ — erzählt Zschokke 1842 in seiner
Selbstschau — „glaubten wir ein trauriges Liebespärchen,
eine keifende Mutter mit einem zerbrochenen Majolika-
Kruge, und einen großnasigen Richter zu erkennen. Für
Wieland sollte dies Aufgabe zu einer Satire, für Kleist
zu einem Lustspiele, für mich zu einer Erzählung werden.
— Kleists ‚Zerbrochener Krug‘ hat den Preis davonge-
tragen.“ Zschokkes Erzählung „Der zerbrochene Krug“ erschien 1813 mit einer ähnlichen Vorbemerkung. Von einem
Beitrag Ludwig Wielands wissen wir nichts. Dagegen gewann der letzte der Freunde, Heinrich Geßner, an Zschokkes
und Kleists Schöpfungen Anteil, indem er seines Vaters,
Salomon Geßners, Prosaidylle „Der zerbrochene Krug“
heranzog, die Ramler in Hexameter gebracht. Die bilder-
reiche Schilderung, die darin ein Faun seinem im Rausch

zerbrochenen Kruge jammernd nachsingt, hat Kleists wie Zschokkes Beschreibung des Kruges angeregt.

Kleist hat vermutlich schon damals die ersten Szenen entworfen, von denen Pfuel erzählt, er habe — April bis Juli 1803 in Dresden — eines Abends Zweifel an Kleists komischem Talent geäußert und ihn so gereizt, ihm, dem Ungläubigen, sofort die drei ersten Szenen des in der Schweiz begonnenen Lustspiels zu diktieren. Das war mitten in der Arbeit am Robert Guiskard. Das verzweifelte Ringen um ihn hatte den Plan zur Komödie schon in seinen Anfängen zurückgedrängt, die Freiheit des Humors in Kleist auf lange vernichtet. (Der Schlußsatz eines Briefes an Christian von Massenbach vom 23. April 1805: „Schließlich erfolgt d. Krug" ist nach dem Brief vom 31. August 1806 sicherlich nur auf erste Szenen zu deuten.) Erst der Sommer 1806 in Königsberg, darin er vom Sturm und Sturz der Guiskard-Kämpfe langsam genesen, darin er sich im „Amphitryon" zum Glauben an seine Berufung wieder durchgerungen, gab ihm den Mut und die Stimmung, den Lustspielplan wieder aufzunehmen und zu vollenden. Aber erst im dritten Phoebus-Heft 1808 veröffentlicht er — gelegentlich der mißglückten Uraufführung in Weimar vom 2. März 1808 durch Goethe — „Fragmente aus dem Lustspiel Der zerbrochene Krug", und erst im April 1811 erscheint das Buch in einem flüchtigen, eilfertigen Druck bei Reimer in Berlin.

Eine Vorrede Kleists, die sich nur in der Handschrift findet, zeichnet den Kupferstich: „Man bemerkte darauf — zuerst einen Richter, der gravitätisch auf dem Richterstuhl saß: vor ihm stand eine alte Frau, die einen zerbrochenen

Krug hielt, sie schien das Unrecht, das ihm widerfahren war, zu demonstrieren: Beklagter, ein junger Bauernkerl, den der Richter, als überwiesen, andonnerte, verteidigte sich noch, aber schwach: ein Mädchen, das wahrscheinlich in dieser Sache gezeugt hatte (denn wer weiß, bei welcher Gelegenheit das Deliktum geschehen war), spielte sich, in der Mitte zwischen Mutter und Bräutigam, an der Schürze; wer ein falsches Zeugnis abgelegt hätte, könnte nicht zerknirschter dastehen: und der Gerichtsschreiber sah (er hatte vielleicht kurz vorher das Mädchen angesehen) jetzt den Richter mißtrauisch zur Seite an, wie Kreon, bei einer ähnlichen Gelegenheit den Ödip [übergeschrieben: als die Frage war, wer den Lajus erschlagen?]. Darunter stand: Der zerbrochene Krug. — Das Original war, wenn ich nicht irre, von einem niederländischen Meister."

In dieser Beschreibung hat Kleists schöpferische Phantasie unbewußt das französische Bild, das er aus dem Stile seines Werkes heraus einem Niederländer zuweist, schon umgedeutet. Die beiden Gruppen des Hintergrundes wie die Kindergestalten des Vordergrundes, die nur bildnerisch bedeutsam sind, hat er außer acht gelassen. In der Mittelgruppe aber hat seine — und durch ihn beeinflußt auch Zschokkes — Beschreibung den zerbrochenen Krug einer alten Frau, der Mutter, in die Hand gegeben, während auf dem Stich ihn das Mädchen hält. Denn Debucourt war — angeregt vom berühmten Bilde seines Freundes Greuze, das nur diese eine Gestalt zeigt — das Mädchen die herrschende Zentralfigur gewesen, der zerstörte Krug hatte ihre zerstörte Unschuld bedeutet und zum dramatischen Mittelpunkt gemacht.

Kleists Schöpferphantasie aber hatte den Vorgang entscheidend umgestaltet und in einer genialen Eingebung erst dramatisch fruchtbar gemacht, indem sie den Richter selbst zum Schuldigen wandelte. Vor ihm, der in verflossener Nacht sich unter listigen Vorspiegelungen in die Stube des Mädchens geschlichen und auf der Flucht vor dem Bräutigam den Krug zerbrochen hat, erscheint die Mutter, den Krug in der Hand, Klage zu führen gegen dessen Zerbrecher, den sie in Ruprecht, dem Bräutigam der Tochter, vermutet. Der Tochter aber ist die Zunge gebunden, da sie in Furcht vor einer drohenden Konskription ihres Bräutigams zum töblichen Heeresdienst nach Batavia — die der Richter ihr vorgelogen — mit diesem verhandelt, ein unterzuschiebendes Attest verabredet und das nächtliche Stelldichein zugelassen hat.

Vielleicht war der entscheidende schöpferische Einfall durch jenes Drama angeregt, das Kleist schon beim Guiskard bestimmte und das seine Vorrede nennt: den „Ödipus" des Sophokles. Auch in ihm ist ja der Richter, der den Schuldigen ermitteln soll, selbst der Schuldige, aber ohne seine Schuld zu ahnen, voll brennender Begier, den Schuldigen zu entdecken. Jedenfalls hat die Ähnlichkeit mit diesem Drama, das schon Schiller für den reinsten Typus des analytischen Dramas hielt, viele Kritiker bestimmt, auch den Zerbrochenen Krug zu den analytischen Dramen zu rechnen und seinen Wesenskern in der dramatischen Enthüllung einer vergangenen Handlung zu erblicken. Goethe zuerst verfiel diesem Irrtum. Adam Müller, der ihm das Manuskript des Lustspiels gesandt, antwortete er: „Es hat außerordentliche Verdienste und die ganze Darstellung drängt sich mit gewaltiger Gegenwart auf. Nur schade, daß es auch wieder dem unsichtbaren Theater angehört. Das Talent des Verfassers, so lebendig er auch darzustellen vermag, neigt sich doch mehr gegen das Dialektische hin, wie es sich denn in dieser stationären Prozeßform auf das wunderbarste manifestiert hat. Könnte er mit eben dem Naturell und Geschick eine wirkliche dramatische Aufgabe lösen und eine Handlung vor unsern Augen und Sinnen sich entfalten lassen, wie er hier eine vergangene sich nach und nach enthüllen läßt, so würde es für das deutsche Theater ein großes Geschenk sein."

Goethe verkannte den komischen Wesenskern des Dramas. Hätte diese dramatisch-technische Aufgabe, eine vergangene Handlung nach und nach in einem gerichtlichen Prozeß zu enthüllen, in Kleist die schöpferische Erregung und Gewalt wecken können? Wo war jene Komik des Dramas gegründet, die den großen Tragiker bewegte? „Es kann" — schrieb Kleist über das Werk an Fouqué — „für eine Tinte meines Wesens gelten; es ist nach dem Teniers gearbeitet, und würde nichts wert sein, käme es nicht von einem, der in der Regel lieber dem göttlichen Raphael nachstrebt." Das klingt dem Sinne Platos nach, der am Schlusse seines „Gastmahls" Sokrates aussprechen läßt, daß ein und derselbe Dichter die Komödie und die Tragödie beherrschen müsse, und daß der Tragödiendichter auch ein Komödiendichter sei. Gerade für die deutsche Komödie trifft das zu: Lessing, Kleist, Grillparzer, Richard Wagner, Anzengruber, Gerhart Hauptmann, die uns bedeutende Komödien geschenkt haben, waren im Kern ihres Wesens Tragödiendichter.

Bei den Griechen, denen wir die Begründung unseres Dramas danken, unterscheiden wir eine ältere Komödie, die von der dorischen Posse und Epicharm ausgeht und in Aristophanes gipfelt, in dem sie sich der Tragödie des Äschylus und Sophokles verbunden fühlt, und eine neuere, die über Euripides führt — den Aristophanes offen verhöhnt —, über seinen mythenzersetzenden Rationalismus, seine Annäherung an das bürgerliche und häusliche Leben, an das Nutzbare und Belehrende, zu ihrer Gipfelung in Menander. Man möchte mit A. W. Schlegel diese Typen auch namentlich, als Komödie und Lustspiel, unterscheiden. Im Lustspiel, dem vor allem das französische Intrigen-Lustspiel zugehört, überläßt sich der Dichter nicht mehr einer lustvollen Begeisterung, sondern er sucht das Scherzhafte, das Lächerliche in menschlichen Charakteren und Lagen auf. Nicht mehr das dionysisch komische Welt- und Allgefühl reißt ihn hin, der Witz, das intellektuelle, kritische, satirische Spiel tritt an die Stelle des Humors.

Die alte Komödie ist auch in ihrer Entstehung ein Gegenstück der Tragödie. Beide wurzeln im Kult des Dionysos. Aristoteles läßt die Tragödie aus dem Dithyrambus, die Komödie aus den Phallusliedern des Kultes hervorgehen. Ideelle Lebensfülle war das Reich der Tragödie, der Götter und Helden, sinnliche Lebensfülle war das Reich der Komödie, deren Chor, der trunkene Schwarm, nach dem sie ihren Namen hat (Komödie heißt Schwarmgesang), gern Tiermasken trug (Vögel, Gallwespen, Frösche, Ziegen usw.), deren Schauspieler einen stattlichen ledernen Phallus, dick ausgestopfte Bäuche und Hinterteile aufwiesen. Schrankenlose Ungebundenheit des sinnlichen Lebens, die auch die Götter- und Heldensagen der Tragödie traveſtierend zu ſich niederriß, war ihr Element. Die Tragödie überwand den Tod in der Idee, die Komödie in der Unzerſtörbarkeit, dem ewig fruchtbaren Werden und Wandel der Natur. Ihre Geſtalten lebten diesſeits von Gut und Böſe, in ungebrochener, elementarer Gewalt, nur als phyſiſche Weſen ſtanden ſie ſich gegenüber, als verſtandesbegabte Tiere wie in der Fabel, ihrem Naturtrieb, ihrer Sinnlichkeit und Selbſtliebe mit Liſt nachtrachtend, ihre Kräfte aneinander meſſend.

Nur wer den tragiſchen Dualismus des Seins, den Zwieſpalt von Gut und Böſe, Idee und Sinnlichkeit, All und Ich zu tiefſt erlitten, kann die reine, hohe Freude haben an der ungebrochenen Lebensfülle ſolcher Geſtalten. Nur der Tragiker — oder ein Weſensfreund des Tragikers wie Ariſtophanes — kann dieſen Trotz und Rauſch und Jubel des bloßen ſinnlichen Lebens frei, liebend, gütig geſtalten. Der Schöpfer des Hamlet, der tiefſten Geſtalt der neueren Tragödie, ſchuf auch die größte Geſtalt der neueren Komödie: Falſtaff. „Er iſt" — ſchreibt Georg Brandes von ihm — „eine Perſönlichkeit in ſo großem Stil, wie ſie das Hirn eines Dichters je erſonnen hat; es liegt viel Schlingelhaftes und viel Geniales, aber nicht das geringſte Mittelmäßige in ſeiner Natur. Er iſt immer der Überlegene, ſtets gefaßt, ſtets geiſtreich, nie unſicher, ſtets, ſelbſt bei der größten Beſchämung durch ſeine erfinderiſche Frechheit der Situation gewachſen. Er hat weder Seele, noch Ehre, noch Moral; aber er ſündigt, plündert, lügt und prahlt mit einer ſolchen Ausgelaſſenheit, in dem Grad erhaben über jeden ernſthaften Verſuch zu täuſchen, daß er immer liebenswürdig erscheint. Er überrascht einen stets durch den Reichtum seines Wesens."

„Seit dem Falstaff" — schreibt Hebbel 1850 — „ist im Komischen keine Figur geschaffen worden, die dem Dorf-richter Adam auch nur die Schuhriemen auflösen dürfte." Neben dem aristokratischen, selbstherrlichen Erzschelm Alt-Englands ist Kleists Adam zwar nur ein niederdeutscher Dorftyrann, auch ist er nicht wie Falstaff im Angriff, sondern nur in der Verteidigung groß. Aber die Verschla-genheit, die Erfindungskraft, die gutmütige Schamlosig-keit, die zähe Ausdauer, die ganze unzerstörbare Lebens-fülle, mit der er in unerschöpflichen Listen und Lügen eine unhaltbare, längst verlorene Position bis zum äußersten behauptet, rückt ihn Falstaff nah, macht ihn zur würdigen Parodie eines tragischen Helden, zum dramatischen Seiten-stück des Reineke Fuchs, des größten komischen Parodisten epischen Heldentums. In der humorvollen Gestaltung die-ses parodistischen Heldenkampfs, im freien, lächelnden An-teil an dieser amoralischen, ungebundenen, ungebrochenen Natur ruhte und erstarkte Kleist von den tragischen Kämp-fen des eigenen Lebens, vergaß er die Gewitterspannungen, die sich schwarz am politischen Horizont zusammenzogen. Die Schlacht von Austerlitz war verloren, die Schlacht von Jena stand bevor. Keiner sah das Unheil der preußischen Politik deutlicher und schmerzlicher als Kleist voraus. „So wie die Dinge stehn, kann man kaum auf viel mehr rechnen als auf einen schönen Untergang." Goethe hatte seinen Reineke Fuchs anfangs 1793 geschrieben, in den ihm qual-vollsten Monaten der französischen Revolution. „Ich un-ternahm die Arbeit, um mich das vergangene Vierteljahr

von der Betrachtung der Welthändel abzuziehen." (An
F. H. Jacobi.) Ihm „war es erheiternd" und befreiend
in seiner Arbeit an Reineke gewesen, „wenn hier das
Menschengeschlecht sich in seiner ungeheuchelten Tierheit
ganz natürlich vorträgt". Beides hätte wohl auch Kleist
vom „Zerbrochenen Krug", vom Richter Adam sagen können, dessen Humor noch reiner, noch lösender war, da er
im Gegensatz zum Reineke Fuchs von allen satirischen Beziehungen frei blieb.

Adams Gestalt, Adams parodistischer Heldenkampf in
seiner ganz gegenwärtigen, tierhaften Listen- und Lebensfülle: das ist der Kern der Komödie. Kleist läßt durchaus
nach Goethes Wunsch „eine Handlung vor unsren Augen
und Sinnen sich entfalten"; keineswegs will er — wie
Goethe ihm vorwirft — „hier eine vergangene sich nach und
nach enthüllen" lassen. Die Enthüllung der vergangenen
Handlung ist Kleist nur das Mittel, Adams Listen- und
Lebensfülle zu entwickeln, die köstliche Parodie eines tragischen Heldenkampfes bis zum letzten durchzuführen. Kleist
selber ist das nicht von Anfang an deutlich gewesen. Er hat
ursprünglich nach Adams Flucht noch die restlose Enthüllung der vergangenen Handlung in einem Auftritt von
513 Versen episch ausgebreitet. Diese Fassung lag offenbar Goethe zur Aufführung vor, sie hat er in drei Auf-
züge zerschnitten. Und ihr Mißerfolg hat Kleist wohl die
Augen geöffnet: er strich die 513 Verse für den Druck auf
58 zusammen — ein wenig eilfertig, so daß Unstimmigkeiten zurückblieben (an die naive Herausgeber anknüpften,
um die erste Fassung wieder einzuschmuggeln). Mit Adams
Flucht hatte die eigentliche Komödie ihr Ende gefunden.

Es konnte unmöglich noch Aufgabe sein, jetzt die vergangene Handlung bis zur letzten Klarheit ihrer Zusammenhänge aufzudecken. Deutlichkeit ist ein episches Gesetz. Das Drama braucht Klarheit nur im Kern des Konflikts; nach den Seiten- und Hintergründen dürfen die Handlungslinien sich im Ungewissen verlieren.

Schuld an Kleists eigener, zeitweiliger Irreführung trug wohl auch der Titel des Werkes. Er war vom Kupferstich Le Veaus, vom Idyll Geßners beibehalten. Noch in der letzten Fassung des Dramas geht ein episches Überbleibsel auf ihn zurück: die fast 100 Verse lange Beschreibung des Kruges: eine komische Parodie auf den Schild des Achilles. Wie wenig der Krug und seine Zertrümmerung — etwa im Sinne krimineller Spannung: „Wer war der Täter?" — uns fesseln soll, ersehen wir daraus, daß Kleist mit dem ersten Vers die Zerstörung dieser Spannung beginnt. Wir ahnen sehr bald — und ein Einzelwissen braucht es im Drama nicht — wer der Täter war. Nicht „Der zerbrochene Krug", sondern „Dorfrichter Adam" würde der wesenhafte Titel der Komödie sein.

In volkstümlicher Parodie des Mythus ist Adam eine Eva gegenübergestellt. Auch hier ist sie — wenngleich ganz ohne Schuld — die Verlockung zur Sünde, der Anlaß zum Fall. Adam ist in seiner gutgenährten Vitalität gequält von sinnlichen Bedürfnissen. Aber er ist Junggeselle: Klumpfuß und Glatze stilisieren seine tierische Häßlichkeit und verdammen ihn zur Askese. Was bleibt da seiner Tierheit als Schlauheit und Gewalt! Er muß zu seinen Lüsten kommen wie Reineke zu seinem Fraß. Und seine Erfindungen: die drohende Konskription, das befreiende, falsche

Attest, die plötzliche Abreise und eilige Namens-Inschrift in der nächtlichen Kammer des Mädchens, sind Reinekes würdig. Aber seine selbstisch-dumpfe Gier tappt in die reinste seelische Sphäre, mißbraucht die heiligsten Gefühle: die Herzensangst und Opfertreue eines Mädchens um das Leben ihres Geliebten. Hier streift die Komödie die Sphäre des Tragischen — das gibt der Komik letzte Tiefe. In der physischen Welt ist Sieger, wer der stärkste, oder — in einer polizeilich und juristisch geordneten — wer der schlauste ist. So sieht Adam die Welt. Daß sie auch ideell geordnet ist, entgeht ihm. Seine Verschlagenheit kennt nur die flache Zweckmäßigkeit des Verstandes, nicht die Tiefe der Vernunft. So verstrickt er sich schließlich, da er in der skrupellosen Befriedigung seiner sinnlichen Bedürfnisse an ideelle Werte rührt. Und so muß er fallen. Aber er fällt als ein Held, ein Komödienheld — — —

> Mir träumt, es hätt' ein Kläger mich ergriffen
> Und schleppte vor den Richtstuhl mich; und ich,
> Ich säße gleichwohl auf dem Richtstuhl dort,
> Und schält' und hunzt' und schlingelte mich herunter,
> Und judiziert' den Hals ins Eisen mir.

In dieser grotesken Vorahnung, die ein beliebtes Mittel der Tragödie parodiert, ist Kleists geniale Situationskomik verdichtet. Die Revision, das Erscheinen des Gerichtsrats Walter macht diese Selbstentlarvung Adams erst unentrinnbar. Wäre er bei diesem Prozeß sich selbst überlassen, so würde er sich einfach in die Gewalt retten, was er ja auch jetzt noch gleich zu Anfang und in letzter Verzweiflung zum Schluß versucht, durch die unhaltbare Verurteilung Ruprechts. Unter Walters Aufsicht

ist er ganz auf seine eigentliche, komische Grundkraft verwiesen: die Verschlagenheit. Ihr entpreßt die immer pein-
lichere Situation das Äußerste. Er wird unerschöpflich in
seiner Listen-, Lügen- und Lebensfülle, wie ein Element, wie
die Brandung, die anrollt und aufschäumt und kein Ende
kennt. Was H. Taine von Falstaff sagt, trifft wörtlich
auch ihn: „Die Flüche, die Schmähungen, die Verwün-
schungen, die Vorwürfe, die Beteuerungen entfließen seinem Munde wie das Wasser einem offenen Faß. Er gerät
niemals in Verlegenheit; für alle Schwierigkeiten findet
er Auswege. Die Lügen keimen, blühen, wachsen und vermehren sich in seinem Kopfe, wie die Schwämme auf fet-
tem, fauligem Boden.“ Sein erstes Wort ist eine Lüge.
Und er gibt keine armen, magren Lügen, er liebt seine Lügen, er füttert sie, er stattet sie aus, er lebt mit ihnen.
Wenn er das unselige Verschwinden seiner Perücke erklärt:

Geh Margarete!
Gevatter Küster soll mir seine borgen;
In meine hätt’ die Katze heute morgen
Gejungt, das Schwein! Sie läge eingesäuet
Mir unterm Bette da,

so bebt sein Herz vor Entrüstung über diese erlogene Katze.
Und wenn Licht, der Schreiber, einen verwunderten Einwand wagt, so schmettert er ihn nieder mit der Lügenfülle
der Einzelheiten:

So wahr ich lebe.
Fünf Junge, gelb und schwarz, und eins ist weiß.
Die schwarzen will ich in der Wecht ersäufen.
Was soll man machen? Wollt Ihr eine haben?

Er verfügt über die Geschöpfe seiner Lügen, bringt sie um, bietet sie an, beschimpft und verdammt sie. Am Schluß der Episode grollt sein sittlicher Ingrimm über die imaginären Katzen einem abziehenden Gewitter gleich noch einmal auf:

Canaillen die!

Die balgen sich und jungen, wo ein Platz ist.

Seine Lügen überstürzen und verdrängen einander. Was er über die verschwundene Perücke Magd und Schreiber vorgeschwindelt, ausgemalt und beschworen hat, vergißt, verwandelt, überbietet er, da er sich dem Gerichtsrat darüber erklären muß:

Ja, seht. Ich sitz und lese gestern abend
Ein Aktenstück, und weil ich mir die Brille
Verlegt, duck ich so tief mich in den Streit,
Daß bei der Kerze Flamme lichterloh
Mir die Perücke angeht. Ich, ich denke,
Feu'r fällt vom Himmel auf mein sündig Haupt,
Und greife sie und will sie von mir werfen;
Doch eh ich noch das Nackenband gelöst,
Brennt sie wie Sodom und Gomorrha schon.
Kaum, daß ich die drei Haare noch mir rette.

Und nicht mit Lügen nur, mit Schmeicheleien, mit Drohungen und Beschimpfungen verwirrt und betäubt er die Menschen, in geschmeidigem Wechsel, je nachdem ihre Aussage ihm günstig oder gefährlich scheint: Den Ruprecht, der die Schuld nicht auf sich nehmen will, fährt er an: „Schlingel — Maulaffe — Hund, jetzt verfluchter, schweig, — Soll hier die Faust den Rachen dir nicht stopfen!" Den Ruprecht aber, der den Verdacht auf Lebrecht ablenkt, umschmeichelt er mit Milde und Wohlwollen:

„Sprich weiter, Ruprecht, jetzt, mein Sohn!" Frau Marthe, die „würdige Frau Marthe", der er so dankbar ist um ihre Verdächtigung Ruprechts, muß doch im peinlichen Moment die Drohung hören: „He! Der Büttel! — Schmeißt sie hinaus dort, die verwünschte Vettel!" Und Eve, der sein schlechtes Gewissen die süßesten Namen gibt: „mein Herzchen — mein Herzens-Evchen", jagt er das aufsteigende Bekenntnis in den Hals zurück: „Schweig du mir dort, rat ich, das Donnerwetter — Schlägt über dich ein, unberufne Schwätzrin!" — — —

Als die Parteien mit dem zerbrochenen Krug erscheinen, weiß Adam keineswegs, wer der Täter ist: die Einzelheiten seiner nächtlichen Flucht sind ihm selbst nicht deutlich geworden. Aber ihm schwant Unheil. Er möchte sich drücken, sich krank zu Bett legen, den Prozeß dem Schreiber übergeben — die Anwesenheit des Gerichtsrats verhindert das. So sucht er in einem jähen Überfall die Entscheidung zu erlisten, Ruprecht ohne Verhör schuldig zu sprechen. Vor dem Einspruch des erstaunten und empörten Gerichtsrats verschanzt er sich hinter die eigentümlichen, ungeschriebenen Statuten des Huisumer Rechts. Frau Marthes Klage-Bericht gibt ihm die Gewißheit, daß er selbst es gewesen, der den Krug zerbrochen. Um so mehr muß er die Schuld dem verdächtigen Ruprecht zuschieben. Er tut dies so nachdrücklich, daß schließlich der Gerichtsrat — in ahnungsloser, komischer Ironie — dazwischenfährt:

Von eurer Aufführung, Herr Richter Adam,
Weiß ich nicht, was ich denken soll. Wenn Ihr selbst
Den Krug zerschlagen hättet, könntet ihr

Von euch ab den Verdacht nicht eifriger
  Hinwälzen auf den jungen Mann, als jetzt.
Er ist aber auch sofort bereit, eine neue Fährte aufzunehmen, als Ruprechts Eifersucht den Verdacht auf Lebrecht
lenkt. Dagegen wendet sich Frau Marthe. Denn ist ein
anderer als der Bräutigam zur Nacht im Zimmer der Tochter gewesen, so ist deren Ehre und Ehe zerstört. Sie dringt
in Eve um ihr Zeugnis. Das ist Adams schlimmste Furcht.
In jäher Eile schlägt er einen überstürzten Vergleich vor,
den die Parteien ablehnen. Aufgeregt flattert er mit seinen
Beschuldigungen zwischen Lebrecht und Ruprecht und sucht
auch Eves schließliche Aussage auf einen dieser Namen hin-
zudrängen. So wenig aber diese Adam zu beschuldigen
wagt, aus Furcht, den Geliebten zu gefährden, so wenig
darf sie den Verdacht auf Ruprecht sitzen lassen: er war
es nicht. Den Rest verschweigt sie. Der Prozeß stockt. Frau
Brigitte, ein neuer Zeuge, soll durch den Schreiber beige-
holt werden.

Inzwischen ist im Gerichtsrat der Verdacht gegen Adam
gewachsen, und während er bisher nur um die ordnungsge-
mäße und gerechte Prozeßführung mit ihm gerungen hat,
geht er nun in peinlichen Fragen zum Angriff gegen Adam
über. Unerschüttert wirft ihm der eine frische Flutwelle
von Lügen und Listen entgegen. Aber das Geschick ist gegen
ihn: Frau Brigitte erscheint und in ihrer Hand die Perücke, die sie im Spalier unter Eves Fenster gefunden hat.
Adam bleibt aufrecht. Gewiß, die Perücke ist die seine,
aber jene, die er vor acht Tagen Ruprecht zum Perücken-
macher nach Utrecht mitgegeben. Eindringlicher festigt er
den Verdacht gegen den Verdächtigten, eine scheinbar end-

gültige Niederlage wandelt er zum Triumph. Neue Gefahren: Brigitte hat Stücke aus seinem abendlichen Gespräch mit Eve erlauscht, ist ihm auf seiner mitternächt-
lichen Flucht begegnet — doch ihr nächtlich entsetzter Aber-
glaube hat in Glatze und Klumpfuß den Teufel gewittert.
Wie die Tragödie die Idee Gottes durchstrahlt, so stinkt
hier „im Dampf von Pech und Haar und Schwefel" die
Vision des Teufels auf, des Vaters aller sinnlichen, selb-
stischen Lüste. Er ist die Metaphysik der Komödie. Und
Adam sucht in zynischer Verwegenheit auch ihn zu nützen:

> Mein Seel, ihr Herrn, die Sache scheint mir ernsthaft.
> Man hat viel beißend abgefaßte Schriften,
> Die, daß ein Gott sei, nicht gestehen wollen;
> Jedoch den Teufel hat, soviel ich weiß,
> Kein Atheist noch bündig wegbewiesen.
> Der Fall, der vorliegt, scheint besonderer
> Erört'rung wert. Ich trage darauf an,
> Bevor wir ein Konklusum fassen,
> Im Haag bei der Synode anzufragen,
> Ob das Gericht befugt sei, anzunehmen,
> Daß Beelzebub den Krug zerbrochen hat.

Aber die unverkennbare Schneespur, die noch am Morgen
deutlich vom Weinspalier vor Eves Fenster zum Richter-
hause führt, und die der Schreiber, der Brigitte geholt,
schadenfroh verfolgt hat, zeugt im Verein mit dem Klumpfuß, den er vergebens unterm Tisch versteckt, unwiderleglich
gegen Adam. Wie der Fuchs, dem alle Auswege verstellt
sind, schließlich sich verzweifelt im nächsten Hund verbeißt,
so wirft sich Adam in einem sinnlos unhaltbaren Urteil

gegen Ruprecht, spricht ihn schuldig, verdammt ihn zu Halseisen und Gefängnis und — entfesselt damit das letzte: Liebe und Empörung überwachsen Eves Furcht vor ihm und lösen ihr die Zunge: „Den Hals ins Eisen stecken? Seid ihr auch Richter? — Er dort, der Unverschämte, der dort sitzt, — Er selber war's." Ruprecht stürzt in Wut und Eifersucht gegen ihn. Mit einem verlegen gestotterten „Verzeiht, ihr Herren!" gibt er den zäh und heldenhaft geführten Kampf auf und flüchtet, wie sein tragisches Gegenbild Ödipus, aus einer Welt, die keinen Raum für ihn hat:

> Seht, wie der Richter Adam, bitt ich euch,
> Berg auf, Berg ab, als flöh' er Rad und Galgen,
> Das aufgepflügte Winterfeld durchstampft!

Die deutschen Lustspiele der Zeit, Ifflands, Kotzebues usw., Nachfahren des französischen Intrigen-Lustspiels, spielten im Salon, im wohlhabenden Bürgerhause, in der neutralen Sphäre des Wirtshauses. Kleist hat die deutsche Komödie wieder in die ihr heut allein noch eigentümliche, elementare Atmosphäre geführt, in die sinnliche Lebensfülle der freien, bäuerlichen Natur. (Anzengruber ist ihm gefolgt.) Ihr entwächst eine Sprache von unvergleichlicher sinnlicher Anschaulichkeit. Wortspiele, Sprichwörter, kurze drastische Vergleiche und Bilder, mundartliche Wendungen, zumeist dem märkischen, gelegentlich dem süddeutschen Dialekt entnommen, färben und versinnlichen sie. Alles Geistige ist naiv vergegenständlicht, alles Seelische herb und derb hinter sinnlichen Bildern verborgen:

> Denn heuren wollt ich sie, das müßt ihr wissen,
> Ein rüstig Mädel ist's, ich hab's beim Ernten

Gesehn, wo alles von der Fauſt ihr ging,
Und ihr das Heu man flog als wie gemauſt.
Da ſagt ich: Willſt du? Und ſie ſagte: „Ach!
Was du da gakelſt!" Und nachher ſagt ſie: „Ja."

Der ganze ſinnliche Reichtum dieſer Sprache und dieſes Lebens wird zuſammengehalten, beſeelt und erhöht durch den Rhythmus. Der zerbrochene Krug führt in das deutſche Luſtſpiel den Blankvers, den fünffüßigen Jambus ein, der allerdings von längeren und kürzeren Verſen, von Anapäſten und Trochäen charakteriſtiſch durchbrochen wird. Leſſings „Minna", Goethes Revolutionsluſtſpiele, Jfflands und Kotzebues Machwerke waren in Proſa geſchrieben. So gibt Kleiſt der deutſchen Komödie zugleich die reichere Fülle und die edlere Form.

Penthesilea

„Wenn Tätigkeit im Felde der Staatswirtschaft wirklich mein Beruf ist, so habe ich an Altenstein denjenigen gefunden, der mich auf den Gipfel derselben führen wird; ob sie aber mein Beruf ist, ist eine andere Frage, über die jedoch mein Herz jetzt keine Stimme mehr hat" — so hatte Kleist kurz vor seinem Amtsantritt in Königsberg geschrieben. Und er hatte versucht, sich in seinen Arbeits- und Pflichtenkreis einzuleben. Vergebens! Es waren nicht nur „fortwährende Unpäßlichkeit in den ersten Monaten, Störungen des natürlichen Geschäftsganges durch die Truppenmärsche", die sich dem entgegenstellten, die ihn zwangen, im Februar 1806 Altenstein den Wunsch auszusprechen, über das vorgesehene Vorbereitungsjahr hinaus noch das nächste Sommerhalbjahr in Königsberg verweilen zu dürfen, um das Versäumte nachzuholen. Je tiefer, je schöpferischer er wieder in seine dichterische Welt vordrang, desto zwiespältiger fühlte er die unheilbare Fremdheit gegenüber der Welt seines Amtes, seine „außerordentliche Unbekanntschaft" mit den „Verhältnissen des bürgerlichen Lebens". Dort war und blieb er wurzellos, konnte ihn jeder Durchschnittsbeamte ersetzen. Die Kräfte, die ihm sein „zerrüttetes Nervensystem", die „ewigen Beschwerden im Unterleib" übrigließen, wollte, mußte, konnte er nur seiner schöpferischen Lebensaufgabe widmen. Der Dämon der Berufung ließ ihm keine Wahl: „Wär ich zu etwas anderem brauchbar, so würde ich es von Herzen gern ergreifen: ich dichte bloß, weil ich es nicht lassen kann." Am 10. Juli 1806 reicht er sein Entlassungsgesuch ein, „bloß um mich sanfter aus der Affäre zu ziehen", wandelt er es auf Altensteins wohlwollenden Rat in ein Urlaubsgesuch von sechs Monaten.

Wieder steht er dunkel und einsam gegen den Himmel seiner Kunst. Nur eine kleine Pension von 5 Louisdor im Monat, die er durch Vermittelung Marie von Kleists der Großmut der Königin Luise zu verdanken glaubt, die aber vermutlich die Liebe seiner Cousine und Freundin ihm selber zuweist, schützt ihn vor der letzten Not. Er hofft, sich durch seine dramatischen Arbeiten zu ernähren. Und zweifelt doch daran: „Für die Kunst war vielleicht der Zeitpunkt noch niemals günstig; man hat immer gesagt, daß sie betteln geht; aber jetzt läßt sie die Zeit verhungern."

Zu dieser materiellen Not, zu der unabläffigen Krankheit und Bettlägerigkeit, der „Verknüpfung eines Geistes mit einem Konvolut von Gedärmen und Eingeweiden", die ihn wie Guiskard niederwirft, während er, ein Welteroberer im Reiche der Kunst, vor seiner Hauptaufgabe, der Penthesilea, steht, kam die tragische Not des Vaterlandes.

Längst vor dem zaudernden König, seit der Schlacht von Austerlitz, hatte Kleist gewußt, daß es „Sein oder Nichtsein gelte" für den preußischen Staat. In dunkler Prophetie hatte er sein Schicksal vorausgesagt: „Die Zeit scheint eine neue Ordnung der Dinge herbeiführen zu wollen, und wir werden davon nichts als bloß den Umsturz der alten erleben."

Aus dem Wirbel dieser Verhängnisse war die tragische Schönheit Penthesileens aufgeblitzt. In Fieber und Entrückung hatte er darum gerungen, die Vision ins Leben hinüberzuziehn, er hatte in dämonischer Besessenheit gegen sich gewütet wie einst beim Guiskard. Und wie bei ihm war er zuerst darüber zusammengebrochen. „Ein Gram, über den ich nicht Meister zu werden vermag, zerrüttet meine Gesundheit. Ich sitze, wie an einem Abgrund, das Gemüt immer starr über die Tiefe geneigt, in welcher die Hoffnung meines Lebens untergegangen ist: jetzt wie beflügelt von der Begierde, sie bei den Locken noch heraufzuziehen, jetzt niedergeschlagen von dem Gefühl unüberwindlichen Unvermögens. — Vergebens habe ich mich bemüht, mich aus diesem unglücklichen Zustand, der die ganze Wiederholung eines früheren ist, den ich schon einmal in Frankreich erlebte, emporzuarbeiten.“ Eine wehe Resignation überkommt ihn, wie damals: „Wer wollte auf dieser Welt glücklich sein. Pfui, schäme dich, möcht' ich fast sagen, wenn du es willst! Welch eine Kurzsichtigkeit gehört dazu, hier, wo alles mit dem Tode endigt, nach etwas zu streben. Wir begegnen uns; drei Frühlinge lieben wir uns: und eine Ewigkeit fliehen wir wieder auseinander. Und was ist des Strebens würdig, wenn es die Liebe nicht ist! Ach, es muß noch etwas anderes geben als Liebe, Glück, Ruhm usw., wovon unsere Seelen nichts träumen.“ Aus dem Tal des Zwiespalts und der Vereinzelung hebt seine Seele sich flüchtend in die Unermeßlichkeit des Sternen-Alls: „Es kann kein böser Geist sein, der an der Spitze der Welt steht; es ist bloß ein unbegriffener! Lächeln wir nicht auch, wenn die Kinder weinen? Denke nur, diese unendliche Fortdauer! My-

riaden von Zeiträumen, jedweder ein Leben, und für jedweden eine Erscheinung, wie diese Welt! Wie doch das
kleine Sternchen heißen mag, das man auf dem Sirius,
wenn der Himmel klar ist, sieht? Und dieses ganze ungeheure Firmament nur ein Stäubchen gegen die Unendlichkeit! O, sage mir, ist dies ein Traum? Zwischen je zwei
Lindenblättern, wenn wir abends auf dem Rücken liegen,
eine Aussicht, an Ahndungen reicher, als Gedanken fassen
und Worte sagen können. Komm, laß uns etwas Gutes
tun, und dabei sterben! Einen der Millionen Tode, die
wir schon gestorben sind, und noch sterben werden. Es ist,
als ob wir aus einem Zimmer in das andere gehen."

Aus Sternenhöhen sieht er auf das Gewimmel des Irdischen nieder, gütig, lächelnd, wie auf die Welt des Zerbrochenen Krugs, den er eben vollendet. Aber als Individuum ist er an die Welt des Irdischen gebunden, muß er
zurück in ihre Zwiespältigkeit und Gebrechlichkeit. Die
Schlacht von Jena ist geschlagen, der preußische Staat zertrümmert. „Wie schrecklich sind diese Zeiten! Wie sehr
hat sich alles bestätigt, was wir vor einem Jahre schon
voraussahen." Und ihn, den es drängt, nach Berlin zu
eilen, ans Herz der Begebenheiten, hält sein krankhafter
Zustand: „Ich leide an Verstopfungen, Beängstigungen,
schwitze und phantasiere, und muß unter drei Tagen immer zwei das Bett hüten. Mein Nervensystem ist zerstört."
Wie auf dem Schlachtfeld einer Tragödie die Überlebenden
sich über die Opfer hinweg die Hände reichen, in tragischer
Erkenntnis, Versöhnung und Liebe, so möchte er jetzt auf
dem Leichenfelde des Vaterlands, schauernd und frierend
vor Leid und Verlassenheit, seinen Verwandten, die ihn

verkannt, verletzt, verraten haben, die Hände entgegenstrek-
ken: „Kein besserer Augenblick für mich, euch wiederzusehen,
als dieser. Wir sänken uns, im Gefühl des allgemeinen
Elends, an die Brust, vergäßen und verziehen einander,
und liebten uns, der letzte Trost, der dem Menschen in so
fürchterlichen Augenblicken übrigbleibt." Tiefer als je tut
sich ihm die unentrinnbare Tragik des Lebens kund: „Was
ist dies für eine Welt? Jammer und Elend so darin ver-
webt, daß der menschliche Geist sie nicht einmal in Gedanken davon befreien kann."

Erst im Januar 1807 war Kleist soweit gesundet, daß
er Königsberg verlassen konnte. Über das besetzte Berlin
gedachte er nach Dresden zu gehen, um dort durch den Ver-
kauf des Amphitryon und des Zerbrochenen Kruges sich
Lebensmöglichkeiten zu schaffen, und Zeit und Schicksal in
der Gestaltung und Vollendung der Penthesilea zu überwinden. Mit mehreren Gefährten trat er zu Fuß den Weg
nach Berlin an. Dort wurden sie, da sie aus Königsberg
kamen, das inzwischen zum preußischen Hauptquartier geworden, der Spionage verdächtigt, und auf Befehl des
Gouverneurs von Berlin, des Generals Clarke, als
Kriegsgefangene nach Frankreich abgeführt. Über Span-
dau, Magdeburg, Kassel, Marburg, Mainz, Straßburg,
Besançon ging der Transport in die luft- und lichtlosen
Felsengewölbe des Forts de Joux, von da — nach wiederholten Bemühungen Ulrikes und Mariens von Kleist, sowie
des preußischen Kriegsministers beim General Clarke —
im April nach Chalons sur Marne, zu den andern Kriegsgefangenen. Die Not und Mühsal Kleists, des Mittello-
sen, steigerten sich, weil die französischen Behörden, un-

schlüssig, ob sie ihn als Staats- oder Kriegsgefangenen zu behandeln hätten, ihm „das gewöhnliche Traktament der kriegsgefangenen Offiziere von 37 Franken monatlich" bis zum Juni verweigerten. Erst nach dem Frieden zu Tilsit, am 13. Juli, kam der Befehl zur Freilassung. Am 14. August 1807 traf Kleist in Berlin, Ende des Monats in Dresden ein.

„Daß übrigens alle diese Übel" — hatte er aus Chalons der Schwester geschrieben — „mich wenig angreifen, kannst Du von einem Herzen hoffen, das mit größern und mit den größesten auf das Innigste vertraut ist." Beim Aufbruch aus Königsberg hatte er den Entwurf zur Penthesilea dem Schicksal abgerungen, er jauchzte, litt und raste in der Welt dieser Tragödie, ein Entrückter, ein Gottergriffener. Alle äußeren Übel und Zufälle waren davor bedeutungslos. „Wenn nur dort" — schrieb er auf dem Transport nach Frankreich — „meine Lage einigermaßen erträglich ist, so kann ich daselbst meine literarischen Projekte ebensogut ausführen als anderswo." Und sobald er im Fort de Joux aus den Felsengewölben in ein Zimmer versetzt war, das ihm „Bequemlichkeiten genug zum Arbeiten anbot, so war ich auch schon wieder vergnügt und über meine Lage ziemlich getröstet." Natürlich klaffen auch ihm — wie Penthesileen selber — in den Ekstasen dieser Rhythmen Erschöpfungstiefen, wo er „ohne Lust und Liebe zur Sache" arbeitet, wo er vor der Not des Vaterlandes am eigenen Werke zweifelt und sich fragt, „wie Hamlet den Schauspieler, was mir Hekuba sei". Aber immer wieder reißt er sich, wie Penthesilea, auf und jagt die Gipfelbahn zu Ende. Er bringt die fast vollendete Tragödie nach

Deutschland mit, gleich nach seiner Ankunft in Dresden wird sie durchgearbeitet und abgeschlossen. Das erste Heft des „Phöbus" bringt im Januar 1808 ein „Organisches Fragment aus dem Trauerspiel Penthesilea", einen Auszug von 8 Stücken in 900 Versen, ein verkürztes Bild des Ganzen, ohne den Schluß. Im Juli 1808 erschien bei Cotta die Buchausgabe (die noch 1885 nicht vergriffen war!).

„Unbeschreiblich rührend ist mir alles, was Sie mir über die Penthesilea sagen. Es ist wahr, mein innerstes Wesen liegt darin, und Sie haben es wie eine Seherin aufgefaßt: der ganze Schmerz zugleich und Glanz meiner Seele."

Keine Dichtung Kleists hat so unmittelbar wie die Penthesilea den tragisch-dionysischen Rhythmus seines Wesens und Lebens aufgenommen, den wilden Wechsel von Aufsturm und Absturz, von Ekstase und Erschöpfung, von Selbstvernichtung und Selbstbehauptung. In den jagenden Rhythmen, den gepeitschten Szenen, den flammenden Bildern rasen die Jahre Kleists von Paris bis Dresden vorüber. Ganze Briefstellen finden sich im Drama wieder. Und so haben sich die meisten Kleistbiographen verleiten lassen, nicht die rhythmische, sondern die stoffliche Einheit der Penthesilea mit Kleists Leben aufzuweisen. Kleists Ringen um den Guiskard, darin allerdings sein Lebensrhythmus besonders deutlich wurde, haben sie als eigentlichen Inhalt dieser Tragödie gedeutet: „Kleist rang um Guiskard und verlor. Kleist ist Penthesilea und Guiskard ist Achill. Da haben wir den Satz: Penthesilea ringt um Achill und verliert." (Wittig.) „Kleist verbrennt sein

Guiskardmanuskript, Penthesilea tötet und zerfleischt den Achill." (Kluckhohn, dem Sinne nach auch Herzog.) Wukadinowic steigert diese Erklärung zu der Folgerung, Kleist habe ganze Stücke seines Guiskardplanes in die Penthesilea hinübergenommen.

Kleist war Dramatiker vom Wirbel bis zur Zeh. Er war berufen, den Grundzwiespalt alles Lebens in dramatischen Konflikten darzustellen. Nur Konflikte, die unmittelbar die Urkonflikte verdeutlichen, ergreifen ihn. Er hatte in der Familie Schroffenstein den Zwiespalt und Kampf zwischen Mensch und Mensch, im Robert Guiskard zwischen Sinnlichkeit und Idee, Leib und Geist, im Amphitryon die tragische Einsamkeit alles Schöpfer- und Künstlertums dargestellt, im Zerbrochenen Krug hatte er lächelnd ausgeruht in der sinnlichen Lebensfülle von Adams Listen und Kämpfen. Jetzt verlangte ihn wieder nach letzten Symbolen. Er wollte den Zwiespalt des Daseins in seinem Urgrund aufsuchen.

In Platos „Gastmahl" hatte ihn Aristophanes mythisch gedeutet: „Die menschliche Natur war einst ganz anders ... Das mann-weibliche Geschlecht hatte die Gestalt und den Namen des männlichen und weiblichen zu einem einzigen vereinigt. Gleich den Gestirnen, denen sie eingeboren sind, waren sie rund, und auch ihre Bahn, wenn ihr wollt, lief im Kreise. Groß und übermenschlich war ihre Stärke, ihr Sinnen war verwegen, ja sie versuchten sich sogar an den Göttern, sie wagten den Weg zum Himmel hinauf und wollten an den Göttern sich vergreifen ... Und Zeus und alle Götter erwogen, was sie dagegen tun sollten ... Da fiel es Zeus ein, und er rief: Ich habe das Mittel! Ich habe das Mittel gefunden, die Menschen leben zu lassen und doch für immer ihrem Übermut ein Ende zu machen: ich werde jeden Menschen in zwei Teile schneiden... Als nun auf diese Weise die ganze Natur entzweit war, kam in jeden Menschen die große Sehnsucht nach seiner eigenen anderen Hälfte... Wenn nun einer seiner eigenen Hälfte zum ersten Male begegnet, da werden er und der andere wundersam von Freundschaft, Heimlichkeit und Liebe bewegt und beide wollen nicht mehr voneinander lassen... mit dem Geliebten verwachsen und Ein Wesen mit ihm bilden. Denn so war einst unsere alte Natur: wir waren einst ganz, und jene Begierde nach dem Ganzen ist Eros."

Immer wieder hat die Menschheit so in der Zweiheit der Geschlechter Zwiespalt und Zweiheit alles Lebens empfunden, immer wieder von einer mystischen Einheit vor der Entzweiung geträumt. Auch bei Jakob Böhme war Adam, nach dem Bilde Gottes geschaffen, ursprünglich Mann und Weib zugleich, erst durch seinen Fall erfolgte die Scheidung. Die Überhebung („eritis sicut deus") warf ihn, wie den Androgynen des Aristophanes, aus Einheit und Vollkommenheit in die Zweiheit des Irdischen. Die mystische Schuld der Individuation, dies tragische Urphänomen, fällt immer wieder dem Mythus mit der Entzweiung der Geschlechter zusammen. Und über sie hinweg drängt in unendlicher Unrast die Liebe, die Sehnsucht nach Wiedervereinigung, nach Ganzheit und Vollkommenheit. Je größer diese Sehnsucht ist, desto weher stößt sie ihre Flügel am Kerker des Irdischen blutig. Unendlicher Liebe kann im Endlichen nur Schmerz und Unrast, nie Erfüllung werden. Und je gewaltiger die Träger dieser Liebe sind, desto tiefer, desto unentrinnbarer sind sie in den tragischen Rhythmus alles Daseins gebannt, werden sie hin und wieder geworfen zwischen dem Gesetz der Liebe, der Hingabe, der dionysischen Selbstverlorenheit und dem Gesetz der Persönlichkeit, der Behauptung, der apollinischen Selbstvollendung.

An der Unendlichkeit ihrer jungen Liebe zerbrechen Romeo und Julie. Das metaphysische Klangmeer Wagners erlöst Tristan und Isolde von der Einzelhaft der Erscheinung, das Mysterium magnum, das sie im zweiten Akt erleben durften, nimmt sie in sich. In Kleists „Penthesilea" stürmen zwei Persönlichkeiten von letztem Ausmaß, in denen ganze Völker, ganze Kulturen sich vollendet und erhöht haben, sehnend, liebend, metaphysisch vorbestimmt einander zu. Aber je gewaltiger ihre Persönlichkeit, je unersetzlicher die Werte sind, die in ihnen Gestalt geworden, desto weniger kann einer dem andren sie unterwerfen und opfern. Hin- und hergeworfen zwischen dem dionysischen Gesetz der Liebe und dem apollinischen der Persönlichkeit rasen sie gegeneinander in tragischer Sehnsucht, um erst im Tode die erlösende Macht des Dionysos zu bejahen und eins zu werden.

Kleist selber war nie in die vernichtenden Gewitter solcher Liebe geraten. In seiner Liebe zu Wilhelmine von Zenge, wie in allen menschlichen Beziehungen, war er von dunkler Verhaltenheit, von oft verletzender Herbheit, galt es ihm selbstverständlich, den andren dem Gesetz seines Wesens zu unterwerfen, ihn sich zu formen und auszubilden wie ein Mundstück an seiner Klarinette. In der Liebe zu seinem Werke aber war er unbedingt, zum vollen Opfer bereit, gab er Beruf, Besitz, Familie, Braut dahin, raste er gegen sich bis zur Erschöpfung, zur Entrückung, zum monatelangen Zusammenbruch. Goethe gewann und gestaltete sich selbst in seiner Kunst, „berichtigte und beruhigte" sich in seinem Schaffen, erschrak vor dem Unternehmen, eine wahre Tragödie zu schreiben, in Furcht, sich durch den bloßen Versuch zerstören zu können. Kleist hätte ohne Bedenken für seine Kunst sich selbst zerstört, sein Schaffen war Ekstase, war die Verlorenheit des dionysischen Dichters, der willenlos seinem Gotte in die drohenden Abgründe tragischer Visionen folgt.

Diese Doppelheit seines Lebensrhythmus gab Kleist Achill und Penthesileen tragisch geballt in die Eine Leidenschaft, die Eine metaphysische Liebe, die ihr Wesen und Schicksal war. Achills Gestalt war in ihren Umrissen für die Phantasie der Menschheit gebunden, unlösbar ihrer homerischen Vergangenheit verknüpft. Penthesilea ward Kleists eigenste Schöpfung; ungelebt trat sie aus märchenhaft entrückter Kindheit mit dem Willen zum Unbedingten in das Wirrsal der Welt. Sie wurde zum hervorragenden Träger der Handlung, von ihr aus erlebte und gestaltete Kleist den beiden gemeinsamen tragischen Konflikt, Achill ward zu ihrem dramatischen Gegenspieler.

Zwei antiken Sagen entnahm Kleist die Elemente seines dramatischen Mythus: der Amazonen- und Penthesilea-Sage. Die erste wird überliefert von Justin, Herodot, Strabo und Diodor, die zweite von der Aithiopis, Quintus Smyrnäus, Dictys Cretensis, Ptolomäus Chennus. Kleist wurden sie zumeist vermittelt durch M. Benjamin Hederichs „Gründliches Lexicon Mythologicum" oder desselben

„Reales Schul-Lexikon" (deren entsprechende Artikel fast
wörtlich aus Zedlers Universal-Lexikon abgeschrieben
waren) und durch ein ihm sehr wertvolles Kompendium:
„Geschichte derer Amazonen. Berlin 1763", eine Über-
setzung von Guyons „Histoire des Amazones" 1714, von
Krünitz, die sich eng den antiken Quellen anschließt. Gegeben war in der Überlieferung vor allem der Zug Penthesileas nach Troja, ihr Kampf mit Achill und die aufwa-
chende Liebe Achills, als er der töblich zu Boden Geschmet-
terten den Helm löst und ihre Anmut schaut. Da klagt er
laut, daß er sie getötet, die er als Gattin nach Phtia hätte
heimführen mögen. So war der dramatisch zündende Moment gegeben, darin Liebe und Tod in tragischer Verstrik-
kung sich finden. Und in einer willkürlichen Umbildung der
Sage (bei Ptolomäus Chennus) war es Penthesilea, die
Achill getötet (der dann auf Bitten seiner Mutter Thetis
wieder auflebte, Penthesilea tötete und in den Hades zurückkehrte). Alles andere der Überlieferung war für Kleist
bloßer Stoff, den er in schrankenloser Freiheit formte. Aus
den verschiedenen Berichten nahm er, was seiner dichterischen Idee entsprach, verband es in völliger Umwandlung
miteinander oder mit erfundenen Motiven und schuf so eine
Fabel, die in ihrer Anlehnung an die Antike die Schauer
des Mythus auslöste, aber doch frei und organisch aus seiner tragischen Vision emporwuchs.

Auch das Griechische dieses Stoffkreises war ihm bloßes
Element, das er willkürlich, requisitenartig verwen-
dete. Er dachte nicht daran, zu antikisieren. Gerade das
Sagen- und Märchenhafte des Stoffes, das seine wilde
Phantasie freigab, war ihm gemäß. Zeitlose Konflikte

wollte er darstellen; ihr Irgendwo und Irgendwann sollte im Griechisch-Szythischen nicht eine örtlich und zeitlich bestimmte, nur eine farbenreiche Atmosphäre finden. So mischte er zeitwidrig in die homerische Heldenzeit Sichelwagen und Elefanten aus Alexanders Tagen, Vorstellungen mittelalterlichen Rittertums, Bilder aus Tassos Befreitem Jerusalem. Auch die Sprache, die im Robert Guiskard sich bewußt, stilisiert der antiken Tragödie näherte, ist ungriechisch in ihrem fessellosen, dionysischen Vorsturm. Die hinreißende Anschauungskraft der Bilder dient, fern allem plastischen Verweilen, der musikalischen, rhythmischen oder klanglichen Steigerung, zum Furioso, Fortissimo, zum fugenhaften Zusammenschluß. Während Goethe in seinem gleichzeitig erschienenen Achilleis-Fragment der Sprache und Darstellung Homers verhängnisvoll nahe bleibt, erinnert kein Wort, keine Wendung Kleists, daß seine Helden der homerischen Welt entstammen. „Sie werden" — schrieb der Freund Adam Müller an Gentz — „in der Penthesilea wahrnehmen, wie er die Äußerlichkeiten der Antike, den antiken Schein vorsätzlich beiseite wirft, Anachronismen herbeizieht, um, wenn auch in allem andren, doch nicht darin verkannt zu werden, daß von keiner Nachahmung, von keinem Affektieren der Griechheit die Rede sei. Danach ist Kleist sehr mit Ihnen zufrieden, wenn Sie von der Penthesilea sagen, daß sie nicht antik sei."

Weltenweit baut Kleist den Konflikt seiner Tragödie auf. Die ewigen Gegensätze alles Seins stehen sich gegenüber in Mann und Weib. Da steht das griechische Volk, das männlichste der Welt, dessen Frauen im Dunkeln leben, nur berufen, dem Staate Söhne zu gebären, dort das Amazonenvolk, das reine Frauenvolk, das in Notwehr und Haß den Mann aus seinem Staate vertilgt hat. In einem frei erfundenen, gewaltigen Mythus läßt Kleist den Amazonenstaat aus dem Kampf der Geschlechter emporsteigen.

Ein Stamm der Skythen ward in alten Tagen von einem übermächtigen Feinde jäh geworfen, seine Männer ausgerottet, seine Weiber in das Bett der Mörder gerissen — ein der Antike gewohntes Schicksal. Aber die Frauen, in ihrer heiligsten Würde verletzt, zum willenlosen Besitz, zum Mittel roher Lüste erniedert, verschworen sich heimlich unter Führung der Königin Tanais, und in einer Nacht ward „das gesamte Mordgeschlecht" von ihnen mit selbstgeschmiedeten Dolchen „zu Tod gekitzelt". Die neu errungene Freiheit zu sichern, schlossen sie sich zu einem Frauenstaat zusammen, der keinem Manne Recht und Leben gönnte. Im Frühjahr nur, wenn Mars der Priesterin Dianens Namen und Wohnsitz eines Volkes kündet, dann stürmen sie aus ihren Bergen in das Land der Auserwählten vor, brechen wie die Windsbraut in den Wald der Männer ein und führen die Gefangenen in ihr Land zurück. Dort feiern sie im Hain Dianens mit ihnen das Fest der Rosen und schicken am Fest der reifen Mütter sie reichbeschenkt zurück. Wie ihre Vormütter zum Mittel der Lüste erniedert waren, so erniedern sie die Männer zum Mittel der Fortpflanzung.

Zwei Völker, zwei Geschlechter, deren jedes das andere nur als Mittel anerkennt, stehen in blinder Selbstbehauptung gegeneinander. Aus ihnen wachsen sich, ihre Verkörperung und Erhöhung, Achill und Penthesilea zu. Mythisch erinnern die Lebensgegensätze in ihnen sich wieder, daß sie einmal vereint gewesen. Zwei Hälften finden

sich, die einst ein Ganzes waren, und stürzen, gleich maß-
los in ihrer Liebe wie ihrem Trotz, voll metaphysischer Gewalt einander zu.

Seht, seht, wie durch der Wetterwolken Riß,
Mit einer Masse Licht, die Sonne eben
Auf des Peliden Scheitel niederfällt!
Auf einem Hügel leuchtend steht er da,
In Stahl geschient sein Roß und er; der Saphir,
Der Chrysolith wirft solche Strahlen nicht!
Die Erde rings, die bunte, blühende,
In Schwärze der Gewitternacht gehüllt,
Nichts als ein dunkler Grund nur, eine Folie,
Die Funkelpracht des Einzigen zu heben!

— — —

Das ganze Feld erglänzt — da ist sie!
Seht, wie sie in dem goldnen Kriegsschmuck funkelnd,
Voll Kampflust ihm entgegentanzt! Ist's nicht,
Als ob sie, heiß von Eifersucht gespornt,
Die Sonn' im Fluge übereilen wollte,
Die seine jungen Scheitel küßt! O seht!
Wenn sie zum Himmel auf sich schwingen wollte,
Der hohen Nebenbuhlrin gleich zu sein,
Der Perser könnte, ihren Wünschen frönend,
Geflügelter sich in die Luft nicht heben!

Sie sind aus der Enge des Irdischen hinausgehoben.
Ihr Kampf scheint über die Enden der Erde wegzurasen,
zwischen den Welten sich abzuspielen. Die Heere, die Völker versinken nach den ersten Szenen. Nur zwei kosmische
Gestalten und Gewalten, die Gegengewalten alles Lebens,

die sich ewig fliehen und suchen, kämpfen den Liebes- und
Todeskampf.

Ihr Götter! haltet eure Erde fest —
Jetzt, eben jetzt, da ich dies sage, schmettern
Sie, wie zwei Sterne aufeinander ein!

Sie selber fühlen sich in den Weltraum, ins Unbedingte
hinausgeworfen. Vor der metaphysischen Macht ihrer
Leidenschaften werden Erden und Sonnen zu unzulänglichen
Bildern:

Gefährtinnen, zehntausend Sonnen dünken,
Zu einem Glutball eingeschmelzt, so glanzvoll
Nicht, als ein Sieg, ein Sieg mir über ihn.
Und da sie im ersten Zusammenprall Achill erlegen:
Daß der Stern, auf dem wir atmen,
Geknickt, gleich dieser Rosen einer, läge!
Daß ich den ganzen Kranz der Welten so,
Wie dies Geflecht der Blumen lösen könnte!

Ehe sie auftreten, wird uns ihr Wesen und Kampf in
Berichten gegeben, Berichten, die keine epischen Überbleibsel, die dramatische Stilmittel sind. In ihnen wird uns
die mythische Urgewalt dieser Gestalten bedeutet, die in
ihrem Auftreten eben doch an Menschenkörper gebunden
sind, nun aber, wenn sie erscheinen, vom Schimmer des
Mythus umglänzt und erhöht sind. Wunder ihrer Seele
werden uns vorbedeutet, die ihren Lippen unaussprechlich,
der Bühnengegenwart unzugänglich sind. Wie würde die
Metaphysik ihrer ersten Begegnung, deren Bericht durch
Odysseus den ganzen Akt eines Seelendramas entwickelt,
auf der Bühne vom Außenwerk verhüllt und überwuchert
werden:

Wir finden sie, die Heldin Skythiens,
Achill und ich — in kriegerischer Feier
An ihrer Jungfraun Spitze aufgepflanzt,
Geschürzt, der Helmbusch wallt ihr von der Scheitel,
Und seine Gold- und Purpurtrobbeln regend,
Zerstampft ihr Zelter unter ihr den Grund.
Gedankenvoll, auf einen Augenblick,
Sieht sie in unsre Schar, von Ausdruck leer,
Als ob in Stein gehaun wir vor ihr stünden;
Hier diese flache Hand, versichr' ich dich,
Ist ausdrucksvoller als ihr Angesicht:
Bis jetzt ihr Aug auf den Peliden trifft:
Und Glut ihr plötzlich bis zum Hals hinab
Das Antlitz färbt, als schlüge ringsum ihr
Die Welt in helle Flammenlohe auf.
Sie schwingt, mit einer zuckenden Bewegung,
— Und einen finstern Blick wirft sie auf ihn —
Vom Rücken sich des Pferds herab und fragt,
Die Zügel einer Dienrin überliefernd,
Was uns in solchem Prachtzug zu ihr führe.
Ich jetzt: wie wir Argiver hoch erfreut,
Auf eine Feindin des Dardanervolks zu stoßen;
Was für ein Haß den Priamiden längst
Entbrannt sei in der Griechen Brust, wie nützlich,
So ihr, wie uns, ein Bündnis würde sein;
Und was der Augenblick noch sonst mir beut:
Doch mit Erstaunen, in dem Fluß der Rede,
Bemerk ich, daß sie mich nicht hört. Sie wendet
Mit einem Ausdruck der Verwunderung,
Gleich einem sechzehnjährigen Mädchen plötzlich,

Das von olymp'schen Spielen wiederkehrt,
Zu einer Freundin, ihr zur Seite, sich
Und ruft: „Solch einem Mann, o Prothoe, ist
Otrere, meine Mutter, nie begegnet!"
Die Freundin, auf dies Wort betreten, schweigt,
Achill und ich, wir sehn uns lächelnd an,
Sie ruht, sie selbst, mit trunknem Blick schon wieder
Auf des Aginers schimmernder Gestalt:
Bis jen' ihr schüchtern naht, und sie erinnert,
Daß sie mir noch die Antwort schuldig sei.
Drauf mit der Wangen Rot, war's Wut, war's Scham,
Die Rüstung wieder bis zum Gurt sich färbend,
Verwirrt und stolz und wild zugleich: sie sei
Penthesilea, kehrt sie sich zu mir,
Der Amazonen Königin, und werde
Aus Köchern mir die Antwort übersenden!

Das ist das Vorspiel der musikalischen Tragödie, alle Themen sind hier heraufgeführt, nun werden sie in den Berichten der drei ersten Szenen getrennt entwickelt, gesteigert, gegeneinandergeführt, bis mit der vierten Szene der Vorhang reißt, das Vorspiel der Berichte in die Darstellung übergeht: Achill tritt auf.

Der metaphysische Blitz der ersten Begegnung, das Gewitter des ersten Zusammenpralls, Flucht, Sturz und Rettung liegen hinter ihm. Dionysisch entrückt starrt er in das Chaos seines Innern. Kein Wort der Gefährten, die ihn zur Rückkehr ins Lager bereden, erreicht ihn. Verloren blickt er auf die Pferde seines Streitwagens: „Sie schwitzen." Diomedes hält ihm die Übermacht der Amazonen vor. Er sucht in den Fernen: „Steht sie noch da?" Odys-

seus rüttelt an seiner Seele: „Hast du gehört, Pelide,
was wir dir vorgestellt?" „Mir vorgestellt? Nein, nichts.
Was war's? Was wollt ihr?" Und da sie ihm Agamem-
nons Befehl zur Rückkehr entgegenhalten, bricht endlich sein
gestautes Innre aus. Versehrt in seiner unbesiegten, nie
angetasteten Selbstherrlichkeit, drängt über den Ruf des
dionysischen Gottes, über das Gesetz der Liebe das Gesetz
der Persönlichkeit, sein wilder Wille zur Selbstbehauptung,
Selbstwiederherstellung:

— — — —

Doch müßt' ich auch durch ganze Monde noch
Und Jahre um sie frein: den Wagen dort
Nicht eh'r zu meinen Freunden will ich lenken,
Ich schwör's, und Pergamos nicht wiedersehn,
Als bis ich sie zu meiner Braut gemacht,
Und sie, die Stirn bekränzt mit Todeswunden,
Kann durch die Straßen häuptlings mit mir schleifen.

Parallel entwickelt sich in der nächsten Szene Wesen
und Wille Penthesileas. Doch ist hier alles schon dionysischer entbunden. Die seelischen Spannungen rauschen tö-
nend dahin. Penthesilea hat sich dem Strahl des Gottes
gebeugt, ihre Knospenseele ist aufgebrochen. Sie erkennt
das Gesetz der Liebe. Aber das Gesetz der Persönlichkeit
will auch sie nicht opfern, glaubt sie töricht ihm vereinen
zu können: sie will Achilles niederwerfen, um ihn dann an
ihre Brust emporzuziehen, zum Rosenfest ihn heimzuführen.

Die Themen sind in Gestalten verkörpert, parallel entwickelt, zur Höhe geführt. Ehe sie gegeneinander stürmen,
biegt die tragische Symphonie aus, in ein kurzes, lieb-
liches Intermezzo.

Junge Mädchen mit Rosen in den Körben erscheinen, das Fest der Rosen zu rüsten. Unter kindlich-holdem Geplauder winden sie Kränze für die gefangenen Griechen, indes die Wächterinnen den befreundeten Gefangenen Erquickung bieten.

Diesem Blumenfrieden wird der Blick entrissen, der aufklärenden Entscheidung zu. Ein Mädchen gibt vom Hügel den dramatisch-gegenwärtigen, strahlend durchseelten, ersten Bericht. Der äußere Kampf wird nicht dem peinlichen Rasseln der Bühnenrüstung, der Farce des Bühnengefechts überlassen, er wird durch eine ergriffene Seele ins Geistige überführt.

Penthesilea stürzt, ihr todumschatteter Blick bindet in Achill den Trotz, befreit seine Liebe. Klagend hebt er die Bewußtlose empor und flucht seiner Tat. Die Amazonen entreißen ihm die Erwachende. Gebrochen wankt sie zurück. Sie kann Achill sich nicht unterwerfen, das Gesetz der Persönlichkeit, der Selbstbehauptung nicht dem Gesetz der Liebe einen. Sie selber ist, die Liebende, von ihm niedergeschmettert. Nun rast ihr wild aufbäumender Trotz, ihre verratene Liebe über alle Flammengipfel der Leidenschaft, durch alle Abgründe der Enttäuschung zur letzten Erschöpfung: „Ach, meine Seel' ist matt bis in den Tod!"

Während das Dunkel der Entrückung erlösend sie aufnimmt, erscheint Achill, ohne Helm, Rüstung und Waffen, „ein Entwaffneter in jedem Sinn", ein Ergriffener, der dem Ruf seines Gottes nachgeht. Schutzlos stellt er sich den Pfeilen der Amazonen. Und als sie seinen vordrängenden Gefährten weichen, Penthesilea allein mit Prothoe, der Freundin, zurückbleibt, da täuscht seine Liebe der Erwachenden vor, daß sie ihn niedergeworfen habe, daß er während ihrer Ohnmacht von den Amazonen entwaffnet sei. Als ihr Gefangener beugt er das Knie vor ihr.

In beiden ist der Streit der inneren Gewalten ausgeglichen: Achill hat Penthesilea besiegt, Penthesilea glaubt Achill besiegt zu haben. Dem Gesetz der Persönlichkeit ist genug getan, das Gesetz der Liebe darf herrschen·

Ihr Boten, ihr geflügelten der Lust,
Ihr Säfte meiner Jugend, macht euch auf,
Durch meine Adern fleucht, ihr jauchzenden,
Und laßt es, einer roten Fahne gleich,
Von allen Reichen dieser Wangen wehn:
Der junge Nereidensohn ist mein!

Die Welt ist vollkommen, aller Zwiespalt des Lebens getilgt, alles Wesen vollendet, den Göttern und — dem Tode nah.

Und nun beginnt die unendliche Melodie der Lust. Sturm und Dunkel der tragischen Symphonie ruhen in einem leuchtenden Adagio mysterioso aus. Dionysisch jubelt es empor durch alle Himmel der Freude, senkt es sich in Blütentäler, die im Frieden des Paradieses atmen, breitet es sich zur großen epischen Erzählung von der Gründung des Amazonenstaates, dem alten Zwiespalt der Geschlechter, der nun überwunden scheint.

Penthesilea.

— — — Was atmest du?

Achilles.

Duft deiner süßen Lippen.

Penthesilea (indem sie sich zurückbeugt).

Es sind die Rosen, die Gerüche streun.

— Nichts, nichts!

Achilles.

Ich wollte sie am Stock versuchen.

Penthesilea.

Sobald sie reif sind, Liebster, pflückst du sie.

(Sie setzt ihm noch einen Kranz auf die Scheitel und läßt ihn gehen.)

Jetzt ist's geschehn. — O sieh, ich bitte dich,
Wie der zerfloßne Rosenglanz ihm steht!
Wie sein gewitterdunkles Antlitz schimmert!
Der junge Tag, wahrhaftig, liebste Freundin,
Wenn ihn die Horen von den Bergen führen,
Demanten perlen unter seinen Tritten:
Er sieht so weich und mild nicht drein als er.

Gelle Dissonanzen zerreißen den überirdischen Traum: Die Amazonen haben sich gesammelt, die Griechen zurückgedrängt, der Kampf umwogt die Liebenden. Penthesilea wird Achillens Täuschung offenbar. Jedes der Heere sucht seinen Führer mit sich fortzureißen, jeder der Liebenden den andern mit sich hinüberzuziehn:

„Nach Phtia, Kön'gin!" „O! — Nach Themischyra! — O Freund! Nach Themischyra, sag ich dir!"

Beide sind in den Zwiespalt ihrer Völker, in den Zwiespalt alles Lebens, in den Zwiespalt ihres Ich zurückgeworfen.

Wer aber einmal gekostet vom Glück der Vollendung, vom dionysischen Liebestrank, bleibt seinem Rausch verfallen. Penthesilea rast gegen ihre Befreiung. Das Gesetz der Selbstbehauptung ist ihr zum Spott geworden, Hingabe allein ist ihr Gesetz, ihr Recht, ihr Schicksal: „War ich nach jeder würdgen Rittersitte — Nicht durch das Glück der Schlacht ihm zugefallen? — Gibt's ein Gesetz, frag ich,

in solchem Kriege — Das den Gefangenen, der sich er-
geben, — Aus seines Siegers Banden lösen kann?"

Da naht ein Herold: Achilleus, dionysisch trunken, des
Glaubens, sie nie in Liebe zu umfangen, eh er nicht ihrem
Schwert im Kampf erlegen, will sich ihr zum Scheinkampf
stellen, ihr unterliegen, nach Themischyra folgen — auf ein,
zwei Monde, so verwahrt sich immer noch seine Selbstbehauptung, dann wird sie vielleicht als Königin mit ihm
nach Phtia ziehn.

Aber Penthesilea durchschaut in der jungfräulichen Ge-
radheit ihrer Seele die List des Mannes nicht. Sie, die im
Waffenkampf ihm unterlegen, die seinen Sieg in Liebe
anerkannt, sie fordert er zu einem neuen Kampf, darin sie
nur aufs neue unterliegen kann? „Der mich zu schwach
weiß, mich mit ihm zu messen — Der ruft zum Kampf
mich, Prothoe, ins Feld?" Sie glaubt sich übermütig verhöhnt, im Heiligsten ihrer Gefühle verraten. Ihre verwundete Liebe selber ruft ihre Selbstbehauptung zurück,
stachelt den alten Trotz ihrer Persönlichkeit zu maßlosem
Aufruhr:

Nun denn,
So ward die Kraft mir jetzo, ihm zu stehen:
So soll er in den Staub herab, und wenn
Lapithen und Giganten ihn beschützten!

Hunde, Elefanten, Sichelwagen, „den ganzen Schrek-
kenspomp des Kriegs" entbietet sie. — Und nun greift
Kleist in das antike Drama zurück, das die Macht des
Gottes Dionysos zur Mitte hat: „die Bakchen" des Euri-
pides. In dieser Tragödie feiert der Siebzigjährige, der
Zersetzer der Mythen, der Moralist, der Aufklärer, am

Ende seines Lebens unter Makedoniens Einfluß die All-
gewalt des Dionysos, den Gott der ekstatischen Hingabe,
der heiligen Trunkenheit. Der Kämpfer wider Gott, der
trotzig-klügelnde Pentheus, der König Thebens, wird von
den rasenden Bakchen, deren Mysterien er frevelnd be-
lauscht, zerrissen. Und die ihn mit eigenen Händen in
Stücke reißt, ist Agaue, seine Mutter, die mit den Bakchen,
ihren „flinken Hunden", gottergriffen durch die Berge
schwärmt; für einen jungen Löwen hält sie ihn, verwirrt
vom Gott, dem sie ihr Herz zu spät bekehrt. So jagt Penthesilea mit ihren Hunden, vom Gott umnachtet, den auch
sie zu spät erkannt, Achilleus zu, der ein, zwei Monde sich
dem Gott zu unterwerfen denkt. In Wahn und Raserei
schießt sie den Schutz- und Ahnungslosen nieder, hetzt sie
die Hunde über den Gestürzten, und schlägt, den Hunden
beigesellt, den Zahn in seine weiße Brust.

Musikalisch wundervoll bricht hier das dionysisch wilde
Creszendo des grausigen Berichtes ab. Und aus der Pause
des Entsetzens blüht eine Melodie von holder Zartheit auf:

> Sie war wie von der Nachtigall geboren,
> Die um den Tempel der Diana wohnt
> Gewiegt im Eichenwipfel saß sie da,
> Und flötete, und schmetterte, und flötete,
> Die stille Nacht durch, daß der Wandrer horchte,
> Und fern die Brust ihm von Gefühlen schwoll.

Penthesilea erscheint, wahnbefangen, erdenfremd. Entrückt und starr blickt sie zur Priesterin der männerfeind-
lichen Diana, mit stummem Wink läßt sie den Leichnam

ihr zu Füßen legen. Ein Schauer schüttelt sie. Der Bogen der Tanais, der großen Stifterin des Frauenreiches, dies trotzige Zeichen des Geschlechterhasses, stürzt ihr aus der Hand.

Sie wischt eine Träne ab. Sie taucht, ein junger Schwan, den Kopf ins Marmorbecken, das Amazonen ihr gebracht. Noch immer geht ihr Blick verzückt über die Erde fort, in die heilig-furchtbare Nacht, durch die sie hindurchgegangen:

Ich bin so selig, Schwester! Überselig!
Ganz reif zum Tod, o Diana, fühl ich mich!
Zwar weiß ich nicht, was hier mit mir geschehn,
Doch gleich des festen Glaubens könnt ich sterben,
Daß ich mir den Peliden überwand.

Da — eben als man ihn verbergen will — wird sie den Leichnam des Achill gewahr. Sie hebt die verhüllende Decke:

Wer von euch tat das, ihr Entsetzlichen?
Noch einmal muß sie schaudernd alle Abgründe ihrer Tat bewußt durchschreiten. Sie kniet zur Leiche nieder, sie küßt sie, sie vermählt sich ihr mit diesem Kuß:

Ich sage vom Gesetz der Fraun mich los,
Und folge diesem Jüngling hier.

Das Gesetz ihres Volkes und Lebens, das sie getragen hat, das Gebot des Geschlechterhasses, der trotzigen Überhebung verwirft und verurteilt sie: „Der Tanais Asche, streut sie in die Luft!" Über die tragische Verstrickung des Seins, die Zwiespältigkeit und Einsamkeit des Endlichen schickt ihr Dionysos, der versöhnte Gott, seine letzte, lösende Gnade: den Liebestod.

Penthesilea ist — neben dem reinen Musikdrama „Tristan und Isolde" — der Gipfel der dionysischen Tragödie in Deutschland, der Gegenpol Goethescher Welt- und Kunstanschauung. An ihr mußten Kleist und Goethe sich scheiden. Wohl klingen in ihr ein paar Verse der Iphigenie an, Verse aus den Erinnyenszenen des Orest. Aber während sie bei Goethe sich lösen in den Frieden „reiner Menschlichkeit", rasen sie bei Kleist den Abgründen bakchischer Verrückung zu. Ein Satz von Zelter drängt Goethes apollinische Überzeugung zusammen: „Daß die höchste und einzige Operation der Natur und Kunst die Gestaltung sei und in der Gestalt die Spezifikation, damit ein jedes ein Besonderes, Bedeutendes werde, sei und bleibe." Und wenig Jahre vor der Penthesilea (1805) gibt sein Aufsatz über Winckelmann ein Idealbild seines Wesens: „Wenn die gesunde Natur des Menschen als ein Ganzes wirkt, wenn er sich in der Welt als in einem großen, schönen, würdigen und weiten Ganzen fühlt, wenn das harmonische Behagen ihm ein reines, freies Entzücken gewährt — dann würde das Weltall, wenn es sich selbst empfinden könnte, als an sein Ziel gelangt aufjauchzen und den Gipfel des eigenen Werdens und Wesens bewundern." Dieser klarvollkommenen Gestalt, in der das Weltall sich rechtfertigt und bejaht, steht Kleists heimatlose, dunkle Unrast gegenüber, das Wort Michelangelos im Herzen: „Der Himmel hat mir die Kunst verliehen und keinem Unwürdigen, denn ich bin weder taub noch blind gewesen für ihre Lehren. Aber warum hat er mich aus so entzündlichem Stoffe gebildet, der jeden Funken zum verzehrenden Brand anfacht in dem grauenhaften Sturm meines Lebens!"

Über diese unvereinbare Gegensätzlichkeit, diese Polarität ihrer Welt-Art und -Aufgabe drängt den dionysischen Tragiker das Heimweh nach dem Frieden des Schönen: „Auf den Knien meines Herzens" überreichte er Goethe das erste Heft des Phöbus mit dem Penthesilea-Fragment. „Möchte das Gefühl, das meine Hände ungewiß macht, den Wert dessen ersetzen, was sie darbringen." Goethe antwortet: „Mit der Penthesilea kann ich mich noch nicht befreunden. Sie ist aus einem so wunderbaren Geschlecht und bewegt sich in einer so fremden Region, daß ich mir Zeit nehmen muß, mich in beide zu finden." Und dann folgt eine unpersönliche Polemik gegen Kleists Bemerkung, daß Penthesilea nicht für die Bühne geschrieben sei. Kein Wort der Ergriffenheit, der Anerkennung, menschlicher Wärme! Befremdung, Kälte, Ablehnung, deren Verhaltenheit das Wort über den „Michael Kohlhaas" ergänzt: „Es gehöre ein großer Geist des Widerstandes dazu, um einen so einzelnen Fall mit so durchgeführter, gründlicher Hypochondrie im Weltlaufe geltend zu machen. Es gäbe ein Unschönes in der Natur, ein Beängstigendes, mit dem sich die Dichtkunst bei noch so kunstreicher Behandlung weder befassen noch aussöhnen könne." „Beängstigt" zieht Goethe vor den nächtigen Schauern, die aus den tragischen Abgründen Penthesileas herüberwehen, die Pforten seiner Seele zu. Es war kein Unverständnis, er verstand nur zu gut, welche dionysischen, zersprengenden Gefahren da der klaren Vollkommenheit seiner Gestalt, der „Konzilianz seiner Natur", seiner „Beruhigung an den Grenzen der Menschheit" drohten. Es war Notwehr, jener Selbstschutz, der auch Shakespeares Tragödien von sich rückte: „Eine produktive Natur darf alle Jahre nur ein Stück von ihm lesen, wenn sie an ihm nicht zugrunde gehen will," jener Selbstschutz, in dem er sich seine Beängstigung vor Kleists entfesselter Tragik als „Schauder und Abscheu" deutete, in dem er — das Tragische mit dem Krankhaften gleich= setzend — Kleist einem „von der Natur schön intentionier= ten Körper" verglich, „der von einer unheilbaren Krank= heit ergriffen wäre".

Kleist sah diese verborgenen, tiefen Notwendigkeiten in Goethes Verhalten nicht. Er sah nur die verletzende Kälte, die wortlose Ablehnung, während manches Durchschnitts= talent Goethes Lob und Ermunterung fand. Acht Wochen danach folgte Aufführung und Durchfall des Zerbrochenen Krugs unter Goethes Leitung. Goethe hatte — auch hier Kleist wesensfremd — die an sich zu breite, ursprüngliche Fassung vernichtend in drei Akte zerdehnt und die Rolle des Adam einem durchaus unzulänglichen Schauspieler überantwortet. Die erste Aufführung, die Kleist erlebte, an einer Stätte erlebte, auf die ganz Deutschland sah, ein lärmender Durchfall durch Goethes Schuld! Kleist litt und raste. Seine maßlose Erregung mag im Zusammen= hang mit Goethes Antwort auf die Penthesilea bewußte Schuld geargwöhnt haben. Nach Goethes Worten soll Kleist daran gedacht haben, ihm „eine Ausforderung nach Weimar schicken zu wollen". Wie Penthesilea gegen Achill, verwundet im heiligsten seines Gefühls, verraten in jener Liebe, die er „auf den Knien seines Herzens" dargebracht, kehrt sich seine Liebe in Haß, in Rache, in Raserei. Das Maiheft des Phöbus bringt unter der spöttisch=verächtlichen Überschrift „Herr von Goethe" das Epigramm:

Siehe, das nenn ich doch würdig, fürwahr, sich im Alter
beschäft'gen!
Er zerlegt jetzt den Strahl, den seine Jugend sonst warf.

Und darunter in wildem Hohn Verse über die Penthesilea,
in denen Goethes Grauen vor ihrer bakchischen Maßlosigkeit verspottet wird:

Komödienzettel.
Heute zum ersten Mal mit Vergunst: die Penthesilea,
Hundekomödie; Acteurs: Helden und Köter und Fraun.

Und nicht genug mit dieser höhnenden Bitternis, kehrt sich
Kleists Raserei im Juniheft selbst gegen Goethes persönliche Ehre: gegen die Trauung Goethes im Oktober 1806
mit der Mutter seines bald siebzehnjährigen August schleudert er das Pamphlet:

Das frühreife Genie.
Nun, das nenn ich ein frühgereiftes Talent doch! bei seiner
Eltern Hochzeit bereits hat er den Carmen gemacht.

Nie ist der tragische Zwiespalt alles Lebens, das gespenstige Unverstehen und Mißverstehen von Mensch zu Mensch
erschütternder Gestalt geworden als in diesem Konflikt zwischen Deutschlands größten Dichtern.

Das Käthchen von Heilbronn

Das erste Halbjahr in Dresden ist das sonnigste in Kleists Schicksal. Die Eumeniden scheinen von seiner tragischen Lebensspur gewichen, der Fluch der Ruh- und Heimatlosigkeit scheint von ihm genommen. Der Künstler scheint Anerkennung, der Mensch Verständnis zu finden. Längst ermüdete Hoffnungen heben die Häupter.

Während Kleists französischer Gefangenschaft war sein Amphitryon in Dresden erschienen. Adam Heinrich Müller, ein junger Ästhetiker, ein enthusiastischer Idealist, von universaler Bildung, empfänglichen, nur zu beweglichen Geistes, katholischer Konvertit, romantisch-katholischen Kreisen nah, ein Freund und Schüler Friedrichs von Gentz, der ihn als „einen der außerordentlichsten Menschen dieser Zeit" rühmte, hatte dem Amphitryon eine Vorrede mitgegeben. Schon die Handschrift hatte er den angesehensten Dresdener Kreisen bewundernd mitgeteilt. Er hatte den Appellationsgerichtsrat Körner gewonnen, Schillers ältesten Freund, der sich persönlich dafür beim Verleger Göschen verwendet. Er hatte das gedruckte Buch Friedrich von Gentz empfohlen und dessen Begeisterung so entflammt, daß er auch Goethe — vergebens — zu entzünden suchte. Er hatte Goethe die Handschrift des Zerbrochenen Kruges gesandt und erreicht, daß dieser trotz mancher Bedenken den „Versuch der Vorstellung" zu machen beschloß.

Neben Müller harrten Kleists die alten Freunde, Rühle

von Lilienstern, als Gouverneur des Prinzen Bernhard von Sachsen-Weimar, des zweiten Sohnes Karl Augusts, und Ernst von Pfuel, als Lehrer der Kriegswissenschaft. Sie vermittelten die Beziehungen zum Weimarer Kreise, zur sächsischen und österreichischen Aristokratie. Als Kleist ankam, standen ihm die ersten Häuser der geselligen, lebensfreudigen Stadt anerkennend offen. Bald verkehrte er freundschaftlich in Körners Hause, bei Rühle und seiner jungen Frau, im Hause des österreichischen Gesandten, des Grafen von Buol-Schauenstein, der ihn auch nach Teplitz zu Gentz mitnahm. In Buols Hause wurden seine Dramen vorgelesen, von Mitgliedern der Dresdener Gesellschaft wurde eine Privataufführung des Zerbrochenen Kruges vorbereitet. Beziehungen zu den Wiener Theatern wurden durch Buol angeknüpft. Eine Direktionsstelle schien in Aussicht. Bei einem Fest, das Buol wohl Kleist zu Ehren an seinem dreißigsten Geburtstag veranstaltete, wurde er an der Tafel von den „zwei niedlichsten kleinen Händen, die in Dresden sind", mit Lorbeer gekrönt.

„Ich wollte," schreibt er stolz und glücklich der Schwester, „Du wärest hier, um Dich mit mir zu freuen, und alles mit eigenen Augen selbst zu sehen. Es erfüllt sich mir alles, ohne Ausnahme, worauf ich gehofft habe."

Auch die materielle Lebensnot scheint sich zu heben. Mit Müller, Rühle und Pfuel soll ein eigener Verlag, eine „Buch-, Karten- und Kunsthandlung" gegründet werden. Vorläufig wird als Erstling und Grundstock dieses Verlags ein Kunstjournal „Phoebus" ins Leben gerufen, das Müller und Kleist herausgeben und das wie — und mehr denn — einst Schillers „Horen" zum literarischen Mittelpunkt der Zeit werden ſoll. Er hofft, daß Goethe und Wieland Beiträge liefern. Penthesilea, Der zerbrochne Krug, Robert Guiskard uſw. ſollen dort zuerſt veröffentlicht werden. „Es iſt noch nie eine Buchhandlung unter ſo günſtigen Ausſichten eröffnet worden; eben weil wir die Manuſkripte ſelbſt verfertigen, die wir drucken und verlegen.“ „Es kann uns bei unſern literariſchen und politiſchen Konnexionen gar nicht fehlen, daß wir den ganzen Handel an uns reißen.“ „Kurz, alles geht gut.“

Dieſer Lebensſtimmung, der die Vollendung der Penthesilea den großen Hintergrund gibt — in ihr hatte Kleiſts Schaffen und Schickſal ſich vor der Ewigkeit gerechtfertigt —, entwuchs das Käthchen von Heilbronn, zwiſchen dem Herbſt 1807 und dem Sommer 1808, zumeiſt in den erſten Monaten des Jahres. Im April-Mai-Heft 1808 erſchien der erſte, im September-Oktober-Heft des Phoebus der zweite Akt, Herbſt 1810 bei Georg Andreas Reimer die überarbeitete Buchausgabe des Dramas. Alle tragiſchen Spannungen ſind hier gelöſt. Durch alle Kämpfe und Wirren ſtrahlt die unſchuldige, unbeirrbare Zuverſicht Käthchens, immer ſieghafter, immer erlöſender. Und ſo erfüllt ſie ſich, mit Glockenklang und Märchenſeligkeit.

Hatte Kleiſt ſeine tragiſche Weltanſchauung gewechſelt? Hatte das „Es erfüllt ſich mir alles“, „Kurz, alles geht gut“ ſeiner Dresdener Erfolge ihn lebensgläubig geſtimmt und ſeinem Drama den neuen, löſenden Rhythmus gegeben?

Für den muſikaliſchen Dichter gibt es zwei Möglichkeiten gegenüber der Welt der Erſcheinung: ſein Wiſſen und Sehnen zum Unbedingten tritt in Zwieſpalt und Kampf zu ihr, deckt ihre Unzulänglichkeit in tragischen Symbolen höhnend, leidend, fordernd auf; oder es löst sich von ihr — gleich dem Musiker — in eine entrückte, unabhängige Welt, die vor und über aller Erscheinung ist: die Welt des Märchens. So hatten die Romantiker sich gelöst, in Märchen, in Märchendramen, im Roman, dessen Gegenständlichkeit sie in „die Musik des unendlichen Spielwerks" (Novalis) wandelten. Und so ist das Käthchen, „ein Stück, das mehr in die romantische Gattung schlägt als die übrigen" (Kleist an Cotta), aus der Enge und Niedrigkeit des Endlichen hinausgerückt, in eine Märchensphäre, die nicht nur den Offenbarungen, sondern auch unmittelbaren Eingriffen des Unendlichen wunderbar zugänglich ist. Ein Bote Gottes, ein Cherub, führt den Grafen Strahl in Käthchens Kammer, ein Cherub rettet sie aus der brennenden Burg, Gott selber entscheidet den Verlauf des Gottesgerichtes, des Zweikampfs, der Käthchens kaiserliche Abkunft dartut. Die Gesetze der äußeren Kausalität werden durchbrochen, das Wunder herrscht, so kann das innere Gesetz sich erfüllen. In dankbarer, gelöster Lebensstimmung spielt Kleist die Romanze unter seinen Werken.

„Käthchen von Heilbronn... das ist die Kehrseite der Penthesilea, ihr anderer Pol, ein Wesen, das ebenso mächtig ist durch gänzliche Hingebung als jene durch Handeln." „Wer das Käthchen liebt, dem kann die Penthesilea nicht ganz unbegreiflich sein, sie gehören ja wie das + und — der Algebra zusammen, und sind Ein und dasselbe Wesen, nur unter entgegengesetzten Beziehungen gedacht."

Wie in der Penthesilea trägt der Liebesmythus das ganze Drama. Wie dort ist das Geschlecht Symbol der

Entzweiung, die Liebe Symbol der Rückkehr zum Ganzen, zum Göttlich-Einen. Wie dort wird die Metaphysik der ersten Begegnung im großen, anschauungsgewaltigen Bericht zu Beginn des Dramas gegeben, unbegriffen vom Staunend-Berichtenden. Wie dort der ersten Begegnung die Vision der sterbenden Mutter („Du wirst den Peleiden dir bekränzen!") vorausgeht, so hier die Traumvision der Liebenden. Wie dort ist deren Enthüllung ursprünglich (in der Phoebus-Fassung) auch hier in den Mittel- und Höhepunkt des Dramas, in die große Liebesszene verlegt.

Gleich Penthesilea ist Käthchen die edelste Blüte ihres Volks: „als ob der Himmel von Schwaben sie erzeugt, und von seinem Kuß geschwängert, die Stadt, die unter ihm liegt, sie geboren hätte." Penthesilea „wie ein junger Schwan", Käthchen „dem Schwane gleich", sind beide knospenkeusch und ungelebt, beide flammen im Blitz der ersten Begegnung auf. Aber Penthesilea wird hin und her geworfen zwischen dem Gesetz der Liebe, der Hingabe, und dem Gesetz der Persönlichkeit, der Selbstbehauptung. Sie will sich den Geliebten unterwerfen. Zum „Todesworte" würde ihr — mahnt Prothoe den Peliden — die Nachricht: „Du bist die Kriegsgefangene Achills." Käthchen aber: „Im Staub liegt sie vor ihm, gestürzt auf Knien — Wie wir vor dem Erlöser hingestreckt." Sie ist ganz Hingabe, Demut, Selbstverleugnung, Selbstaufopferung.

Penthesilea wuchs in einem Volke auf, dem im Kampfe mit dem feindlichen Geschlecht Selbstgefühl und Selbstbehauptung zur eingebornen Wesensart und religiösen Pflicht geworden waren. Als der Ruf des Gottes, Achilleus' erster Blick sie trifft, ist sie 23 Jahre — jenes Grenzalter,

in dem Jungfrau und Weib, Verhaltenheit und Hinge-
bungsdrang sich gegenüberstehen. Käthchen wuchs auf unter
dem milden Himmel Schwabens, in einem heiteren, lieb-
reichen Volke. Als ihr die Magd im Bleigießen der Silvesternacht prophezeit, ein großer, schöner Ritter würd' sie
heuern, als ihr Gott auf ihre Bitte im Traume dieser
Nacht durch einen Cherub den Ritter zuführt, als sie langsam, an allen Gliedern zitternd, aus dem Bett steigt, ihm
zu Füßen sinkt und flüstert: „Mein hochverehrter Herr!",
da ist sie noch nicht 14 Jahre alt. Sie ist ein Kind, zum
zwiespältigen Selbstgefühl noch nicht erwacht. Sie ist noch
eins mit der Natur: „Die Eichen sind so still, die auf den
Bergen verstreut sind: man hört den Specht, der daran
pickt. Ich glaube, sie wissen, daß Käthchen angekommen
ist, und lauschen auf das, was sie denkt. Wenn ich mich
doch in die Welt auflösen könnte, um es zu erfahren. Har-
fenklang muß nicht lieblicher sein als ihr Gefühl."

So ist sie dem Gesetz des Tragischen noch nicht unterworfen. So darf sie, wenn ihr diese kindliche Einheit und
Reinheit eigen bleibt, wie die Kinder in das Himmelreich
eingehen.

In ihrer reinen Kindlichkeit gibt sie dem Gottesstrahl
der Liebe sich rückhaltlos hin: „wie die Rose — die ihren
jungen Kelch dem Licht erschloß". Die Liebe wird ihr Wesenskern, das Herz ihres Herzens. Ihr allein gehorcht sie,
alles andre wird bedeutungsarm. Doch ist's nicht ein be-
wußtes Ziel, das sie erkannt hat und nun erstrebt, nicht die
Heirat mit dem Grafen, die sie durch hingebende Treue zu
erreichen denkt. Ihr Wesen ist und bleibt kindlich unbewußt, jeder Reflexion, jeder Willensspannung fremd.

Drang, nicht Ziel, nicht Wille, reiner Herzensdrang ist's,
der sie treibt. Sie ist sich selber unbewußt über dessen
Gründe. In der Helle des Bewußtseins weiß sie von der
himmlischen Erscheinung und Bestimmung nichts. Als der
Graf sie vor der Feme fragt: „Was ist's — das dich aus
deines Vaters Hause trieb? — Was fesselt dich an meine
Schritte an?", muß sie entgegnen:

> Mein hoher Herr! Da fragst du mich zuviel.
> Und läg ich so, wie ich vor dir jetzt liege,
> Vor meinem eigenen Bewußtsein da:
> Auf einem goldnen Richtstuhl laß es thronen,
> Und alle Schrecken des Gewissens ihm
> In Flammenrüstungen zur Seite stehn,
> So spräche jeglicher Gedanke noch
> Auf das, was du gefragt: ich weiß es nicht.

Nur daß dieses innerste, unbewußte Gefühl, dem sie folgen muß, das sie dem Grafen, den Grafen ihr verbindet,
ein gottgegebenes ist, das ist ihr gewiß; und gewiß ihr darum, daß es sich erfüllen wird. Diese schlichte Gefühlssicherheit wird durch nichts beirrt. Dem Vater, der ihr vor
der Feme sein im Gram um ihre Flucht ergrautes Haar
vorhält, erwidert sie:

> Sei geduldig!
> Wenn Freude Locken wieder dunkeln kann,
> So sollst du wieder wie ein Jüngling blühn.

— — — Seitdem Kleist über dem Zusammenbruch an
Kant „Wahrheit und Bildung", sein „einziges, sein höchstes Ziel gesunken" sah, seitdem ihn „ekelte vor allem, was

Wissen heißt", hatte er die Macht des Verstandes geleug-
net, jede Möglichkeit, durch ihn zum Sinn der Welt und
des Lebens vorzudringen. Von Kant hatte er sich zu Rousseau, vom Glauben an die Allmacht des Verstandes in
jähem Umbruch zum Glauben an die alleinige Macht des
Gefühls gewandelt. „O der Verstand! der unglückselige
Verstand! ... Folge Deinem Gefühl!" (An Rühle.)
„Was Ihr Herz sagt, ist Goldklang" (an K. von Schlieben). „Ich trage eine Vorschrift in meiner Brust, gegen
welche alle äußern nichtswürdig sind" (an Wilh. v. Zenge).
Das Gefühl ist unser metaphysischer Wesenskern, in ihm
offenbart sich uns Gott. Verstandes- und Sinnes-Erkennt-
nis trügen, zweckhafte Überlegung, sinnliche Wahrnehmung binden uns an das Reich des Endlichen, die Welt der
Sinne, des Augen-Scheins. Alle Gestalten Kleists waren,
frei von jeder Selbstreflexion, im Gefühl begründet. Das
leidenschaftliche Gefühl ihres Wesens, ihres Rechts, ihrer
Bestimmung trug und trieb sie. Zu ihm retteten sie sich,
darauf beriefen sie sich im tragischen Wirrsal. Und es war
eine letzte Vertiefung der Kleistischen Tragik, wehe tragische Ironie gewesen, wenn sie sich — wie die Schroffensteiner, wie Alkmene — auf diese Gefühlssicherheit beriefen, im Augenblick, wo sie schon trog.

Käthchens kindlichreines Gefühl bleibt zwiespaltlos der
Natur und Gottheit eins. Ihm offenbart sich Gott, bevor
die Welt sich ihm offenbaren konnte. Und sie gibt sich ihm
hin mit übermenschlicher Gewalt, gleich groß in ihrer Hingabe wie Penthesilea in ihrer Selbstherrlichkeit. Als am
Tag vor Pfingsten der Ritter in der Werkstatt ihres Vaters erscheint, den im Silvestertraum ihr der Cherub zuge-

führt, da:

öffnet langsam, ein großes, flaches Silbergeschirr auf dem Kopf tragend, auf welchem Flaschen, Gläser und der Imbiß gestellt waren, das Mädchen die Türe und tritt ein. Nun seht, wenn mir Gott der Herr aus Wolken erschiene, so würd ich mich ohngefähr so fassen wie sie. Geschirr und Becher und Imbiß, da sie den Ritter erblickt, läßt sie fallen; und leichenblaß, mit Händen, wie zur Anbetung verschränkt, den Boden mit Brust und Scheiteln küssend, stürzt sie vor ihm nieder, als ob sie ein Blitz niedergeschmettert hätte! Und da ich sage: Herr meines Lebens! Was fehlt dem Kind? und sie aufhebe: schlingt sie, wie ein Taschenmesser zusammenfallend, den Arm um mich, das Antlitz flammend auf ihn gerichtet, als ob sie eine Erscheinung hätte. Der Graf vom Strahl, indem er ihre Hand nimmt, fragt: „Weß' ist das Kind?" Gesellen und Mägde strömen herbei und jammern: „Hilf Himmel! Was ist dem Jüngferlein widerfahren"; doch da sie sich, mit einigen schüchternen Blicken auf sein Antlitz, erholt, so denk ich, der Anfall ist wohl auch vorüber, und gehe mit Pfriemen und Nadeln an mein Geschäft. Darauf sag ich: Wohlauf, Herr Ritter! Nun mögt ihr den Pfalzgrafen treffen; die Schiene ist eingerenkt, das Herz wird sie Euch nicht mehr zersprengen. Der Graf steht auf; er schaut das Mädchen, das ihm bis an die Brusthöhle ragt, vom Wirbel zur Sohle gedankenvoll an, und beugt sich und küßt ihr die Stirn und spricht: „Der Herr segne dich, und behüte dich, und schenke dir seinen Frieden, Amen!" Und da wir an das Fenster treten: schmeißt sich das

Mädchen in dem Augenblick, da er den Streithengst besteigt, dreißig Fuß hoch, mit aufgehobenen Händen, auf das Pflaster der Straße nieder: gleich einer Verlorenen, die ihrer fünf Sinne beraubt ist! Und bricht sich beide Lenden, beide zarten Lendchen dicht über des Knierunds elfenbeinernem Bau. Und ich alter bejammernswürdiger Narr, der mein versinkendes Leben auf sie stützen wollte, muß sie auf meinen Schultern wie zu Grabe tragen; indessen er dort, den Gott verdamme! zu Pferd, unter dem Volk, das herbeiströmt, herüberruft von hinten, was vorgefallen sei. Hier liegt sie nun, auf dem Todbett, in der Glut des hitzigen Fiebers, sechs endlose Wochen — — kein Mensch vermag das Geheimnis, das in ihr waltet, ihr zu entlocken. Und prüft, da sie sich ein wenig erholt hat, den Schritt, und schnürt ihr Bündel, und tritt beim Strahl der Morgensonne in die Tür: „Wohin?" fragt sie die Magd; „zum Grafen Wetter von Strahl", antwortet sie und verschwindet.

Es ist das volle Gegenbild zur ersten Begegnung Penthesileas. Auch Penthesilea schlägt beim Anblick Achills, des Vorbestimmten, „die Welt in helle Flammenlohe auf". Ein Ausruf selbstvergeßnen Jubels bricht aus ihr. Sie ruht mit trunknem Blick auf des Äginers schimmernder Gestalt. Dann aber kehrt ihr Selbstbewußtsein stolz und wild zurück: „Sie sei Penthesilea — Der Amazonen Königin, und werde — Aus Köchern mir die Antwort übersenden!" — Käthchen bleibt vor der Wirklichkeit ihrer Vision kein Rück- und Eigenhalt, nicht im Geiste, nicht im Herzen, nicht in den Sehnen und Muskelbändern. Alles an ihr sinkt zusammen, löst, verrinnt, verliert sich an den Geliebten, von Gott Bestimmten. Ihr Leib vergißt das Gesetz der Selbsterhaltung. Leben, Haus und Heimat gibt sie hin und folgt in blinder Ergebung dem Strahl seines Angesichts, auf nackten Füßen, das kurze Röckchen im Winde flatternd, durch Wald und Wüste, durch Sturm und Sonne. Einer Magd gleich nächtigt sie auf Stroh in seinen Ställen. Unaufdringlich wäscht, flickt, sorgt sie für ihn, sie reinigt seine Waffen wie ein Knappe. Als der Graf den Vater herbeiruft, sie zurückzuholen, stürzt sie leichenbleich, alle Heiligen anrufend, ihm zu Füßen, daß er sie vor dem Vater schütze, und verliert das Bewußtsein. Und als der Graf empört darob mit Füßen sie von sich stößt, ja flammenden Gesichts die Peitsche herab vom Riegel nimmt, da geht sie vor's bemooste Tor hinaus, in den Frieden der Natur, der sie zugehört, und lagert sich,

Wo in süßduftenden Holunderbüschen
Ein Zeisig zwitschernd sich das Nest gebaut.

Als nach drei Tagen der Graf ihr seinen alten Diener schickt, vernünftig sie zur Heimkehr zu bereden, läßt sie ihm sagen:

Den Zeisig littest du, den zwitschernden,
In den süßduftenden Holunderbüschen:
Möchtst denn das Käthchen von Heilbronn auch leiden.

Nichts beirrt sie, nichts verwirrt sie. In kindlicher Einheit und Reinheit geht sie durch allen Wirrsal und Widerstreit des Endlichen der märchenseligen Erfüllung zu.

Friedrich Wetter Graf vom Strahl ist schon verstrickt in die Bedingtheit irdischer Beziehungen, gebunden an die

Kausalkette gesellschaftlicher Zusammenhänge, als ihn die himmlische Botschaft trifft. Unbefriedigt von der Zwiespältigkeit und Gebrechlichkeit dieses Seins ist er aufs Krankenlager gesunken. Er fühlt, daß nur die Liebe ihn zurück zum göttlichen Sinn des Lebens führen kann. Aber sein Kleinmut fürchtet: „das Mädchen, das fähig wäre, ihn zu lieben, sei nicht vorhanden". „Leben aber ohne Liebe sei Tod; die Welt nannt' er ein Grab, und das Grab eine Wiege, und meinte, er würde nun erst geboren werden... er scheide gern von hinnen." In dieser Lebensmüde und Todessehnsucht erscheint ihm der Bote Gottes, drei Nächte hintereinander, mahnt ihn: „vertraue!", und führt in der Silvesternacht — indes sein Leib wie tot darniederliegt — seine sehnende Seele in Käthchens Kämmerlein. Das holde Kind steigt, vom Purpur der Freude über und über schimmernd, im Hemdchen aus dem Bette, läßt sich auf die Knie vor ihm nieder, das Haupt gesenkt, und lispelt: „mein hoher Herr!" Der Engel sagt ihm, daß es eines Kaisers Tochter sei, zeigt ihm ein Mal auf ihrem Nacken, und wie er sie eben, von unendlichem Entzücken durchbebt, beim Kinn gefaßt, ins Antlitz ihr zu schauen, tritt die Magd mit Licht in die Kammer, und alles verschwindet. Er aber, da seine Seele in ihren Körper zurückgekehrt, jubelt auf der Mutter besorgte Frage: „Mein Friedrich, wo warst du?": „Bei ihr, bei ihr, die mich liebt! Bei der Braut, die mir der Himmel bestimmt hat! Geh, Mutter, geh, und laß nun in allen Kirchen für mich beten: denn nun wünsch' ich zu leben."

Aber während Käthchens ungelebtes Leben ganz der göttlichen Erscheinung offen ist und bleibt, ist der Graf

schon zu tief verstrickt in die Fülle des äußeren Lebens, in
die klügelnde Zweckhaftigkeit des Irdischen. So verwischt sich
ihm die Gewalt und Klarheit der Vision, zumal er ja das
Antlitz nicht gesehn hat. Und als Käthchen in ihrem Vater-
hause vor ihn tritt, da regt sich zwar in seinem Herzen die
Erinnerung, er schaut sie gedankenvoll an und küßt sie auf
die Stirn und segnet sie. Aber sein klügelnder Verstand
horcht nicht auf die Sprache des Herzens. Und so geht er
an Käthchens selbstverlorener Liebesdemut und Gefolg-
schaft lange ahnungslos, abwehrend vorbei. Er sieht wohl,
daß eine Neigung Käthchens im Spiele ist, eine kindliche
Torheit, die er zu bereden denkt. Als aber der von ihm selbst
herbeigerufene Vater ihn mit Weihwasser besprengt, als
das Kind, vor dem Vater flüchtend, bewußtlos ihm zu
Füßen stürzt, als der Vater in höllischem Grauen ihn den
„leibhaftigen Satan" nennt, da wird ihm bewußt, daß eine
rätselvolle Leidenschaft hier alle Schranken der Vernunft
und Sitte überschreitet. Mit Füßen stößt er die Zuchtlose
von sich. Flammenden Gesichtes nimmt er die Peitsche vom
Riegel herab. Schon gesellt sich diesem Zorn Verwirrung. Käthchens unerschütterliche Anhänglichkeit beginnt
ihn zu beunruhigen, bedrängt ihn dunkel. Gegen sein eignes Gefühl kehrt sich unbewußt seine Härte. Da ihn der
Vater vor das Gericht der Feme zieht, weil er Käthchen
mit teuflischen Listen verlockt habe, sinnt er zuerst auf nichts,
als seine und ihre Unschuld klarzutun. In milder Strenge
redet er ihr zu, er nimmt ihr, nach dem Wunsche des Gerichts, das Versprechen ab, mit ihrem Vater nach Heilbronn zurückzukehren. Aber gerade in dieser Szene hat sich
die strahlende Reinheit und Schönheit ihrer jungen Seele,

die da nackt vor ihm stand, so übermächtig offenbart, daß sie ihn mitreißt in die Gewalt ihrer Liebe, daß sie später den Einsamen weinend zu Boden wirft: „War's nicht, als sie sich da, in ihrer lieblichen Unschuld, vor mir entfaltete, als ob ich, diese Verbindung von Eisen, Fleisch und Blut, die gegen die Erde drückt, gänzlich zu Gesang verwandelt worden wäre; als schwäng' ich mich wie ein Adler, kreisend und gewälzt und kopfüber, ins Reich unendlicher Lüfte empor, immer jauchzend und wieder jauchzend: ich bin geliebt!" (Phoebus-Fassung). Die aufjubelnde Liebe wird niedergehalten von unendlicher Wehmut: so makellos an Leib und Seele, so voller Liebreiz Käthchen ist, zum Weibe darf er sie nicht nehmen: die mittelalterlichen Standes-Klüfte sind unüberbrückbar, die Standespflichten unbedingt; er ist seinem Geschlecht eine ebenbürtige Gemahlin, rechtmäßige Erben schuldig. Gegen diese unüberwindlichen Bedenken ist sein inneres Gefühl noch nicht mächtig genug. Noch dringt es nicht durch allen Gegen-Schein zum wahren Wesen. Noch wird ihm Käthchen nicht als die Verheißene — die Kaisertochter! — deutlich. Die Verheißung selber schläft noch in ihm. Nur des Einen ist er gewiß: das Weib, das er einst finden wird, muß Käthchen gleichen.

In diese hingegebene Stunde schrillt der gelle Lärm des Lebens: Ritterfehden, Ritterpflichten reißen den Grafen in die äußere Welt zurück. Er kämpft mit dem Grafen von Freiburg, er führt die befreite Kunigunde von Thurneck, die feindlich seiner Herrschaft Staufen nachstrebt, gefangen auf sein Schloß. Und bald ist seine Seele so verstrickt, daß sie ihres heiligsten Gefühls vergißt und Kunigundens Gaukelspiel verfällt.

Kunigunde ist das bloße Trug- und Zerrbild Käthchens. Gegenüber Käthchens naturhafter Einheit ist sie „eine mosaische Arbeit, aus allen drei Reichen der Natur zusammengesetzt", in Farbe, Wuchs, Zähnen und Haaren ein künstliches Gemächte. Ist Käthchen das Urbild der Selbstlosigkeit — sie ist das Urbild schnöder Selbstsucht. Ist Käthchen reiner Herzensdrang — sie ist ganz gemeine Berechnung. Sie ist leer, hohl, an Leib und Seele unwahr, ein „wesenloses Bild". Aber ihre Kunst versteht, dem Schein ein Sein zu heucheln. Jung, gesund, groß, schlank und herrlich erscheint sie als die Königin der Frauen. „Das ganze Reich frißt ihr aus der Hand." Und der Graf, unsicher in seinem edelsten Gefühl, verstrickt in die Fülle des äußeren Lebens, verwechselt Schein und Sein. Ihr äußerer Glanz und Prunk, ihre Kunst, Gemüt vorzutäuschen, „Seele erscheinen zu machen", den Grafen „empfinden zu lehren, wie er soll", überstrahlt ihm bald die stille, milde Schönheit Käthchens. Und daß sie vom Stamm der alten sächsischen Kaiser ist, überzeugt seinen Verstand, daß sie die göttlich ihm bestimmte ist. Er verlobt sich ihr.

Käthchen ist über dem ihm gegebenen Versprechen, mit dem Vater heimzukehren, bewußtlos zusammengebrochen. Wenn sie nicht lieben darf, kann sie nicht leben; sie will sich in ein Kloster begraben, in frommer Betrachtung Gott zu suchen, dem sie auf ihrem Wesens-Weg, dem Weg der Liebe, sich nicht nahen soll. Da erfährt sie bei der Ankunft im Kloster durch einen vertauschten Brief von einem Anschlag auf den Grafen, der auf Schloß Thurneck weilt. Jetzt fühlt sie sich durch die Vorsehung selbst dem Grafen neu verbunden. Der Liebe, dem Leben zurückgegeben, eilt sie mit dem Brief dem Grafen zu. „Holla, wer ruft?" „Das Käthchen ist's! Wer sonst! Das Käthchen ist's, — das kleine Käthchen von Heilbronn!"

Der Graf, der uneinig mit sich, in Gedanken verloren gesessen, von ihrem Bilde bedrängt, fährt eben deshalb auf: „Schmeiß sie hinaus! Ich will nichts von ihr wissen!" Noch einmal birgt seine Unruhe sich in Zorn und Schelte, noch einmal nimmt er die Peitsche von der Wand. Aber ungekränkt und unbeirrt, unberührt von der Nachricht, die ihr der Brief verraten, daß sich der Graf verlobt, denkt Käthchens Liebesdemut nur das eine, wie sie ihm dienen und helfen kann. Da löst sich der verhaltene Drang im Grafen. Er bindet sich die Schärpe ab, ihr vom Lauf erglühtes Köpfchen zu schützen. Klirrend wirft er die Peitsche durchs Fenster. Er streichelt ihre Wangen. Und Tränen überwältigen ihn. Getümmel und Glockenklang gellen in sein schmerzliches „Leb wohl!" Der Sturm auf das Schloß hat begonnen. Käthchen bringt ihm die Waffen. Sie holt seiner Braut — die ihr nur seine Braut, nie ihre Nebenbuhlerin ist; Eifersucht ist ihrer unbewußten, unbeirrbaren, göttlichen Gefühlssicherheit wesensfremd — das Bild des Grafen, danach sie ruft, aus dem brennenden Hause. Ohne Besinnen stürzt sie sich in Rauch und Flammen und weilt darin in Todesgefahr, bis sie es gefunden, bis das Gebälk über ihr zusammenbricht. Ein Cherub führt sie unversehrt hinaus, unsichtbar den andren, die in Furcht und Grauen sich beim Einsturz des Hauses abgewandt haben. Offen greift die Gottheit ein, sie dem Ziele zu erhalten, dem sie vorbestimmt. In dieser tödlichen Gefahr bricht das innerste Gefühl des Grafen machtvoll durch. Er will in das brennende Haus hinein, sein Leben will er für sie einsetzen. Und als im gleichen Augenblick das flammende Gebälk zusammensinkt, als er Käthchen unter ihm begraben wähnt, da stützt er „vernichtet" sich auf die Schulter seines Vasallen, da schiebt er Kunigunde von sich: „Geht, geht! Ich bitt Euch! — Die Erd' hat nichts mehr Schönes. Laßt mich sein."

Immer noch kann er aber den Drang seines, die dämonische Gewalt ihres Herzens sich nicht deuten, noch der dunkel in ihm ruhenden Vision seines Gottes einen. Die „Kaisertochter" steht dem entgegen. Und bei all diesen Rätseln und Wundern überkommt ihn Furcht, ob nicht höllische Mächte ihr Spiel treiben. Er will sich Gewißheit schaffen, indem er sie, die im Wachen sich nicht erklären kann, im Traum befragt. (Gottschalk, sein Diener, hat ihm erzählt, daß sie einen Schlaf hat wie ein Murmeltier, wie ein Jagdhund immer träumt, und im Traume spricht.) Denn der Traum ist tiefer, geheimnisreicher als das helle, klügelnde Tagesbewußtsein; wenn Verstand und Sinne gebunden liegen, dann wird die wahre Wesenheit des Menschen frei, die unbewußte, in der er mit dem Göttlichen zusammenhängt.

Und so beginnt jene Gipfelszene des Dramas, die zu einer der holdesten Liebesszenen der Weltliteratur wird. Der Frühlingszauber des deutschen Märchens, der deutschen Märchenlandschaft durchblüht, silberne Harmonien, Geigenklänge der Kleistischen Seele durchschwellen sie. Am zerfallnen äußeren Mauerring der Burg, der dicht von Bäumen umstanden ist, unter dem Holunderstrauch, an dessen Zweigen sie ein Hemdchen und ein paar Strümpfe zum

Trocknen aufgehängt, liegt Käthchen schlummernd da. Was sie so oft vor ihm getan: nun kniet der Graf vor ihr nieder und legt die Arme um ihren Leib. Sie macht eine Bewegung, als ob sie erwachen wolle, liegt aber gleich wieder still. „Käthchen! Schläfst du?" — „Nein, mein verehrter Herr." — „Und doch hast du die Augenlider zu." — „Die Augenlider?" — „Ja, und fest, dünkt mich." — „Ach, geh!" — „Was! Nicht? Du hättst die Augen auf?" — „Groß auf, so weit ich kann, mein bester Herr; — Ich seh dich ja, wie du zu Pferde sitzest." Und nun gleiten wir aus der Wirklichkeit in die Traumlandschaft Käthchens: die Märchenwiese blüht und duftet. Vergißmeinnicht, Kamillen, Veilchen leuchten bunt. Hier ist Natur und Seele frei. Nackt schlüpft das Gefühl aus der Knospe der Scham und tanzt über die Gräser, vertraulich, schalkhaft, übermütig, seiner selber froh, seiner Erfüllung sicher. Der Graf: „Du bist mir wohl recht gut?" — „Gewiß! Von Herzen." — „Aber ich — was meinst du?" — „O Schelm!" — „Was, Schelm! Ich hoff —!" — „O geh! — Verliebt ja wie ein Käfer bist du mir." — „Ein Käfer! Was! Ich glaub, du bist —!" — „Was sagst du?" — „Ihr Glaub ist wie ein Turm so fest gegründet! — Sei's! Ich ergebe mich darin — Doch Käthchen, — Wenn's ist, wie du mir sagst." — „Nun, was beliebt?" — „Was, sprich, was soll draus werden?" — „Was draus soll werden?" — „Ja! Hast du's schon bedacht?" — „Je nun." — „Was heißt das?" — „Zu Ostern übers Jahr wirst du mich heuern."

Gerührt und lächelnd steht der Graf vor dieser kindlichunschuldigen Sicherheit. Er geht auf sie ein wie auf ein

Spiel und fragt weiter, nach den Gründen dieser Zuver-
sicht. Und nun vermag ihm Käthchen die Antwort zu geben,
die in der Helle des Bewußtseins sich ihr selbst versagt hat.
Jetzt, wo Verstand und Sinne gebunden liegen, kommt ihr
freies Gefühl, der metaphysische Kern ihrer Seele, zur
Selbstgewißheit. Die Vision der Silvesternacht wird ihr
lebendig und durch sie dem Grafen, der erstaunt, erschrickt,
vom Wunderlicht geblendet, und doch „bis an des Wahn-
sinns grausem Hang umherschwankt", im letzten Zwist, wie
dies mit der Verkündigung vereinbar, daß sie die Tochter
seines Kaisers sei. Aber jetzt bricht sein Gefühl allmächtig
durch, gegen allen Zweifel seines Verstandes, gegen alle
äußere Wirklichkeit, er hat die metaphysische Bedeutung
seiner Liebe erkannt. Ihr muß er folgen. Er nimmt Käthchen aufs Schloß zu seiner Mutter. Offentlich erklärt er,
daß sie des Kaisers Tochter ist. Gegen des Kaisers, gegen
ihres bisherigen Vaters Wort stellt er die Erklärung zum
Gottesgericht, ohne Waffen und Helm tritt er zum Zweikampf mit dem empörten Vater, einzig seinem Gefühl, seiner göttlichen Gewißheit trauend, und besiegt ihn.

Die Liebe und Käthchen, ihre reine, selbstlos-heilige Trä-
gerin, haben ihn erlöst vom Trug des Verstandes und der
Sinne. Nun sieht er durch den Schein das wahre Wesen
der Welt. Nun durchschaut er das wesenlose Zerrbild Ku-
nigundes. Nun muß der Kaiser, vom Gottesentscheid ergriffen, Käthchens Tochterschaft anerkennen. Nicht sie, sich
selber erhöht er in diesem Bekenntnis:

Die einen Cherubim zum Freunde hat,
Der kann mit Stolz ein Kaiser Vater sein.
Über Grafen und Kaiser ist Käthchen emporgehoben durch

die heilige Selbstlosigkeit, die demütig-innige Sicherheit ihrer Liebe und steht in reiner Kindlichkeit am Throne Gottes:

Das Käthchen ist die erst itzt vor den Menschen,
Wie sie's vor Gott längst war.

Der Graf kniet nieder und bittet — bittet auf Knien! — den Kaiser um ihre Hand. Und Theobald, der Pflegevater, führt Käthchen dem Kaiser zu und faßt die ganze Metaphysik des Dramas in das schlichteste und tiefste Wort:

So gib sie ihm!

Was Gott fügt, heißt es, soll der Mensch nicht scheiden.

Und dann folgt die Hochzeit, voll Märchenseligkeit und Märchengerechtigkeit. Mit Schimpf und Schande muß Kunigunde weichen. Und über Käthchen, die in der Überfülle ihres Herzens des Grafen Mutter in die Arme sinkt, wogen die Glocken und die Jubelrufe des Hochzeitszuges.

So wächst das Drama aus Kleists Weltanschauung und damals hoffnungsfreudig gelöster Lebensstimmung. Nimmt man seine Briefstellen hinzu, die es als Gegenbild der Penthesilea zeichnen, so ist der rechte Weg zur Deutung kaum zu fehlen. Aber in der Sucht nach Stofflichkeiten hat man ihn lange sich selbst verschüttet. Zuerst hat man die Liebeshandlung persönlich ausgedeutet, indem man den restlos unbegründeten Dresdener Stadtklatsch aufnahm, Kleist habe sich damals in Körners Mündel, Julie Kunze, verliebt, aber die Verbindung, der sonst nichts im Wege stand, habe sich zerschlagen an dem Verlangen Kleists, sie solle ohne Wissen ihrer Pflegeeltern mit ihm in Briefwechsel treten. Um ihr zu zeigen, wie man lieben müsse, habe Kleist das

„Käthchen" geschrieben, und darin zugleich Dora Stock, Körners Schwägerin, die Julie zum Nein gereizt, als scheusälige Kunigunde porträtiert.

Dann ist man vom persönlichen zum literarischen Modell auf die Suche gegangen. In der schottischen Ballade vom Child Waters, die Bürger übersetzt hat, darin ein mittelalterlich-herrischer Mann die ergreifende Treue und Geduld eines Weibes hart und einseitig erprobt und mit der Heirat lohnt, hat man Kleists Vorbild gesehen. Er mag ihr einzelne äußere Züge entnommen haben: wie Käthchen barfuß hinter dem Roß herschreitet, den Bach durchwatet, im Stalle schläft. Zur Jungfrau von Orleans und zu den Wahlverwandtschaften konnte man Beziehungen aufweisen. Deutlich sind die reicheren Beziehungen zu Goethes Götz und dem von ihm begründeten Ritterdrama. Zwar ein „historisches Ritterschauspiel", wie Kleist es nennt, ist „Käthchen" nicht, es ist ein Märchenspiel, das die alten Requisiten des Ritterdramas, Zweikampf, Gottesgericht, Frauenraub, Schloßbrand, Kloster, Köhlerhütte usw., eben als farbige Requisiten nimmt — im Gegensatz zum „Götz", dem die liebevolle Zeichnung dieser Welt schließlich die dramatische Aufgabe überwuchert. Auch Käthchens Heimatstadt Heilbronn mag durch „Götz" gegeben sein, wenn man nicht eine besondere Anregung in dem von Schubert erwähnten Bericht des Heilbronner Magnetopathen Gmelin suchen will, der die Heilung einer sechzehnjährigen Bürgermeisterstochter durch Mesmerismus schildert. Schon durch den „Götz" steht das Drama Shakespeare nah, dem es in der Mannigfaltigkeit seiner Schauplätze, im Wechsel von Vers und Prosa, in vier langen und wesentlichen Monologen, die

Kleist sonst fremd sind, verbunden ist, auch in der wilden Bildkraft der Sprache, die in der Verwünschung Theobalds vor der Feme barock-euphuistisch wird. Man mag vor allem an die letzten Märchendramen, die Romanzen Shakespeares denken. Von Meyer-Benfey und Röbbeling, den verdientesten Forschern, hat der erste auf den Typus des Volksmärchens von der echten und falschen Braut hingewiesen, der zweite: auf die — schon für die Penthesilea bedeutsamen — platonisierenden Jugendschriften Wielands (Supplemente zu den Sämtlichen Werken 1797 und 98), in denen Platos Ideen des Eros — ein wenig weichlich — aufgenommen sind, in denen — vor dem Oberon — auch der verheißungsvolle Doppeltraum der Liebenden aufklingt („Sixt und Klärchen oder der Mönch und die Nonne auf dem Mittelstein"). Aber platt und entfremdend hat man zur Deutung des Dramas Kleists Bekanntschaft mit Gotthilf Heinrich von Schubert ausgebeutet, der damals in Dresden Vorlesungen über Somnambulismus und Magnetismus hielt, die er in seinen „Ansichten von der Nachtseite der Naturwissenschaft" (1808) niederlegte. Ihm soll Kleist die Ergebnisse der damaligen Psychologie, „die allgemeine Idee und die inneren Beweggründe, die den handelnden Personen die Richtung geben" (Wukadinovic) entnommen haben. „Nun ist uns auch Käthchens seltsame Anhänglichkeit kein Rätsel mehr, wir haben in den beiden Hauptpersonen das ausgesprochene Verhältnis des Magnetiseurs zur Somnambulen" (Lechner). Und schließlich haben Du Prel und seine Nachdeuter — diesen Weg verfolgend — sogar die Ergebnisse heutiger Forschung auf Käthchen angewandt: „Der Graf vom Strahl hat über Käthchen die unumschränkte Macht eines Hypnotiseurs, und Käthchen ist ihm, kraft der posthypnotischen Wirkung eines in der Hypnose empfangenen Befehls, trotz ihrer Erinnerungslosigkeit, mit Leib und Seele untertan" (Servaes). Ein paar äußere Anregungen aus dem Gebiet des Unbewußten, des Dämmerschlafs mag Kleist Schubert danken. Im übrigen sind Schuberts Deutungen naturwissenschaftlich-medizinischer, die Kleists metaphysischer Natur.

Zuletzt mag noch der stets wiederholten, anfechtbaren Mitteilungen Tiecks gedacht werden, über eine ursprüngliche Nixenszene usw., die das Stück noch mehr ins Gebiet des Zaubers und Märchens spielte. Kleists Briefstelle über ärgerliche Zugeständnisse, die er der Bühne und dem Urteil der Menschen im Käthchen gemacht habe, verknüpft man ihnen. Die beiden Fassungen des Dramas, die uns erhalten sind, die zwei ersten Akte im Phoebus und die Buchausgabe wissen nichts davon. Sie unterscheiden sich nur dadurch, daß die überreiche und -kühne Sprache der ersten Fassung gemäßigt und ausgeglichen, daß die neunte und die erste Hälfte der 10. Szene des II. Aktes gestrichen und durch einen neu eingeführten Auftritt ersetzt ist, darin der Doppeltraum des Grafen und Käthchens, der erst in der Holunderszene sich enthüllt, schon jetzt im episch-langen Bericht gegeben wird — zur früheren und schärferen Verdeutlichung der Grundideen, zum Schaden der künstlerisch-reinen Entfaltung. — — —

Als Kleist den letzten Akt des Käthchens gestaltete, stand er nicht mehr im Banne der ursprünglichen, hoffnungsfreudigen Lebensstimmung. Inzwischen war der Zerbrochene Krug in Weimar lärmend durchgefallen, die Penthesilea

von Goethe abgelehnt, er war in den erbitterten Zwist mit
Goethe hineingerissen, der Phoebus, von allen berühmteren
Mitarbeitern im Stich gelassen, mußte verkauft werden.
— Aus persönlichen und literarischen Kämpfen war Kleists
Wille zum Unbedingten in den vaterländischen Kampf ge-
stürmt: Die märchenselige Romanze Käthchens überdröhnt
der Donnerruf der Hermannsschlacht.

Die Erzählungen

In den wenigen Heften des „Phoebus" sind außer den vier großen Bruchstücken aus Kleists Dramen auch zwei der bedeutendsten Erzählungen Kleists zuerst veröffentlicht: im Februar 1808 „Die Marquise von O." und — fragmentarisch — im Juni 1808 „Michael Kohlhaas". „Das Erdbeben in Chili" war schon im September 1807 in Cottas „Morgenblatt für gebildete Stände" erschienen. Die Reihenfolge der übrigen fünf Novellen ist vielumstritten; Mitteilungen Kleists fehlen; jeder Forscher verteidigt andere Ergebnisse; auch die stilometrische Untersuchung Gassens, die sprachliche Gewohnheiten Kleists in den Novellen feststellt und zeitlich einordnet, ist nicht unbedingt überzeugend. Im Grunde ist es aber nur eine Novelle, deren Entstehung für größere Zeiträume strittig bleibt. Die letzten kleinen Erzählungen, „Das Bettelweib von Locarno", „Die hl. Cäcilie oder die Gewalt der Musik" und „Der Zweikampf" werden allgemein der ungefähren Zeit ihres Erscheinens zugewiesen, dem 11. Oktober und 15. bis 17. November 1810 (in den Abendblättern) und dem 1. bis 5. April 1811 (im „Freimüthigen"). „Der Findling" gilt als die erste oder doch als eine der ersten Novellen. Nur „Die Verlobung in St. Domingo" wird bald ins Jahr 1803 (Davidts), bald ins Jahr 1810 (Gassen) verlegt. Ästhetisch stehen jedenfalls die drei Meisternovellen „Das Erdbeben in Chili", „Die Marquise von O.", „Michael Kohlhaas" im Mittel- und Höhepunkt von

Kleists Erzählungskunst, ihnen gegenüber muten „Der Findling“ und „Die Verlobung in St. Domingo“ als Vorklang, „Der Zweikampf“, „Die heilige Cäcilie“, „Das Bettelweib von Locarno“ als Nachklang an.

Ursprünglich war die Novelle — wie sie noch Goethe 1827 Eckermann gegenüber zeichnet — nichts anders „als eine sich ereignete unerhörte Begebenheit“. Boccaccio war der Meister dieser Art. Aber wenn Hebbel sich diese Definition zu eigen macht, so setzt er hinzu: „neue unerhörte Begebenheit und das aus dieser entspringende neue unerhörte Verhältnis der Menschen zu Leben und Welt.“ Die Begebenheit wird immer tiefer weltanschaulich durchdrungen und gedeutet, und damit wächst sie — in sich selbst nicht weltanschaulich bestimmt — in eine der dichterischen Grundrichtungen alles Weltgefühls, in das epische, lyrische oder dramatische Weltgefühl hinein, je nach der Grundrichtung ihres Dichters. Episch bestimmt ist die Novelle Gottfried Kellers, lyrisch die Novelle Eichendorffs und Storms, dramatisch die Novelle Kleists. Dem romantisch-musikalischen Roman entspricht die Märchen-Novelle E. T. A. Hoffmanns, Arnims, Tiecks. Dabei bleibt die technische Form der Novelle gewahrt, insofern sie jeweils in einer einzelnen, geschlossenen Begebenheit eine Abbreviatur der epischen oder lyrischen oder dramatischen Welt gibt. In dieser Einheit ist sie der Technik des Dramas verwandt, der sie auch in der Art ihres Ablaufs nahekommt: „Die Novelle bedarf entscheidender Wendepunkte, so daß die Hauptmassen der Geschichte deutlich in die Augen fallen, und dies Bedürfnis hat auch das Drama.“ (A. W. Schlegel.)

Kleists Novellen sind das reinste Muster der dramatischen Novelle in der europäischen Literatur. Aus tragischem Weltgefühl wachsen sie empor, aus metaphysischen, nicht psychologischen Konflikten. Sie sind Träger von Handlungen, im Sinne des Dramas, nicht von Begebenheiten, im Sinne des Romans und der alten Novelle. Leicht könnte man ihre Handlung in Akte, die Akte in szenische Bilder teilen. Epische Vergleiche, Beschreibungen körperlicher oder seelischer Art, Naturschilderungen und Betrachtungen fehlen. Handlung reiht sich an Handlung. Und es macht die eigentümliche und hinreißende Wirkung des Kleistschen Stiles aus, daß unter diesem scheinbar chronikalischen Bericht das unterirdische Feuer der dramatisch-tragischen Erregung glüht und wühlt. Die Personen sind keine einmaligen Erscheinungen wie jene der ursprünglichen Novelle, sondern wie die Gestalten des Dramas ins Typische, Ewige monumentalisiert. Daß ihre Reden vielfach indirekt gegeben werden, ist einmal ein epischer Kunstgriff, der die Einheit des erzählenden Stiles wahrt, zugleich aber ein dramatischer, der alles Unwesentliche verkürzt und überdrängt, um aus dem eilenden, farblosen Bericht das Bedeutsame im direkten Wort um so leuchtender zu entfalten. In der Erregung zerfällt der Dialog in abgebrochene Sätze, in der höchsten verstummt er; wie im Drama Kleists löst eine Gebärde das Übermaß des Gefühls aus, oder entrückt eine barmherzige Ohnmacht seine Menschen ins Unbewußte.

„Das Erdbeben in Chili" ist dem Weltgefühl, der tragischen Ironie der „Familie Schroffenstein" so verwandt, daß man auch seine Entstehung der Ursprungszeit dieses

Dramas nähern möchte. Fast alle, sieben Namen der Novelle entstammen der ursprünglichen Fassung des Dramas,
der „Familie Ghonorez". Wünsch, der Frankfurter Lehrer
Kleists, erwähnt in seinen „Kosmologischen Unterhaltungen" das Erdbeben von Santiago. Bedeutsamer wird
Kleist die reiche, auch literarisch gemünzte Literatur über
das Erdbeben von Lissabon (1755) gewesen sein. Und es
ist durchaus wahrscheinlich, daß eine Stelle aus Kants grö-
ßerer Abhandlung über das Erdbeben die entscheidende Anregung gab: „Alles, was die Einbildungskraft sich Schreck-
liches vorstellen kann, muß man zusammennehmen, um das
Entsetzen sich einigermaßen vorzustellen, darin sich die
Menschen befinden müssen, wenn die Erde unter ihren Füßen bewegt wird, wenn alles um sie her einstürzt, wenn ein
in seinem Grunde bewegtes Wasser das Unglück durch
Überströmungen vollkommen macht, wenn die Furcht des
Todes, die Verzweifelung wegen des völligen Verlusts aller
Güter, endlich der Anblick anderer Elenden den standhaf-
testen Mut niederschlagen. Eine solche Erzählung würde
rührend sein, sie würde, weil sie eine Wirkung auf das
Herz hat, vielleicht auch eine auf die Besserung desselben
haben können. Allein ich überlasse diese Geschichte geschick-
teren Händen." Kleist folgt diesem Aufruf des großen
Philosophen, er übernimmt im weiteren Sinne seine Idee
von der Besserung der Herzen, aber nur im ersten Teil der
Erzählung, um sie im zweiten — voll der tieferen Einsicht
des Tragikers — in Bitterkeit und Unerbittlichkeit zu
zertrümmern: Gewiß, die Schrecken eines Erdbebens reichen aus, um die fanatisierte, ewig blinde und sich zer-
fleischende Menschheit einen Augenblick ihren Haß verges-

sen, einen Augenblick das Unendliche, die Liebe Wirklichkeit werden zu lassen. Aber nur einen Augenblick! Kaum
ist die menschliche Natur, in Sicherheit, wieder zu sich selbst
zurückgekehrt, so bricht der allentzweiende, furchtbare Arg-
wohn und Haß alles Endlichen um so grauenvoller wieder
aus. Die Liebe Jeronimos und Josephes ist nur ein Symbol der unendlichen Liebe, die — gleich der Liebe Ottokars
und Agnes' — in der Welt des Endlichen, im Nichtverstehen, Mißverstehen, Haß und Vernichtungsdrang des
Menschlichen keine Stätte hat. Und wie zu Beginn der
„Familie Schroffenstein" gerade die Kapelle, die dem Gott
der Liebe geweiht ist, widerdröhnt vom Haßgesang, so ist
es hier „die ganze im Tempel Jesu versammelte Christen-
heit", die dem Gott der Liebe mörderisch die Liebenden
opfert. Und wie die eigenen Väter dort in der Blindheit
des Hasses ihre Kinder durchbohren, so ist es hier der eigene
Vater, der in fanatischer Verblendung Jeronimo mit einem
Keulenschlage zu Boden streckt.

Aber während die „Familie Schroffenstein" nicht von
einer verwirrenden Häufung des Schrecklichen, einer un-
ruhigen Verzerrung des Ablaufs freigesprochen werden
kann, ist hier auf siebzehn Seiten eine gleich unerhörte
Fülle der Geschehnisse wie Klarheit und Notwendigkeit der
Entwicklung gegeben.

„In St. Jago, der Hauptstadt des Königreichs Chili,
stand gerade in dem Augenblicke der großen Erderschütte-
rung vom Jahre 1647, bei welcher viele tausend Menschen ihren Untergang fanden, ein junger, auf ein Verbrechen angeklagter Spanier, namens Jeronimo Rugera,
an einem Pfeiler des Gefängnisses, in welches man ihn

eingesperrt hatte, und wollte sich erhenken." Hier ist mit dem ersten gedruckten Satz einer Kleistschen Novelle jener berühmte Einsatz gegeben, der fast in allen Novellen wiederkehrt, der — oft unterstützt durch einen zweiten oder dritten Satz — das Problem der ganzen Erzählung zusammenballt, und, den zu deuten, man auf Boccaccios Novellen-Überschriften, auf Cervantes' Novellen-Anfänge hingewiesen hat. Er wächst aber aus dem dramatischen Weltgefühl, der dramatischen Technik Kleists: er stellt uns jäh in die Gewitterspannung der Atmosphäre, um uns dann den Ausbruch und die Entladung des tragischen Gewitters erleben zu lassen. Auch darin ist „die Familie Schroffenstein" das gewaltigste Beispiel.

Jeronimo hat sich als Lehrer der Tochter des Hauses, Donna Josephe, in Liebe genähert, hat sie, da der erzürnte Vater sie in ein Karmeliterkloster verbannte, auch dort gefunden und im Klostergarten sich ihr erneut verbunden. Am Fronleichnamsfeste aber ist Josephe bei der feierlichen Prozession unter dem Schall der Glocken auf den Stufen der Kathedrale in Mutterwehen niedergesunken, wegen Verletzung der klösterlichen Keuschheit ins Gefängnis geworfen und zum Tode verurteilt. Eben als die Glocken erklingen, die Josephe unter der lieblosen Neugier und Rachgier der Menge zum Richtplatz geleiten, hat Jeronimo — der gleichfalls ins Gefängnis geworfen worden — sich in Weh und Verzweiflung den Strick um den Hals gelegt. Da bricht das Erdbeben seine Mauern und sprengt den Hinrichtungszug Josephes. Die Natur selber scheint den Liebenden, die doch nur ihrem Gesetze gefolgt sind, gegen die unnatürlichen Gesetze der Kirche und des Staates zu

Hilfe zu kommen. Zwischen den stürzenden Mauern, den flammenden Balken, den aufbrüllenden Wassern, zwischen Erschlagenen und Verwundeten irren die Liebenden einander zu.

In drei gewaltigen Sätzen baut sich die tragische Handlung auf, dem Rhythmus der „Penthesilea" verwandt: Exposition, Erdbeben, Flucht — Wiedervereinigung und Erfüllung — Dankgottesdienst und Ermordung. In Bildern von riesiger Gegensätzlichkeit, die gleichsam aus einer übermenschlichen, hinter der Erscheinungswelt liegenden Region stammen, sind die ersten Sätze gegeneinander entwickelt. „Eine Vernichtung, so schrecklich, daß das Weltgericht nicht entsetzlicher sein kann." — „Eine Seligkeit, wie sie nur im Tal von Eden heimisch ist." Die wundermilde Sommernacht, silberglänzend und still, nur vom Lied der Nachtigall im Granatapfelbaum durchflötet, läßt die Seligkeit der Liebenden zusammenklingen in Harmonie mit dem Weltall. Allenthalben scheint das Große, Allgemeine, das Göttliche sich durchgesetzt zu haben. Alles, was den Menschen zum ichbefangenen Einzelwesen macht, ist in seinem Feuer zu Asche verbrannt, in jedem lodern nur noch die Flammen des göttlichen Urgrunds, des metaphysischen Lebensprinzips, das seinen tiefsten Ausdruck findet in der alles einigenden Liebe. „Man erzählte Beispiele von ungeheuern Taten: Menschen, die man sonst in der Gesellschaft wenig geachtet hatte, hatten Römergröße gezeigt; Beispiele zu Haufen von Unerschrockenheit, von freudiger Verachtung der Gefahr, von Selbstverleugnung und der göttlichen Aufopferung, von ungesäumter Wegwerfung des Lebens, als ob es, dem nichtswürdigsten Gute gleich, auf dem nächsten Schritte schon wiedergefunden würde. Ja, da nicht Einer war, für den nicht an diesem Tage etwas Rührendes geschehen wäre, oder der nicht selbst etwas Großmütiges getan hätte, so war der Schmerz in jeder Menschenbrust mit soviel süßer Lust vermischt, daß sich gar nicht angeben ließ, ob die Summe des allgemeinen Wohlseins nicht von der einen Seite um ebensoviel gewachsen war, als sie von der anderen abgenommen hatte." Für die enge Selbstsucht und Selbstbehauptung hat man etwas von der göttlichen Freude der Alleinheit eingetauscht, etwas, das dem elementaren, überpersönlichen Gefühl Jeronimos und Josephes verwandt ist. Und mit Staunen sehen sie, die geglaubt haben, sich mit ihrer überirdischen Seligkeit in ferne Länder flüchten zu müssen, um sie vor dem Haß des Irdischen zu schützen, sich aufgenommen in eine große, allgemeine Familie, der die Liebe Gesetz ist wie ihnen selbst. Sieg des Metaphysischen über das Physische, Verwirklichung des Göttlichen im Menschlichen auf der ganzen Linie!

Und nun setzt der dritte Akt ein, der grauenvolle Rückfall ins Endliche, ins Menschlich-Niedere, die Katastrophe. Denn das Ewige kann im Irdischen, die Liebe in der Welt des Hasses und Mißverstehens nur im blitzesgleich aufflammenden und verschwindenden Schein gegenwärtig werden. Im Dankgottesdienst, der alle Herzen zur letzten, liebenden Einheit lösen, mit dem Herzen Gottes verschmelzen soll, werden die Liebenden erkannt und von der fanatischen Menge, die das Erdbeben dem Zorne Gottes über ihre Versündigung zumißt, bestialisch ermordet.

Die Geschichte des Michael Kohlhaas soll Pfuel — so

berichtet Tieck — Kleist 1804 in Potsdam erzählt haben, vielleicht auf einem Spaziergang nach dem nahen Kohlhaasenbrück. In Königsberg hat er bald darauf die literarischen Quellen zurat ziehen können. Im dritten Teil von Schöttgens und Kreysigs „Diplomatischer und curieuser Nachlese der Historie von Obersachsen" fand er des Berliner Schulmannes und Chronisten Peter Hafftiz „Nachricht von Hans Kohlhasen" aus dessen „Mikrochronologikon" wörtlich abgedruckt, mit Anmerkungen, die ihn auf eine zweite und dritte Quelle verwiesen, auf Nikolaus Leutingers „Commentarii de Marchia" und Menzens „Stambuch und kurtze Erzehlung vom ursprung und hehrkomen der Chur und Fürstlichen Heuser Sachsen, Brandenburg" usw., dessen Benutzung jedoch zweifelhaft ist.

In drei Absätzen hat Kleist die Erzählung niedergeschrieben; in Königsberg schrieb er den Anfang, in Dresden führte er ihn bis zum Schluß des Phoebus-Fragmentes fort und erweiterte ihn zugleich durch Einschiebungen, zu denen Leutingers Bericht ihn anregte, der Kohlhaasens Streifzüge zu förmlichen kriegerischen Unternehmungen, zu Schlachten und Belagerungen steigert und ihm magische Kräfte zuspricht; in Berlin schrieb er das Ende, das mit Einführung der Zigeunerin, der prophetischen Kapsel usw. eine neue Fabel beginnt und erst mit den letzten Seiten wieder zum folgerechten Abschluß der alten Fabel zurückkehrt.

„An den Ufern der Havel lebte, um die Mitte des sechzehnten Jahrhunderts, ein Roßhändler, namens Michael Kohlhaas, Sohn eines Schulmeisters, einer der rechtschaffensten zugleich und entsetzlichsten Menschen seiner Zeit... Die Welt würde sein Andenken haben segnen müssen, wenn er in einer Tugend nicht ausgeschweift hätte. Das Rechtsgefühl aber machte ihn zum Räuber und Mörder."

Kohlhaas, dem gegen die Willkür eines Junkers von dem Adelsherrn verschwägerten Richtern das Recht versagt wird, sucht sich mit wachsender Gewalt, durch Überfall, Plünderung, Brand und Mord sein Recht zu erzwingen.

Wieder ist — nicht eine unerhörte Begebenheit im Sinne der alten Novelle, sondern ein tragischer Urkonflikt in ein, zwei Sätze zusammengeballt. Was klagt bittrer und furchtbarer gegen den Zwiespalt des Endlichen als, daß uns selbst die edelsten Eigenschaften, das Göttliche selbst in uns, in Verstrickung und Verschuldung, Not und Verbrechen stoßen! Mit dem ersten Satz sind wir unter den tragischen Himmel gestellt.

Wie sehr die allgemeine Atmosphäre schon tragisch geladen ist, bedeuten in Kohlhaas das „Gefühl der allgemeinen Not der Welt", „ein richtiges, mit der gebrechlichen Einrichtung der Welt schon bekanntes Gefühl".

Von Anfang an ist es nicht nur die persönliche Kränkung, die Kohlhaas treibt, es ist ein überpersönliches Verantwortlichkeitsgefühl: „daß er mit seinen Kräften der Welt in der Pflicht verfallen sei, sich Genugtuung für die erlittene Kränkung, und Sicherheit für die zukünftige seinen Mitbürgern zu verschaffen". Und so empfindet auch seine Frau, „daß noch mancher andre Reisende, vielleicht minder duldsam als er, über jene Burg ziehen würde; daß es ein Werk Gottes wäre, Unordnungen gleich diesen Einhalt zu tun".

Diese repräsentative Stellung eines Helden, der nicht

für sein Recht, der für das Recht kämpft, nähert ihn den
alttestamentlichen und äschyleischen Helden, die nicht für das
einmalige dämonische Gesetz ihres Wesens in die Schranken
treten, sondern noch in ursprünglicher Verbundenheit für
das Recht, für das Gesetz. Die Worte der Orestie klingen
auf: „Ja ja, — Des Volkes Glaube, — Erfüllung sind'
er — Im Falle der Häupter. — Recht heisch' ich, — Recht
wider den Frevel." Und der Anruf des Chors: „Nur für's
Recht tret' ich ein — Zeus, sei Mehrer des Rechtes." Und
diese antike Stimmung ist in ihrer eigentümlichen Wesenheit letztlich vertieft und verstärkt, da ihr Kleist das Motiv
der Blutrache beigab. In der Urfassung des Kohlhaas
fehlt — wie Wächter überzeugend dartut — der Bittgang
von Kohlhaasens Frau an den Berliner Hof und der ihr
tödliche Stoß der Wache. Jetzt erst wird Kohlhaas, als
Hüter des Rechts, als Bluträcher seiner Frau, in antiker,
alttestamentlicher Größe und grausamer Unerbittlichkeit zu
dem unbarmherzigen „Engel des Gerichts", der wortlos
den Junker Hans von Tronka „bei der Brust faßte und in
den Winkel des Saals schleuderte, daß er sein Hirn an den
Steinen versprützte", der billigt, daß „unter dem Jubel
Hersens aus den offenen Fenstern der Vogtei die Leichen
des Schloßvoigts und Verwalters mit Weib und Kindern
herabflogen". — „Wer Todeswunde schlug, empfahe —
Todeswunde; was er tat, das leid' er: — Blut um Blut!
Es ist ein alter Spruch." (Orestie.) In der Urfassung,
die vom Tod der Frau nichts wußte, fehlten diese Greuel,
und auch jetzt werden sie im weiteren Verlauf vergessen:
demselben Schloßvogt und Verwalter, die als Leichen aus
dem Fenster geflogen sind, ist Kohlhaas später bereit, zu

vergeben. Und die Ermordung des Junkers wird im ganzen Rechtsstreit nicht mehr erwähnt. So schieben sich die verschiedenen Fassungen widerspruchsvoll ineinander.

Erst diese Doppelung der Motive eint dem starren Rechtsstreit das Menschlich-Erschütternde, das am schlichtesten und tiefsten in der Szene mit Luther zum Ausdruck kommt. Da Luther fragt, was er denn von dem Tribunal zu Dresden verlange, antwortet Kohlhaas: „Bestrafung des Junkers, den Gesetzen gemäß; Wiederherstellung der Pferde in den vorigen Stand; und Ersatz des Schadens, den ich sowohl als mein Knecht Herse durch die Gewalttat, die man an uns verübte, erlitten." Und da Luther auffährt: „Rasender, unbegreiflicher, entsetzlicher Mensch! Nachdem dein Schwert sich an dem Junker Rache, die grimmigste, genommen: was treibt dich, auf ein Erkenntnis gegen ihn zu bestehen, dessen Schärfe, wenn es zuletzt fällt, ihn mit einem Gewicht von so geringer Erheblichkeit nur trifft?", erwiderte Kohlhaas, indem ihm eine Träne über die Wangen rollte: „Hochwürdiger Herr! Es hat mich meine Frau gekostet; Kohlhaas will der Welt zeigen, daß sie in keinem ungerechten Handel umgekommen ist."

Erst aus dieser verhaltenen Erschütterung seiner Grundtiefen konnte Kleist Kohlhaas in die Verwirrung und Verrückung, die magisch-dämonische Größe von Leutingers Andeutungen hinaufwachsen lassen, in der er sich „einen Statthalter Michaels, des Erzengels" nennt, „der gekommen sei, ... mit Feuer und Schwert, die Arglist, in welcher die ganze Welt versunken sei, zu bestrafen", und das Mandat unterzeichnet: „Gegeben auf dem Sitz unserer provisorischen Weltregierung, dem Erzschlosse zu Lützen."

In zwei gewaltigen Szenen führt Kleist die Tragik der Erzählung zu weltanschaulichen Gipfeln: der antiken, alttestamentlichen Unerbittlichkeit des Kohlhaas stellt er das Neue Testament gegenüber, dem Ruf nach Recht und Rache die Mahnung zur Vergebung und Liebe: seine tödlich verwundete Frau nimmt dem Geistlichen die Bibel aus der Hand, blättert und blättert und zeigt „Kohlhaas, der an ihrem Bette saß, mit dem Zeigefinger den Vers: ‚Vergib deinen Feinden; tue wohl auch denen, die dich hassen.‘ — Sie drückte ihm dabei mit einem überaus seelenvollen Blick die Hand und starb“. Und dann die Lutherszene, darin der persönliche Anwalt des Neuen Testamentes ihm entgegentritt, ihm Beichte und Abendmahl weigert und seinen alttestamentlichen Starrsinn auf die neue Botschaft weist: „Der Herr, dessen Leib du begehrst, vergab seinem Feind.“

Unerbittlich wie Kohlhaas selber geht sein Konflikt der tragischen Lösung zu: der um des Rechtes willen am Rechte schuldig geworden, der mit widerrechtlichen Mitteln, mit Brand und Mord, mit widerrechtlichen Menschen, mit Gesindel und Verbrechern, das Recht wiederherstellen wollte, muß selber dem Rechte verfallen. Der Staat muß seine Gesinnung anerkennen, seiner rechtlichen Forderung Genüge tun. Dann aber muß Kohlhaas seinerseits dem Rechte Genugtuung geben. Und Kohlhaas tut dies mit der Freiheit und Größe tragischer Helden.

In der ursprünglichen Fassung war sicher dieser klare Ablauf beabsichtigt. Die Phoebus-Fassung sucht der Zweistaatlichkeit der Quellen, die ihn zu verwirren drohte, zu begegnen, indem sie außer Kohlhaasenbrück alle Ortsnamen tilgt. Die Schlußfassung aber, die in der politischen Er-

regung der Berliner Jahre geschrieben ist, nimmt die Zweistaatlichkeit der Quellen überschärft wieder auf und stellt
dem Kurfürsten von Sachsen, der nun jäh zum Muster des
ungerechten, ängstlich erregten Fürsten wird, den Kurfürsten von Brandenburg strahlend entgegen. Kleists politischer Haß gegen den treulosen Rheinbundfürsten, der schon
im „Katechismus der Deutschen" durchbrach, drängt sich
sprengend in seine Dichtung. Unvermittelt tritt die Zigeunerin auf und gibt eine Kapsel, einen Zettel mit Prophe-
zeiungen über das sächsische Fürstenhaus, an Kohlhaas. Unvermittelt wechselt die Rachsucht Kohlhaasens vom Junker von Tronka auf den sächsischen Kurfürsten. In trium-
phierendem Haß enthält er dem immer gieriger, immer un-
würdiger erregten Fürsten den Zettel vor. Vor der Ent-
hauptung verschlingt er ihn. Übernatürliches und Spuk-
haftes drängt verwirrend in den klaren tragischen Ablauf
der Handlung. Aber die folgerechte Reinheit und Größe
des Schlusses, die ganze unerhörte Gewalt und Gegenwart
der Darstellung trägt über diese Unstimmigkeiten fast unvermerkt hinweg.

Die Anregung zur „Marquise von O." gab wohl eine
derbe Anekdote in Montaignes Essai über die Trunksucht:
eine ehrbare Witwe ist schwanger und ahnt nicht, woher,
sie läßt von der Kanzel nach dem Vater des Kindes suchen
und ihm Verzeihung und Ehe versprechen. Ein junger
Bauernknecht meldet sich, der sie eines Festtags nach reich-
lichem Weingenuß nahe seinem Hause in tiefem Schlaf gefunden und umarmt hat, ohne daß sie erwacht ist. Verwandte Anekdoten tauchen in der Weltliteratur immer wieder auf.

Kleist nahm den Rohstoff der Anekdote, hob ihn in eine höhere Sphäre und warf ihn in den ersten Satz: „In M..., einer bedeutenden Stadt im oberen Italien, ließ die verwitwete Marquise von O..., eine Dame von vortrefflichem Ruf und Mutter von mehreren wohlerzogenen Kindern, durch die Zeitungen bekanntmachen: daß sie ohne ihr Wissen in andere Umstände gekommen sei, daß der Vater zu dem Kinde, das sie gebären würde, sich melden solle; und daß sie aus Familien-Rücksichten entschlossen wäre, ihn zu heiraten."

Wieder ist es nicht die unerhörte Begebenheit an sich — der einmalige, individuelle Fall neigt in seiner Steigerung zum Komischen — wieder ist es ein tragischer Konflikt, der Kleist erregt. Das Geheimnis der unbewußten Empfängnis wird ihm zum Symbol unseres geheimnis- und rätselvollen Daseins. „Dieses rätselhafte Ding, das wir besitzen, wir wissen nicht von wem, das uns fortführt, wir wissen nicht wohin, das unser Eigentum ist, wir wissen nicht, ob wir darüber schalten dürfen... ein Ding, wie ein Widerspruch, flach und tief, öde und reich, würdig und verächtlich, vieldeutig und unergründlich." (1801 an Wilhelmine.) Gibt es ein größeres Symbol von der Geheimnistiefe und rätselvollen Herkunft alles Daseins als eine Mutter, die in ihrem Schoße Leben fühlt, dessen Entstehung sie nicht begreift? Die in sich selber wie in einen Abgrund hineinhorcht und der anklagenden Umwelt nur das tragische Wort Sylvesters zurufen kann: „Ich bin dir wohl ein Rätsel? — Nun tröste dich; Gott ist es mir."

Nur indem die Marquise in tragischer Bewußtheit ihren Einzelfall im Zusammenhang der Welt begreift, vermag sie ihn rein und groß zu tragen und erhaben zu überwinden: „Ihr Verstand, stark genug, in ihrer sonderbaren Lage nicht zu reißen, gab sich ganz unter der großen, heiligen und unerklärlichen Einrichtung der Welt gefangen. Sie sah die Unmöglichkeit ein, ihre Familie von ihrer Unschuld zu überzeugen, begriff, daß sie sich darüber trösten müsse, falls sie nicht untergehen wolle, und wenige Tage nur waren nach ihrer Ankunft in B... verflossen, als der Schmerz ganz und gar dem heldenmütigen Vorsatz Platz machte, sich mit Stolz gegen die Anfälle der Welt zu rüsten."

Diese Mutter wird zum reinen, hohen Urbild des tragischen Helden, der mitten durch die Rätsel, Kämpfe und Schrecken des Lebens unbeirrt, demütig-stolz seinen Weg erkennt. Hier geht ein Mensch gegen Eltern und Bruder, gegen Arzt und Gesellschaft, ja gegen Menschheit und Natur einsam im Bewußtsein seiner Reinheit, und behauptet sich in dieser Weltverlassenheit nicht nur im Gefühl, auch in Tat und Handlung, nicht nur in sich selbst, auch in der selbstlosesten, heiligsten Sorge um das künftige Kind, das ihr nur Schande und Leiden mitbringt. Amor fati: „Sie beschloß, sich ganz in ihr Innerstes zurückzuziehen, sich mit ausschließendem Eifer der Erziehung ihrer beiden Kinder zu widmen, und des Geschenks, das ihr Gott mit dem dritten gemacht hatte, mit voller mütterlicher Liebe zu pflegen."

Und wenn sich der Vater ihres Kindes meldet, wenn derselbe russische Offizier, der sie bei der Erstürmung ihres Forts einer geilen Soldateska rettend entrissen, sie gleich darauf in der Ohnmacht mißbraucht hat, wenn er in jäh aufflammender Liebe, die in stetem Verzichten und Sich-

Bezwingen ihre Kraft und Tiefe bewährt, endlich ihre eigene Liebe geweckt und nun durch das Bekenntnis seiner Tat furchtbar zerstört hat, dann verzeiht sie schließlich seiner unabläſſigen Reue und Liebe „um der gebrechlichen Einrichtung der Welt willen". Aus den Tiefen ihres tragiſchen Wiſſens und Leidens steigt strahlend die tragiſche Liebe und Güte, die uns zur göttlichen Einheit zurückführt.

Die Hermannsschlacht

In Blut und Überlieferung war Kleist seinem Heimat-
staate, dem Staate Friedrichs des Großen, ganz anders
verbunden als Goethe der kleinen, unselbständigen Reichs-
stadt Frankfurt oder Schiller dem Despotenländchen Karl
Eugens. Friedrich hatte dem preußischen Namen in he-
roischen Kämpfen die Achtung Europas erzwungen. In
seiner Persönlichkeit war ganz Deutschland und nicht zum
wenigsten der deutschen Dichtung ein Nationalheld geworden, der den wirklichkeitsfremden deutschen Geist zuerst
wieder ins handelnde Leben zurückführte. Kleists eigener
Vorfahr, Christian Ewald von Kleist, hatte zu den Sän-
gern Friedrichs des Großen gehört und in der Schlacht
bei Kunersdorf sein Lied mit seinem Blute bezahlt. Auch
Kleists Vater hatte als Offizier den Siebenjährigen Krieg
mitgemacht. Achtzehn preußische Generäle waren Kleists
Geschlecht entwachsen. Wenn es vom brandenburgisch-preu-
ßischen Adel insgemein gesagt werden konnte, so galt es
besonders vom Geschlechte derer von Kleist, daß der preußische Adel auf den Schlachtfeldern Friedrichs des Großen
aus einem bloß sozialen und in politischer Hinsicht egoisti-
schen Stand zu etwas wie einem nationalen Stand geworden war.

Aber der Dichter in Kleist hatte den Offizier und seine
Überlieferung früh verleugnet. Früh war Kleist in jene
geistige Gemeinschaft der Schriftsteller und Gelehrten hin-
ausgetreten, die in freier Weltbürgerlichkeit außerhalb des

Staates lebte. Er war den Weg Goethes, Schillers, Humboldts gegangen; die Entwicklung der Persönlichkeit, die höchste Ausbildung seiner wissenschaftlichen und künstlerischen Kräfte war sein einziges Ziel gewesen. Die Trennung des persönlichen und staatlichen, des geistigen und politischen Lebens war ihm so natürlich geworden, wie sie dem idealistischen Individualismus Goethes und Schillers natürlich war:

Zur Nation zu bilden, ihr hofft es Deutsche vergebens.
Bildet, ihr könnt es, dafür freier zu Menschen euch aus!
(Goethe.)

„Deutschland ist nichts, aber jeder einzelne Deutsche ist viel... Verpflanzt und zerstreut wie die Juden in alle Welt müssen die Deutschen werden, um die Masse des Guten ganz und zum Heile aller Nationen zu entwickeln, die in ihnen liegt" (Goethe 1808). „Abgesondert von dem Politischen hat der Deutsche sich einen eigenen Wert gegründet, und wenn auch das Imperium unterginge, so bliebe die deutsche Würde unangefochten. Sie ist eine sittliche Größe, sie wohnt in der Kultur und im Charakter der Nation, der von ihren politischen Schicksalen unabhängig ist. Indem das politische Reich wankt, hat sich das geistige immer fester und vollkommener gebildet" (Schiller 1797).

Streben und Ringen Kleists um seine künstlerische Persönlichkeit überwölbte nur eines: der tragische Himmel seiner Weltanschauung. Dazwischen war kein Platz gewesen für die Mittel-Mächte des geschichtlichen Lebens, den wirklichen Staat und die wirkliche Gesellschaft.

Was ihm in seiner positiven Bedeutung fremd blieb, wurde ihm negativ nähergebracht, als er Frankreich durch-

reiste. Schon von Straßburg aus schrieb er an Wilhel=
mine: „Es ist mir, als ob sich mein Herz vor der Stadt,
die ich betreten soll [Paris], sträubte. Noch habe ich von
den Franzosen nichts als ihre Greuel und ihre Laster ken=
nen gelernt. — Und die Toren werden denken, man komme
nach Paris, um ihre Sitten abzulernen." Sein Gegensatz
zum französischen Nationalcharakter wird Kleist in Paris
peinlich fühlbar: „Eine ganz rasende Sucht nach Vergnü=
gungen verfolgt die Franzosen und treibt sie von einem
Orte zum andern. Sie ziehen den ganzen Tag mit allen
ihren Sinnen auf die Jagd, den Genuß zu fangen, und
kehren nicht eher heim, als bis die Jagdtasche bis zum Ekel
angefüllt ist." Mit Widerwillen und Spott berichtet er
von der Unwürdigkeit der französischen Feste, Moden, Ge=
spräche, von der „matten, faden, stinkenden Stadt". Sein
Ekel löst sich im Vernichtungsurteil: „Sie sind dem Unter=
gang näher als irgendeine europäische Nation."

Aufatmend eilt er aus dieser zersetzten Überkultur in die
erhabene Ursprünglichkeit der Schweizer Berge, dort sich
einen Bauernhof zu kaufen und „im eigentlichsten Ver=
stande ein Bauer zu werden". Aber das ihm verhaßte
Franzosentum folgt ihm und bedroht seine Pläne. Fran=
zösische Truppen haben sich in die politischen Kämpfe der
Kantone gemischt, schon sind Genf und andere Teile der
alten Eidgenossenschaft der französischen Republik einver=
leibt. „Es sind," schreibt Kleist aus Thun, „bereits Fran=
zosen hier eingerückt, und nicht ohne Bitterkeit habe ich
ihrem Einzug beigewohnt." „Es hatte allen Anschein, daß
die Schweiz sowie Cisalpinien französisch werden wird, und
mich ekelt vor dem bloßen Gedanken." „Mich erschreckt die

bloße Möglichkeit, statt eines Schweizerbürgers durch eines Taschenspielers Kunstgriff ein Franzose zu werden." Und schon verkörpert sich ihm alles Widerwärtige und Hassenswerte der Franzosen, dieser „Affen der Vernunft", in der Person des „Aller-Welts-Consuls", Napoleons.

Dann reißen ihn die Wirbel seiner Entwicklung in einsam-persönliche, der Wirklichkeit entrückte Kämpfe; die Neutralität Norddeutschlands läßt ihn der Napoleonischen Kriege vergessen, bis Napoleon im September 1805 die Neutralität Preußens bricht, bis am 2. Dezember 1805 die Schlacht bei Austerlitz Rußland und Österreich niederschlägt und Preußen zu dem schmählichen Vertrag von Schönbrunn drängt. Da fühlt Kleist aufs neue sein und seines Volkes Wesen und Freiheit durch den geraden Wesensgegensatz dieses Volkes bedroht. Früher denn viele Politiker erkennt er die entscheidende Stunde und verlangt die entscheidende Tat. Schon hier ist die wilde Leidenschaft der Hermannsschlacht, die Unbedingtheit ihres Hasses und Opferwillens, Wort geworden: „Warum hat der König nicht gleich, bei Gelegenheit des Durchbruchs der Franzosen durch das Fränkische seine Stände zusammenberufen, warum ihnen nicht in einer rührenden Rede (der bloße Schmerz hätte ihn rührend gemacht) seine Lage eröffnet. Wenn er es bloß ihrem eigenen Ehrgefühl anheim gestellt hätte, ob sie von einem gemißhandelten Könige regiert sein wollen oder nicht, würde sich nicht etwas von Nationalgeist bei ihnen geregt haben? Und wenn sich diese Regung gezeigt hätte, wäre dies nicht die Gelegenheit gewesen, ihnen zu erklären, daß es hier gar nicht auf einen gemeinen Krieg ankomme. Es gelte Sein oder Nichtsein; und wenn er seine

Armee nicht um 30000 Mann vermehren könne, so bliebe ihm nichts übrig, als bloß ehrenvoll zu sterben. Meinst Du nicht, daß eine solche Erschaffung hätte zustande kommen können? Wenn er alle seine goldenen und silbernen Geschirre hätte prägen lassen, seine Kammerherrn und Pferde abgeschafft hätte, seine ganze Familie ihm darin gefolgt wäre, und er nach diesem Beispiel gefragt hätte, was die Nation zu tun willens sei — — Die Zeit scheint eine neue Ordnung der Dinge herbeiführen zu wollen, und wir werden davon nichts als bloß den Umsturz der alten erleben. Es wird sich aus dem ganzen kultivierten Teil von Europa ein einziges großes System von Reichen bilden, und die Throne mit neuen, von Frankreich abhängigen Fürsten-Dynastien besetzt werden. Aus dem Österreichischen, bin ich gewiß, geht dieser glückgekrönte Abenteurer, falls ihm nur das Glück treu bleibt, nicht wieder heraus. — — Warum sich nur nicht Einer findet, der diesem bösen Geiste der Welt die Kugel durch den Kopf jagt? Ich möchte wissen, was so ein Emigrant zu tun hat."

Dreiviertel Jahr nach dieser dunklen Prophezeiung, nach der Unglücks-Schlacht bei Jena, muß Kleist der Schwester schreiben: „Wie schrecklich sind diese Zeiten!... Wie sehr hat sich alles bestätigt, was wir vor einem Jahr schon voraussahen." Wieder lodert sein unbedingter Haß: „Es wäre schrecklich, wenn dieser Wüterich sein Reich gründete. Nur ein sehr kleiner Teil der Menschen begreift, was für ein Verderben es ist, unter seine Herrschaft zu kommen." Und nun das erste Aufblitzen der Idee zur Hermannsschlacht: „Wir sind die unterjochten Völker der Römer."

In der Schlußarbeit am Zerbrochenen Krug gibt sein

übervolles Herz Eva die — dort wenig passenden — vaterländischen Worte in den Mund:

> Wohl uns, daß wir was Heil'ges, jeglicher,
> Wir freien Niederländer, in der Brust,
> Des Streites wert bewahren: so gebe jeder denn
> Die Brust auch her, es zu verteidigen.
> Müßt' er dem Feind im Treffen selbst begegnen,
> Ich spräche noch: Zieh hin und Gott mit dir.

Aber noch denkt er nicht daran, daß Worte Taten werden können, daß er sich an die Spitze einer vaterländischen
Bewegung stellen, mit den Waffen der Dichtung fechten
und führen könnte. Mitten im Ringen um seine größte
Tragödie, Penthesilea, lebt er in der zeitlosen, überwirk-
lichen Welt, zaudert er nicht, Königsberg zu verlassen und
— literarischer Beziehungen halber — die Hauptstadt des
Fürsten aufzusuchen, der in der Ergebenheit gegen Napoleon, in der Verleugnung deutscher Gesinnung allen voran-
geht. Auf dem Wege nach Dresden aber greift Napoleons
Willkür unmittelbar in seine Freiheit ein und schleppt ihn
nach Joux, „den gemeinsten Verbrechern gleich, in ein un-
terirdisches Gefängnis". „Ein natürlicher Widerwille" gegen die Franzosen, der ihn stets „schon von ihnen entfernt",
wird „noch durch die Behandlung, die wir jetzt erfahren,
vermehrt".

Die Heimkehr führt ihn nach Dresden, an die Seite
Adam Müllers. Durch ihn vor allem wird Kleists Fran-
zosenhaß die positive Ergänzung gegeben: Das bewußte
Verständnis für die weltanschauliche, metaphysische Bedeutung des Staates und der Nation. Kleist fühlte sich Müller nicht nur persönlich verbunden als dem Mitarbeiter und

Freunde, der zuerst begeistert für seine Dichtung eintrat.
Er empfand ihn als einen „außerordentlichen Geist", der
wie wenige für den Aufbau des preußischen Staates bedeutsam werden könnte. Dem Finanzminister Freiherrn
von Stein zum Altenstein empfiehlt er ihn am 1. Januar
1809 mit den Worten: „... so wüßte ich nicht, wie ich das
unauslöschliche Bestreben, dem Vaterlande, auch außer dem
Dichterkreise, der mir verzeichnet ist, noch nützlich zu sein,
besser betätigen könnte, als dadurch, daß ich Ew. Exzellenz
diesen Mann zu empfehlen wage."

Im Winter 1808/09 hielt Müller vor einer Versamm-
lung von Staatsmännern und Diplomaten seine Vorlesungen über „Die Elemente der Staatskunst", die 1809 in
drei Bänden erschienen, die ihn schon bei Kleists Ankunft
beschäftigten. „Das Buch ist eins von denen, welche die
Störrigkeit der Zeit, die sie einengt, nur langsam wie eine
Wurzel den Felsen sprengen können; nicht par explosion,"
schreibt Kleist 1811 an Fouqué. Angeregt durch Gentz und
gleich ihm durch Edmund Burkes „Betrachtungen über die
französische Revolution", im Zusammenhang mit Ideen
von Novalis und Friedrich Schlegel, gelangte Müller zu
einer tieferen Würdigung des Staatslebens: seine irra-
tionellen Bestandteile, die Macht der Tradition, der Sitte,
des Instinkts wurden ihm offenbar. Gegenüber dem
18. Jahrhundert, das im Staat einen rationalen Zweck-
verband sah („Ein Staat" — schreibt Kleist aus Paris —
„kennt keinen andern Vorteil, als den er nach Prozenten
berechnen kann"), gegenüber Wilhelm von Humboldt und
Schiller, die den Rechts=Polizei= und Handelsstaat zwar
zum Kulturstaat erhöhten, aber doch das Primat des In-

dividuums vor Staat und Nation behaupteten, gegenüber
Fichte, dessen Staat selbst in den „Reden an die deutsche
Nation" mehr aufgegeben als gegeben war, ein überwirk-
licher Idealstaat, ging Müller vom historisch gegebenen,
wirklichen Staate aus, von der Unergründlichkeit und
Mannigfaltigkeit seiner Kräfte, der Einheit in der Mannigfaltigkeit: „Der Staat ist nicht eine bloße Manufaktur,
Meierei, Assekuranz-Anstalt oder merkantilische Sozietät;
er ist die innige Verbindung der gesamten physischen und
geistigen Bedürfnisse, des gesamten physischen und geistigen Reichtums, des gesamten inneren und äußeren Lebens
einer Nation zu einem großen, energischen, unendlich bewegten und lebendigen Ganzen." Dies Ganze ist mehr
als die Summe seiner Teile, es ist ein Organismus, eine
Kollektiv-Persönlichkeit. Der Staat ist „ein großes, all-
die kleinen Individuen umfassendes Individuum ... ein erhabener und vollständiger Mensch". Das individuelle Dasein wird so zum Teil und Glied des Ganzen, darin die
Mächte der vergangenen und gegenwärtigen Generation sich
durchdringen, darin das einzelne und das gegenwärtige Dasein beschränkt werden durch das überpersönliche und vergangene. Der Mensch ist das „vielarmige, nach allen Seiten in die Natur eingesponnene, an tausend physischen und
moralischen Fäden mit Vorzeit und Nachwelt zusammen-
hängende Wesen". Das Volk ist „die erhabene Gemeinschaft einer langen Reihe von vergangenen, jetzt lebenden
und noch kommenden Geschlechtern, die alle in einem großen innigen Verbande zu Leben und Tod zusammenhängen".
Jede dieser Staats-Persönlichkeiten hat — gleich der Einzelpersönlichkeit — ihre besondere, unersetzliche Bestim-

mung, ihre Würde und Freiheit. Und ihre Zerstörung oder
Behauptung ist keine bloße Machtfrage der äußeren Politik, ist eine Frage der metaphysischen Würde und Freiheit, eine Frage im Weltenplan Gottes.

Diese hohe, von Müller leidenschaftlich erlebte und ver-
tretene Staatsauffassung verband sich dem Blut- und Tra-
ditionszusammenhang von Kleists Geschlecht und seinem
wilden Franzosen- und Napoleons-Haß. Seine größte tragische Aufgabe war erfüllt: in der Penthesilea hatte er sich
vor der Ewigkeit gerechtfertigt, in der Käthchen-Romanze
von ihren zerrüttenden Spannungen sich zurückgefunden.
Er konnte die Unbedingtheit seines Wesens ganz der Not
des Vaterlandes hingeben, „sich — wie er im Frühjahr
1809 schreibt — mit seinem ganzen Gewicht, so schwer oder
leicht es sein mag, in die Wage der Zeit werfen".

Anders als Wielands „Merkur" oder Schillers „Horen", deren Ziel war, „eine sonntägliche Retraite zu sein,
wo man das wirkliche Leben und alles politische Kreuz der
Zeitumstände eine Weile vergessen sollte" (Müller an
Gentz), hatte schon der „Phoebus" das Idealische und Rea-
lische verbinden, Dichtung, ästhetische Erziehung und politische Richtlinien geben sollen. „Eine Trennung der sogenannten heiteren Kunst von dem ernsten Leben" schien
Müller schlaff. „Meine Ansicht der Welt ist eine ganze
und vollständige." Schon 1805 hatte er in seinen Dresdener Vorlesungen „Über die deutsche Wissenschaft und
Literatur" erklärt: „Die Kunst werdet ihr nicht eher im
Fortschreiten erblicken, ehe ihr euch nicht um das Fortschreiten des politischen Lebens des Landes, in dessen Sprache ihr
dichtet, bekümmert, ehe euch sein Gedeihen nicht am Herzen

liegt, wie dem Hans Sachs das Gedeihen von Nürnberg und den griechischen Tragikern das Wohl des athenischen Gemeinwesens." „Die Poesie" — hatte er im „Phoebus" geschrieben — „ist eine kriegführende Macht, bei allen großen Welthändeln zugegen."

In Österreich war Gentz der journalistische Wortführer einer Kriegspartei, die alle deutschen Elemente sammeln und zu einer großen Erhebung gegen das napoleonische Joch entflammen wollte, in Dresden war der Kreis Adam Müllers, das Haus des Kleist befreundeten österreichischen Gesandten v. Buol ein Mittelpunkt der Nationalgesinnten. Spaniens Freiheitskampf schien das verheißungsvolle Vorbild der Nationen, der Beginn von Napoleons Niedergang.

So trat Kleist aus der Zeitlosigkeit seiner tragischen Weltanschauung heraus, unter die Kriegführer des Geistes, Arndt, Fichte, Goerres, ja — näher als er wußte — auch Stein, Scharnhorst, Gneisenau zur Seite. Die Hermanns-schlacht sollte das deutsche Volk zum Befreiungskampf aufrufen und den Weg zur Befreiung zeigen.

Klopstocks „Hermanns-Schlacht" gab Kleist die literarische Anregung. Die früheren Bearbeitungen des Stoffes sind ihm schwerlich bekannt geworden, weder Ulrichs von Hutten lateinischer Dialog „Arminius" (1520—22), noch Caspar von Lohensteins Roman-Kompendium „Großmüthiger Feldherr Arminius oder Herrmann als ein tapferer Beschirmer der deutschen Freiheit, nebst seiner durchlauchtigen Thusnelda usw." (1639), noch Johann Elias Schlegels „Herrmann"-Drama (1741), noch Justus Mösers Trauerspiel „Arminius" (1749), noch C. H. von Ahrenhoffs Trauerspiele in Alexandrinern „Hermanns Tod" (1768) und „Hermann und Thusnelde" (1769). Doch ist bedeutsam, daß in den meisten dieser Werke den altgermanischen Freiheitskampf das Vaterlandsgefühl der Gegenwart durchblitzt und sich gegen den deutschen Erbfeind wendet, bei Hutten gegen das päpstliche Rom, seit Lohenstein gegen Frankreich. Klopstocks „Herrmanns-Schlacht", durch „Herrmann und die Fürsten" sowie „Herrmanns Tod" zur Trilogie geweitet, nennt sich ein Bardiet, und erschöpft sich in der vaterländischen Empfindungsseligkeit der Skalden- und Bardengesänge, die Klopstock mit Gerstenberg und Kretschmann auch in die Lyrik einführt. Zu Gestalten und Handlungen bringt er hier ebensowenig vor wie im Messias. Seine Anmerkungen aus Tacitus, Florus, Vellejus Paterculus, Dio Cassius vermitteln Kleist neben irgendeinem Kompendium die historischen Quellen.

Unter dem Bilde des altgermanischen Kampfes sollte der Kampf der Zeit heraufgeführt und ausgefochten werden. Und Kleist hebt ihn in die Sphäre seiner Unbedingtheit. Wie sonst im Drama zwei Einzel-Persönlichkeiten, so stehen hier zwei Staats-Persönlichkeiten sich in tragischem Kampf gegenüber. Gegen das dämonische Unmaß und die Überheblichkeit der römisch-französischen steht die metaphysische Eigenheit, Würde und Freiheit der deutschen Staats- und Volks-Persönlichkeit — verachtet, erniedert, zu Tode bedroht:

> Was ist der Deutsche in der Römer Augen?
> — Eine Bestie,
> Die auf vier Füßen in den Wäldern läuft!
> Ein Tier, das, wo der Jäger es erschaut,

Just einen Pfeilschuß wert, mehr nicht,
Und ausgeweidet und gepelzt dann wird!

In grauenvoller Steigerung wird diese Schändung germanischer Volks- und Menschenwürde im Drama dargestellt. Raub und Brand zeichnen den Weg der römischen Truppen, einer stillenden Wöchnerin wird das Kind von der Brust gerissen und des Kindes Schädel an der Mutter Schädel eingeschlagen, eine tausendjährige, heilige Eiche wird gefällt, eine Ubierin auf offener Straße niedergeworfen, der Zähne und des goldnen Haars beraubt, und — der Greuel entsetzlichster! — eine Jungfrau wird von „einer ganzen Meute von geilen Römern" vergewaltigt.

Alle Empörung scheint aussichtslos. Schon droht die militärische und diplomatische Überlegenheit der Römer (ihr genial genutzter Wahlspruch „Teile und herrsche"), sowie die Uneinigkeit und Selbstsucht deutscher Fürsten das deutsche Volk rettungslos zu unterjochen und vernichten. Mit einer Gebärde der Verzweiflung beginnt das Drama: ein deutscher Fürst wirft sich zu Boden nieder. Und aus seiner Gebärde schreit das hoffnungslose Wort: „Es ist umsonst, wir sind verloren!" Nacheinander hat Roms Weltmacht die Völker der Erde niedergetreten, nacheinander die deutschen Stämme zerstückt und zertrümmert. Sterbend nur wehrt der Friese sich noch, der Ubier ist treulos abgefallen, andere Fürsten zerfleischen verblendet sich untereinander, indes Rom ihre Zwistigkeiten verräterisch zu seinem Vorteil nährt. Und Hermann, der Cherusker, Germaniens letzte Hoffnung, scheint in Jagd und Gelagen die deutsche Not zu vergessen.

In diese hilflosen Klagen bricht Hermanns Wort. Wie

in Robert Guiskard, wie in Penthesilea und Achill, ist in ihm sein ganzes Volk verkörpert und erhöht; nicht ein einzelner deutscher Stamm nur, die ganze deutsche Volks- und Staatspersönlichkeit lebt in ihm, nur in ihm, und drängt durch ihn zur freien Wirklichkeit. Mit jäher Wucht reißt er die Beratung in die Höhe seiner tragischen Unbedingtheit. Gewiß, er kann, er darf sein Volk nicht preisgeben. Er will einen Krieg „entflammen, der in Deutschland rasselnd — Gleich einem dürren Walde um sich greifen — Und auf zum Himmel lodernd schlagen soll!" Aber es sind metaphysische Güter, die zur Entscheidung stehen: die Würde und Freiheit des deutschen Volkes. Und im Metaphysischen nur können sie jetzt noch ausgefochten werden: Nur wenn alles Irdische geopfert, Haus, Herden und Heimat hingegeben, der Tod als gewiß in den Willen aufgenommen wird, wenn das deutsche Volk nur noch der Träger seiner metaphysischen Idee ist, dann wird es seine Würde und Freiheit behaupten — selbst im Untergang:

> Kurz, wollt ihr, wie ich schon einmal euch sagte,
> Zusammenraffen Weib und Kind,
> Und auf der Weser rechtes Ufer bringen,
> Geschirre goldn' und silberne, die ihr
> Besitzet, schmelzen, Perlen und Juwelen
> Verkaufen oder sie verpfänden,
> Verheeren eure Fluren, eure Herden
> Erschlagen, eure Plätze niederbrennen,
> So bin ich euer Mann —.

> Wolf.

> Wie? Was?

Hermann.

Wo nicht —

Thuiskomar.

Die eignen Fluren ſollen wir verheeren —?

Dagobert.

Die Herden töten —?

Selgar.

Unſre Plätze niederbrennen —?

Hermann.

Nicht? Nicht? Ihr wollt es nicht?

Thuiskomar.

Das eben, Raſender, das iſt es ja,

Was wir in dieſem Krieg verteidigen wollen!

Hermann (abbrechend)

Nun denn, ich glaubte, eure Freiheit wär's.

So iſt der Kampf aus aller irdiſchen Bedingtheit vor Gottes Angeſicht gerückt. Die Germanen, die dieſen Sinn in ſich aufgenommen haben, ſind tragiſche Menſchen. Und die Hermannsſchlacht ſteht — wie der Prinz von Homburg — in ihrer Grundſtimmung der Tragödie nah.

Ganz in ſich aufgenommen hat dieſen Sinn des deutſchen Befreiungskampfes nur Hermann: nur das Genie vermag ſo unverhüllt in das tragiſche Antlitz der Idee zu ſehen. Und Kleiſt weiß, daß gegen ſolche Ungunſt und Übermacht, am Rande des Schickſals, nur der Schöpfergeiſt des Genius mächtig iſt, des Genius, in dem die metaphyſiſche Leidenſchaft, der ſelbſt- und rückhaltloſe Wille ſich eint mit der umfaſſendſten und durchdringendſten Kenntnis der Wirklichkeit. Hermann iſt der größte Real-Idealiſt der deutſchen Dichtung. Sein überlegener Geiſt überſieht alle Möglichkeiten in den Verhältnissen, Menschen, Geschehnissen, leitet und nützt sie unvermerkt und führt sie alle in die Richtung seines großen Plans. Vertraut mit der Unzuverlässigkeit des Menschen, mit dem Hohn des Zufalls verbirgt er diesen Plan vor allen, selbst vor Thusnelda; nur im Handeln enthüllt er ihn und keinem mehr, als er zu seiner Zeit, an seiner Stelle wissen muß. Aber wenn er alle so in seiner Hand hält, so kennt er doch auch den Opfer- und Todesmut des Genius: wo es not tut, sich und sein Werk zu wagen und einem andern in die Hand zu geben. Marbod, seinem großen Partner um die Vorherrschaft in Deutschland, ohne den die Einigung und Befreiung unmöglich ist, enthüllt er seinen ganzen Plan, als dieser noch gegen ihn gerüstet steht. Er legt ihm dar, wie die Römer auch mit ihnen das alte Spiel der Verräter spielen, wie sie den einen gegen den andern hetzen, sich ihm verbünden, um nach seinem Siege den vereinzelt Überbleibenden leicht zu vernichten. Er entdeckt ihm, daß die Römer, die Marbod auf seiner Seite gegen Hermann glaubt, sich auf die seine gegen Marbod gestellt haben und nun mit ihm zum Angriff schreiten wollen. Und er schlägt ihm vor, daß sie, die beide verraten sind, nun zu heiligen Verrätern werden, im Sumpf und Dickicht des Teutoburger Waldes die Römer zwischen sich erdrücken und die Würde und Freiheit des Vaterlandes zum Siege führen. Er gibt seine beiden Söhne dem Boten dieses Planes an Marbod zu Pfändern mit, und gibt sich selbst und seinen Plan den Römern gegenüber in Marbods Hand. So legt er kühn den letzten Entscheid in eine Seele, deren Größe er trotz allen Streites zwingend in Rechnung stellt. Und das Größte: um jedes

Hemmnis zu beseitigen, opfert er Marbods Ehrgeiz seine persönliche Freiheit, erkennt ihn als seinen königlichen Oberherrn und zahlt ihm den Tribut. Denn nicht die Freiheit und Würde seiner Persönlichkeit, nur die der deutschen Staats- und Volks-Persönlichkeit liegt ihm am Herzen.

Dieser todesmutigen Offenheit, die Marbod mit einem genialen Schlage seinen Plänen verbindet, die an der entscheidenden Stelle alles erreicht, indem sie alles aufs Spiel setzt, steht eine Verschlagenheit zur Seite, die vor dem eignen Volke den Schein des Verrates auf sich nimmt, die allen Lug und Trug der Römer dreifach überbietet. „Soll Preußen" — erklärte zur selben Zeit der Freiherr von Stein — „nicht das Recht haben, List gegen Verruchtheit und Gewalttätigkeit zu gebrauchen? Soll es dem Korsen allein erlaubt sein, an die Stelle des Rechts Willkür, der Wahrheit Lüge zu setzen?" Jetzt und gerade jetzt plante Stein, Napoleon das Bündnis wieder anzutragen, es abzuschließen und es, sowie Österreich losschlage, zu brechen. Und auch in Gneisenaus Plan zu einem allgemeinen Aufstand in Norddeutschland, jetzt, wo Österreich rüste, lodern Hermanns Ideen: Wer sich lau oder der Sache des Feindes geneigt zeige, verliere Güter und Vermögen. Die Gegend, wo der Feind vordringe, solle verödet, Frauen und Kinder an unzugängliche Orte geschafft werden. Alle deutschen Fürsten, die mit Napoleon marschieren, sollen ihrer Throne verlustig erklärt, ihre Untertanen zur Wahl würdiger Regenten aufgefordert werden. Jeder Adel, der nicht im Kriege neu verdient werde, höre auf. — So zeitlos groß hat Kleist den Typus des politischen Real-Idealisten gezeichnet, daß man Stein und Gneisenau, ja bis in Einzelheiten Bismarcks Wesen und Werk in Hermann wiederfindet.

Hermann schließt ein Scheinbündnis mit Varus. Er spielt den politisch gleichgültigen, biederen Fürsten, dessen ganzer Ehrgeiz ist, „dem Weib, das mir vermählt, der Gatte — Ein Vater meinen süßen Kindern — Und meinem Volk ein guter Fürst zu sein". Er täuscht die Römer so vollkommen, daß Ventidius auf des Varus Frage versichert: „Er ist ein Deutscher. — In einem Hämmling ist, der an der Tiber graset, — Mehr Lug und Trug, muß ich dir sagen, — Als in dem ganzen Volk, dem er gehört."

Wie aber — wird in diesem Schein-Bündnis mit Varus das ahnungslose Heer Hermanns Absicht nicht verkennen, sich den Römern anschließen und in der jäh bestimmten Stunde des Überfalles unentschieden sein? Hier wächst das Doppelspiel Hermanns zu dämonischer Größe: während er sein Heer äußerlich den Römern zuführt, führt er es innerlich stündlich empörter von ihnen fort. Jede Freveltat der römischen Soldateska läßt er aufreizend im Heere verbreiten, durch eigene Erfindungen übersteigern, er schickt Spione in Römerkleidern, auf allen Straßen, die Varus' Truppen durchziehen, zu sengen, brennen und plündern. So schürt er den Römerhaß im Heere zur immer wilderen Glut, daß er in der Stunde der Entscheidung, vor dem Kampfe mit Marbod, auflodernd sich gegen ihn selber empört und ihm den Dienst verweigert: „Es folgt zum Sturm nach Rom dir, wenn du willst — Doch in des wackern Marbod Lager nicht."

Über Heer und Volk jagt Kleist die Flamme der Empörung in die Nachbarstämme. Die Vergewaltigung der

Jungfrau „von einer ganzen Meute geiler Römer", dies grauenvollste Symbol der geschändeten Volks- und Menschenwürde, wird zum Fanal. Ein Auftritt, an Furchtbarkeit, Größe und dramatischer Wucht den größten Shakespeares ebenbürtig! Durch die Stille der Nacht gellt der Entsetzensruf eines Greises zu den schlafenden Göttern, der Unschuldsruf eines jungen Mädchens fragt verwundert in das Grauen hinein und wird von der Mutter abgelenkt, Meldung kommt von einem Römerhauptmann, der im ersten Schauder „drei dieser geilen apenin'schen Hunde gleich mit dem Schwert durchbohrt", dann erst erscheint „die Person", von zwei Cheruskern geführt, der Greis schreit auf: „Hinweg die Fackeln!" und über das „elende, schmachbedeckte Wesen", die „fußzertretene, kotgewälzte, an Brust und Haupt zertrümmerte Gestalt" wird ein großes, bergendes Tuch geworfen. Der Vater wird herbeigeholt, zwei Vettern mit ihm. Ans Tuch darf er nicht rühren, an ihren Füßen muß er sie erkennen. Einem Vetter gibt er ihre Rechte, einem die Linke, sie ziehn die Dolche: „Stirb! Werde Staub! Und über deiner Gruft — Schlag ewige Vergessenheit zusammen!" Über die verhüllte Leiche wirft sich der Vater: „Hally! Mein Einz'ges! Hab ich's recht gemacht?" — — Da erscheint Hermann. Erschüttert hört er die grauenvolle Kunde. Aber die Erschütterung des Menschen überflammt der Schöpferblitz des Genius. Auch dieser Greuel soll seinem Plane dienen! Er sammelt das Volk um sich, er ruft den Vater her:

Brich, Rabenvater, auf, und trage, mit den Vettern,
Die Jungfrau, die geschändete,
Ju einen Winkel deines Hauses hin!

Wir zählen funfzehn Stämme der Germaner;
In funfzehn Stücke, mit des Schwertes Schärfe,
Teil' ihren Leib, und schick' mit funfzehn Boten.
Ich will dir funfzehn Pferde dazu geben,
Den funfzehn Stämmen ihn Germaniens zu.
Der wird in Deutschland, dir zur Rache,
Bis auf die toten Elemente werben:
Der Sturmwind wird, die Waldungen durchsausend,
Empörung! rufen, und die See
Des Landes Rippen schlagend, Freiheit! brüllen.

Das Volk ist entfesselt: „Empörung! Rache! Freiheit!" gellt es, ohne der römischen Spione zu achten, rachdürstend trägt der Vater die Leiche ins Haus, daß sie in Stücke zerlegt werde. Und Hermann eilt zur Entscheidungsschlacht:

Jetzt hab ich nichts mehr
An diesem Ort zu tun! Germanien lodert:
Laß uns den Varus jetzt, den Stifter dieser Greuel,
Im Teutoburger Walde suchen!

So münden alle Fäden der Handlung in Hermanns Hand. Alle verknüpft und verbindet er seinem Ziele. Jedem offenen Konflikt mit den Römern beugt er vor, auch deren Taten knüpft er seinem Plane ein. Die dramatische Gegenhandlung wird dadurch bis auf die paar Schlachtszenen aufgelöst. In einer geraden Linie drängt die Handlung ihrem Ziele zu. Und nicht nur die äußere, auch die innere Gegenhandlung fehlt. Hermann hat keinen inneren Konflikt durchzukämpfen. Er ist am Ende derselbe, der er anfangs war. Die tragische Entäußerung, sein innerer Verzicht auf Hab und Haus und Heimat, auf die fürstliche Selbständigkeit ist mit dem Beginn des Dramas gegeben. In fragloser Einheit und Reinheit sollte Hermann zum hinreißenden vaterländischen Vorbild werden. Diese Geradlinigkeit der inneren und äußeren Handlung ergab aber einen rein epischen Aufbau. Und der Dramatiker in Kleist begegnete dem, indem er eine Parallel-Handlung gestaltete, einen voll dramatischen Konflikt, und diese: die Thusnelda-Handlung, der Hermann-Handlung kunstvoll verknüpfte.

Der innere Konflikt, der Hermanns Gradlinigkeit fehlt, in Thusnelda wird er durchgekämpft. „Meine Thusnelda" —hat Kleist Dahlmann bedeutet — „ist brav, aber ein wenig einfältig und eitel, wie heute die Mädchen sind, denen die Franzosen imponieren; wenn solche Naturen zu sich zurückkehren, so bedürfen sie einer grimmigen Rache." Gerade Thusneldas Natur und Einfalt bleibt Roms Weltkultur nicht ohne Eindruck, da sie deren Leere nicht durchschaut. In Ventidius, dem Legaten, dem Typus des eleganten Römlings, gibt sie leise ihrer Lockung nach. Er umgarnt sie mit schönen Worten, er überschüttet sie mit Liebesschwüren. Und da sie ihn nicht schroff abweisen darf, auf Hermanns Wunsch, der ihn verblenden will in diesem Spiel, so gewinnt er langsam Raum in ihrem Herzen. Nicht, daß sie Liebe für ihn fühlte — die gehört naturhaft klar und sicher ihrem Gatten —, aber Rührung, Mitleid, Freundlichkeit, mit diesem Adelsherrn der Weltstadt, der um ihretwillen leidet. Und so bittet sie Hermann in weinendem Mitgefühl, ihn bei dem großen Morden auszunehmen und entfliehen zu lassen. Immer noch unter Tränen küßt sie dankbar Hermanns Hand, da er es zugesagt.

Aber dann übergibt er ihr den aufgefangenen Brief des Ventidius an Roms Kaiserin. Und der enthüllt ihr den Verrat und die Gemeinheit dieser Römerseele. Eine goldene Locke, die er ihr gestohlen, hat er der Kaiserin zugesandt und ihr versprochen, sobald erst Hermann falle, die ganze — in Rom so heißbegehrte — goldne Lockenflut des Hauptes ihr zu scheren. So war auch sie, die Fürstin, diesen Scham- und Maßlosen ein bloßes Mittel, ein Ding, ein Tier, dem man den Pelz schor, sich mit ihm zu schmücken! Alle zertretene Menschenwürde ihres Volkes, die geschändete Staatspersönlichkeit Germaniens reckt in ihr sich auf. Um diesen schamlosen Verräter hat sie geweint und gelitten! Sie hat ihr „Gefühl in eine Pfütze geworfen". In Blut muß sie es abwaschen.

Da Ventidius eben jetzt bei Hermanns Abmarsch Thusneldas Dienerin beschwört, ihm für die Nacht eine Zusammenkunft mit der Herrin zu ermöglichen, im niedrig-frevlen Glauben, er könne in der ersten freien Nacht die Gattin Hermanns seinen geilen Lüsten dienstbar machen, läßt sie ihm sagen: ja, im mondbeglänzten Park werde die Landesfürstin seiner warten. Will er sie wie ein Tier erniedern und mißbrauchen, so soll er ein Tier finden: eine hungrige Bärin, die Fürstin der germanischen Wälder, soll seiner harren. Sie selber schließt ihm, als die Dienerin zurückbebt, in der Maske der Dienerin das Gitter des Parkes auf, wirft es hinter ihm zu und zieht den Schlüssel ab. Und da er in Todesangst aufschreit, höhnt ihre geschändete Menschenwürde:

Die Fürstin ist's,

Von deren Haupt, der Livia zur Probe,

Du jüngst die seidne Locke abgelöst!
Laß den Moment, dir günstig, nicht entschlüpfen,
Und ganz die Stirn jetzt schmeichelnd scher ihr ab!

— — —

Ach, wie die Borsten, Liebster, schwarz und starr
Der Livia, deiner Kaiserin, werden stehn!
Noch in sein letztes Röcheln und Flehen gellt ihr Zuruf:
Sag ihr, daß du sie liebst, Ventidius,
So hält sie still und schenkt die Locken dir!
Dann wirft sie den Schlüssel weg und fällt in Ohnmacht.
Die wilde Ekstase ihrer Rache hat sie über die Grenzen
ihrer Kraft und ihres Wesens hinausgetrieben.

Im Mittelpunkt des fünften Aktes steht dieser Auftritt,
indes die Hermannsschlacht geschlagen wird. Er ist das dra=
matische Symbol dieser Schlacht, die der Bühne unzugäng=
lich bleibt. In Ventidius wird die römische Staatspersön=
lichkeit niedergeworfen, in Thusnelda triumphiert, gerei=
nigt und gerächt, die Würde und Freiheit des deutschen
Volkes.

Über Tod und Untergang aber, aus Freiheit und Würde
hebt sich die Idee der deutschen Einheit, die deutsche
Staatspersönlichkeit in ihrer großen heiligen Gewalt.

Am 1. Januar 1809 schickt Kleist die Hermannsschlacht
an Joseph v. Collin nach Wien, damit er sie dort zur Auf=
führung vorschlage. Nur in Österreich, das eben jetzt gegen
Napoleon rüstet, ist an eine Aufführung zu denken. Und
eben dorther soll sie zum Feuerzeichen werden, das seinen
Schein in alle deutschen Herzen werfe. Kleist, ohne Ant=
wort, fragt am 22. Februar aufs neue an. Das Stück sei
für den Augenblick berechnet. Am 20. April — inzwischen

ist Österreichs Kriegserklärung erfolgt — fragt er zum dritten Mal: „Wie steht's, mein teuerster Freund, mit der Hermannsschlacht? Sie können leicht denken, wie sehr mir die Aufführung dieses Stücks, das einzig und allein auf diesen Augenblick berechnet war, am Herzen liegt. Schreiben Sie mir bald: es wird gegeben; jede Bedingung ist mir gleichgültig; ich schenke es den Deutschen; machen Sie nur, daß es gegeben wird." Das Drama blieb liegen, bis im Juli die Niederlage von Wagram und der Waffenstillstand von Znaim den Krieg beendeten und die Aufführung unmöglich machten. Nun fand es „wegen seiner Beziehung auf die Zeit" nicht nur keine Bühne, sondern auch keinen Verleger mehr. Erst 1821 in Tiecks Ausgabe der Hinterlassenen Schriften wurde es gedruckt, erst 1860 und zur Gedenkfeier der Leipziger Völkerschlacht 1863 in verschiedenen Städten aufgeführt.

Prinz Friedrich von Homburg

Am 27. März 1809 erklärte Österreich Napoleon den Krieg. Erzherzog Karl erließ bei seinem Einrücken in Bayern einen von Friedrich Schlegel verfaßten Aufruf an sein Heer: „Die Freiheit Europas hat sich unter Eure Fahnen geflüchtet, Eure Siege werden ihre Fesseln lösen, und Eure deutschen Brüder, jetzt noch in feindlichen Reihen, harren auf ihre Erlösung... Wir kämpfen, um die Selbständigkeit der österreichischen Monarchie zu behaupten, um Deutschland die Unabhängigkeit und Nationalehre wieder zu verschaffen, die ihm gebühren. Dieselben Anmaßungen, die uns jetzt bedrohen, haben Deutschland bereits gebeugt. Unser Widerstand ist seine letzte Stütze zur Rettung; unsere Sache ist die Sache Deutschlands."

Das war aus Kleists Seele gesprochen. Seit Monaten hatte er auf diesen Krieg gewartet. Nun warf er alle Hoffnung und Leidenschaft hinein. In flammenden Schlachtgesängen brach die wilde Glut seiner Seele durch. Im Rhythmus und Chor von Schillers „Lied an die Freude" sang „Germania an ihre Kinder" den Ruf zur Auferstehung und zur Rache:

> Die des Maines Regionen,
> Die der Elbe heitre Aun,
> Die der Donau Strand bewohnen,
> Die das Odertal bebaun,
> Aus des Rheines Laubensitzen,
> Von dem duft'gen Mittelmeer,

Von der Riesenberge Spitzen,
Von der Ost- und Nordsee her!
Horchet! — Durch die Nacht, ihr Brüder,
Welch ein Donnerruf hernieder?
Stehst du auf, Germania?
Ist der Tag der Rache da? — — —
Zu den Waffen! Zu den Waffen!
Was die Hände blindlings raffen!
Mit dem Spieße, mit dem Stab,
Strömt ins Tal der Schlacht hinab! — — —
Wer, in unzählbaren Wunden,
Jener Fremden Hohn empfunden,
Brüder, wer ein deutscher Mann,
Schließe diesem Kampf sich an!
Alle Triften, alle Stätten
Färbt mit ihren Knochen weiß;
Welchen Rab' und Fuchs verschmähten,
Gebet ihn den Fischen preis;
Dämmt den Rhein mit ihren Leichen;
Laßt, gestäuft von ihrem Bein,
Schäumend um die Pfalz ihn weichen,
Und ihn dann die Grenze sein!
Eine Lustjagd, wie wenn Schützen
Auf die Spur dem Wolfe sitzen!
Schlagt ihn tot! Das Weltgericht
Fragt euch nach den Gründen nicht!
Nicht die Flur ist's, die zertreten
Unter ihren Rossen sinkt;
Nicht der Mond, der in den Städten
Aus den öden Fenstern blinkt;

Nicht das Weib, das mit Gewimmer
Ihrem Todeskuß erliegt,
Und zum Lohn beim Morgenschimmer
Auf den Schutt der Vorstadt fliegt! — — —
Höh'rem als der Erde Gut
Schwillt an diesem Tag das Blut!
Rettung von dem Joch der Knechte,
Das, aus Eisenerz geprägt,
Eines Höllensohnes Rechte
Über unsern Nacken legt! — — —
Frei auf deutschem Grunde walten
Laßt uns nach dem Brauch der Alten,
Seines Segens selbst uns freun:
Oder unser Grab ihn sein!

Die wilde, tragische Unbedingtheit der Hermannsschlacht, metaphysische Leidenschaft rast durch diese Strophen (und hebt sie über die ganze Lyrik der Befreiungskriege), rast durch alle Kriegslieder dieser Monate. Dem Erzherzog Karl ruft Kleist, „als der Krieg im März 1809 auszubrechen zögerte", zu:

Nicht der Sieg ist's, den der Deutsche fodert,
Hilflos, wie er schon am Abgrund steht;
Wenn der Kampf nur fackelgleich entlodert,
Wert der Leiche, die zu Grabe geht.

Den König von Preußen mahnt er „zur Feier seiner Rückkehr nach Berlin", die damals erwartet wurde, aber erst am 23. Dezember 1809 erfolgte (man denkt an Moskaus Schicksal):

Und müßt auch selbst noch auf der Hauptstadt Türmen
Der Kampf sich für das heil'ge Recht erneun:

Sie sind gebaut, o Herr, wie hell sie blinken,
Für beßre Güter in den Staub zu sinken.

Erzherzog Karl rückte in München ein, Tirol begann seinen ruhmreichen Aufstand, der sächsische Hof suchte in Frankfurt a. M. Sicherheit. Napoleon trieb in fünf Gefechten von Donauwörth bis Regensburg den Erzherzog nach Böhmen zurück. Kleist drängte es, sich „in den Strom der Begebenheiten hineinzuwerfen". Am 28. April brach er mit dem Historiker Friedrich Dahlmann, in dem er einen Freund und Gesinnungsgenossen gefunden, aus Dresden auf, um zu Fuß über Prag nach Wien zu wandern. In Stockerau ereilte sie die Nachricht des nahen Sieges bei Aspern am 21. und 22. Mai. Zum erstenmal war Napoleon, von Erzherzog Karl, in offener Feldschlacht geschlagen worden. Kleist jubelte dem Überwinder des „Unüberwindlichen" zu. „Nun zweifle ich keinen Augenblick mehr" — schreibt er aus Stockerau — „daß der König von Preußen und mit ihm das ganze Norddeutschland losbricht, und so ein Krieg entsteht, wie er der großen Sache, die es gilt, würdig ist." Schon am 22. und 23. Mai besuchte Kleist mit Dahlmann die Schlachtfelder von Groß-Enzersdorf, Aspern und Wagran. Und es gehört zur tragischen Ironie von Kleists Schicksal, daß sie durch die harmlose Frage Dahlmanns an einen Bauern, ob die Franzosen eine Brücke über die Lobau gehabt hätten, oder ob man den schmalen Arm durchwaten könne, als französische Spione verdächtigt und ins Hauptquartier abgeführt wurden.

Da Wien von Napoleon besetzt war, kehrten die Freunde nach Prag zurück. Sie fanden Beziehungen zur Prager Aristokratie. Im Hause des Stadthauptmanns, des Gra-

fen Kolowrat, las Kleist politische Aufsätze vor und weckte
Anteil für den Plan eines patriotischen Wochenblattes,
„Germania", dem diese Aufsätze galten; es sollte alle deutschen Kräfte sammeln, Norddeutschland, wo der Herzog
von Braunschweig-Öls und Major Schill schon losschlu-
gen, zum Anschluß an Österreich drängen: „Jetzt oder niemals ist es Zeit, den Deutschen zu sagen, was sie ihrerseits
zu tun haben... und dieses Geschäft ist es, das wir, von
der Lust am Guten mitzuwirken, bewegt, in den Blättern
der „Germania" haben übernehmen wollen. Hoch auf den
Gipfel der Felsen soll sie sich stellen und den Schlachtge-
sang herabdonnern ins Tal! Dich, o Vaterland, will sie
singen; und deine Heiligkeit und Herrlichkeit; und welch
ein Verderben seine Wogen auf dich heranwälzt! Sie
will herabsteigen, wenn die Schlacht braust, und sich mit
hochroten Wangen unter die Streitenden mischen und ihren
Mut beleben und ihnen Unerschrockenheit und Ausdauer
und des Todes Verachtung ins Herz gießen."

Noch in Dresden war der Plan zur „Germania" gefaßt, in Dresden wohl noch der größte erhaltene Beitrag
geschrieben: „Katechismus der Deutschen, abgefaßt nach
dem Spanischen, zum Gebrauch für Kinder und Alte".
Sechzehn Kapitel handeln „Von der Liebe zum Vaterlande", „Von der Zertrümmerung des Vaterlandes",
„Vom Erzfeind", „Von der Bewunderung Napoleons",
„Von der Wiederherstellung Deutschlands", „Von der
Erziehung der Deutschen" usw. In die schlichte, karge,
strenge Holzschnitt-Technik des Katechismus ist die absolute Leidenschaft der Kleistischen Seele gepreßt. Wie im

Alten Testament gehen die Idee des Volkes und Gottes, des Feindes und des Teufels ineinander über:

Was hältst du von Napoleon, dem Korsen, dem berühmtesten Kaiser der Franzosen? — — —
Für einen verabscheuungswürdigen Menschen; für den Anfang alles Bösen und das Ende alles Guten; für einen Sünder, den anzuklagen, die Sprache der Menschen nicht hinreicht, und den Engeln einst am Jüngsten Tage der Odem vergehen wird.
Sahst du ihn je?
Niemals, mein Vater.
Wie sollst du ihn dir vorstellen?
Als einen der Hölle entstiegenen Vatermördergeist, der herumschleicht in dem Tempel der Natur und an allen Säulen rüttelt, auf welchen er gebaut ist.

Wie die Anklage eines alttestamentlichen Propheten zürnt es: Gott hat Elend und Knechtschaft über die Deutschen kommen lassen, weil sie sich überhoben ihres Scharfsinns und Witzes, weil sie der alten geheimnisvollen Kraft der Herzen vergaßen, weil sie mit unmäßiger und unedler Liebe Geld und Gut und gemächliches Leben suchten. „Um ihnen diese Güter völlig verächtlich zu machen und sie anzuregen, nach dem höheren und höchsten hinanzustreben," ließ er zu, daß ihre Hütten zerstört und ihre Felder verheert wurden. Was jeder entbehren kann, muß er hergeben für den heiligen Krieg. „Was kann der Mensch entbehren?" „Alles, bis auf Wasser und Brot, das ihn ernährt, und ein Gewand, das ihn deckt." Und wieder blitzt die Weißglut der unbedingten Forderung auf: „Wenn alles unter-

ginge, und kein Mensch, Weiber und Kinder mit einge=
rechnet, am Leben bliebe, würdeſt du den Kampf noch bil=
ligen?" „Allerdings, mein Vater." „Warum?" „Weil
es Gott lieb iſt, wenn Menſchen ihrer Freiheit wegen ſter=
ben." „Was aber iſt ihm ein Greuel?" „Wenn Sklaven
leben."

Dieſem prophetiſchen Ernſt geht in den „Satiriſchen
Briefen", im „Lehrbuch der franzöſiſchen Journaliſtik",
im „Fragment: An die Zeitgenoſſen" eine Satire zur
Seite, die aus ſchneidendem Schmerz und grimmigem Hohn
hervorgellt. Ein rheinbündiſcher Offizier, ein junges mär=
kiſches Landfräulein, ein Bürgermeiſter in einer Feſtung
treten wie ebenſoviele dramatiſche Perſonen auf, enthüllen
arglos ihre verzerrte, verräteriſche Seele, enthüllen wort=
los den wilden Spott und Zorn des Dichters. Überall iſt
die antithetiſche, dialogiſche, bauende, gliedernde Kunſt des
Dramatikers fühlbar. Und wieder reißt ein loderndes Lie=
besbekenntnis zum deutſchen Weſen den Kampf auf die
Höhen der Menſchheit: „Was gilt es in dieſem Kriege?...
Gilt es eine Provinz abzutreten, einen Anſpruch auszufech=
ten oder eine Schuldforderung geltend zu machen?... Eine
Gemeinſchaft gilt es, deren Wurzeln tauſendäſtig einer
Eiche gleich in den Boden der Zeit eingreifen; deren Wip=
fel, Tugend und Sittlichkeit überſchattend, an den ſilber=
nen Saum der Wolken rührt... in deren Schoß (wenn es
zu ſagen erlaubt iſt!) die Götter das Urbild der Menſchheit
reiner als in irgendeiner anderen aufbewahrt hatten... eine
Gemeinſchaft, die große Namen wie der Lenz Blumen auf=
zuweiſen hat... die die Wilden der Südſee noch, wenn ſie
ſie kennten, zu beſchützen herbeiſtrömen würden; eine Ge=

meinschaft, deren Dasein keine deutsche Brust überleben, und die nur mit Blut, vor dem die Sonne verdunkelt, zu Grabe gebracht werden soll."

Bevor eine Nummer der „Germania" erschienen, bevor ein einziges dieser Kriegslieder, einer dieser Aufsätze gedruckt war, hatte die Kriegslage sich völlig gewandelt: die Schlacht von Wagram, am 5. und 6. Juli 1809, ward für Österreich zu einer entscheidenden Niederlage. Mit dem Waffenstillstand von Znaim, am 12. Juli, war der Krieg schmachvoll beendet. „Noch niemals" — schreibt Kleist Ulrike am 17. Juli aus Prag — „bin ich so erschüttert gewesen wie jetzt. Nicht sowohl über die Zeit — denn das, was eingetreten ist, ließ sich auf gewisse Weise vorhersehen; als darüber, daß ich bestimmt war, es zu überleben... Solange ich lebe, vereinigte sich noch nicht soviel, um mir eine frohe Zukunft hoffen zu lassen; und nun vernichten die letzten Vorfälle nicht nur diese Unternehmung — sie vernichten meine ganze Tätigkeit überhaupt."

In den unendlich schwermutvollen Stanzen „Das letzte Lied" — dem einzigen eigentlich lyrischen Gedichte Kleists — strömt die Erschütterung seiner Seele aus: er sieht die alten Staaten von den Kriegswogen hinweggespült, wie ein Wurmgeniste auf der Heide Grund, er sieht aus licht- und lautlosen Reichen ein namenloses Geschlecht heranwachsen, „das wie ein Hirngespinst der Mythologen — Hervor aus der Erschlagnen Knochen stiert". Kultur, Kunst, Gesang sieht er vermodern; der Leidens- und Sterbensmüde singt sein Schwanenlied:

Und stärker rauscht der Sänger in die Saiten,
    Der Töne ganze Macht lockt er hervor,

Er singt die Lust, fürs Vaterland zu streiten,
Und machtlos schlägt sein Ruf an jedes Ohr,
Und wie er flatternd das Panier der Zeiten
Sich weiterpflanzen sieht von Tor zu Tor,
Schließt er sein Lied; er wünscht mit ihm zu enden
Und legt die Leier tränend aus den Händen.

Über den nächsten vier Monaten von Kleists Leben liegt unaufhellbares Dunkel. Gerüchte melden, daß er im Kloster der barmherzigen Brüder zu Prag an einer schweren Krankheit darniedergelegen. In Berlin glaubte man an seinen Tod. Es entspräche durchaus dem alten Rhythmus von Aufsturm und Absturz in Kleists Leben, wenn er über dem jähen Zusammenbruch seiner vaterländischen Hoffnungen selber zusammengebrochen wäre. Niemals aber ist er schneller, kraftvoller, würdiger aufgestanden: da er am 4. Februar 1810 endgültig in Berlin eintrifft, bringt er die wohl zum größeren Teil vollendete Handschrift des Prinzen Friedrich von Homburg mit. Am 19. März berichtet er Ulrike, das Schauspiel solle auf dem Privattheater des Prinzen Radziwill aufgeführt werden. Die Studien zum Prinzen von Homburg reichen bis zum Anfang von 1809 zurück. Damals hat Kleist Quellenwerke zu seiner Geschichte aus der Dresdener Bibliothek entliehen. Und als er Juni 1809 in seinem Aufsatz für die „Germania" „Was gilt es in diesem Kriege?" fragte: „Gilt es den Ruhm eines jungen und unternehmenden Fürsten, der in dem Duft einer lieblichen Sommernacht von Lorbeern geträumt hat?", da war es sicherlich die vollendete Eingangsszene des Prinzen, die ihm dieses Bild aufdrängte. Die Genesungswochen des Herbstes mögen ihm dann die Ruhe zur weiteren Gestaltung gegeben haben.

Den Stoff des Dramas haben Kleist ein Kupfer Chodowieckis im Maiheft 1790 der „Deutschen Monatsschrift", ein Ölgemälde Kretschmars, das 1800 in Berlin ausgestellt war und den ersten Preis erhielt, eine Erzählung im Offizier-Lesebuch von 1793 vermitteln können, seine wichtigsten Quellen sind der Bericht Friedrichs des Großen in den Mémoires pour servir à l'histoire de la maison de Brandebourg (1746) und die Memoiren des Freiherrn K. G. von Pöllnitz, die wohl auf die Erzählung Friedrichs zurückgehen, die Fabel aber noch schärfer im Sinne Kleists zuspitzen. Es ist eine Sage aus der Schlacht von Fehrbellin (18. Juni 1675), deren geschichtliche Unhaltbarkeit ein Brief des Prinzen von Homburg Tages nach der Schlacht an seine Gemahlin dartut. Danach soll der Prinz sich gegen den ausdrücklichen Befehl des Großen Kurfürsten in einen Kampf mit den Schweden eingelassen und so nach ersten Erfolgen Gefahren heraufbeschworen haben, die ohne des Kurfürsten Hilfe unheilvoll hätten werden können. Nach dem siegreichen Ausgang der Schlacht verzieh ihm der Kurfürst, daß er das Wohl des ganzen Staates leichtsinnig aufs Spiel gesetzt: „Wenn ich Euch nach der Strenge der Kriegsgesetze richten wollte, hättet Ihr den Tod verdient; aber möge mich Gott behüten, daß ich den Glanz eines so glücklichen Tages verdunkle, indem ich das Blut eines Prinzen vergieße, welcher mir vor allem zum Siege verholfen hat." Es ist ein Konflikt von typischer Bedeutsamkeit, der ähnlich schon bei Livius auftaucht im Fall des Reiterobersten Quintus Fabius, den sein Oberfeldherr wegen eines gegen seinen Befehl erkämpften Sieges um der Kriegszucht, der imperii majestas willen hinrichten lassen will. Kleist vertieft und gestaltet ihn zum menschlich ewigen Symbol.

In der Hermannsschlacht hatte Kleist das Verhältnis der Staaten, der Staats-Persönlichkeiten zueinander dargestellt. Es war gegründet auf der gegenseitigen Achtung ihrer metaphysischen Freiheit und Würde. Und wo diese verletzt und geknechtet wurde, da mußte der Staat sie mit dem Einsatz des Letzten wiedererobern oder — im Tode frei und würdevoll — untergehen. Im „Prinzen von Homburg" gestaltet Kleist das Verhältnis des Einzelnen zum Staate. Er zeichnet das selbstherrliche Individuum, das nur sein Wohl und Wollen kennt, darüber mit dem Wohl und Willen des Staates in Konflikt gerät, am Rande des Lebens die metaphysische Geltung des Staates und Gesetzes erkennt, sich ihm freiwillig unterwirft, und so zum ganzen Menschen und Manne, zum Staatsbürger reift.

Kleist hatte zwar schon in einem Brief an Wilhelmine vom 10. Oktober 1800 sich die Aufgabe gesetzt: „Dein nächstes Ziel sei, Dich zu einer Mutter, das meinige mich zu einem Staatsbürger zu bilden." Aber seine wissenschaftliche und künstlerische Entwicklung hatte ihn in ringenden Gewittern einsam und unvermittelt gegen den tragischen Himmel des Lebens gestellt. Was er damals vom empirischen Staate erfahren hatte: der Polizeistaat Friedrich Wilhelms III., das rohe Söldnerheer seiner Fähnrichs- und Offiziersjahre hatte ihn Staat und Heer nicht als Träger, sondern als Feind der Idee erscheinen lassen. In diesem Soldatenstand hatte er „etwas durchaus Ungleichartiges mit meinem ganzen Wesen" empfunden. „Die größten Wunder militärischer Disziplin wurden der Gegenstand meiner herzlichsten Verachtung; die Offiziere hielt ich für so viele Exerziermeister, die Soldaten für so viele Sklaven, und wenn das ganze Regiment seine Künste machte, schien es mir als ein lebendiges Monument der Tyrannei." Es war ihm unmöglich „bei dem jetzigen Zustande der Armee", seine Vorstellungen von Menschenwürde mit ihrer brutalen Disziplin zu vereinen. „Von zwei durchaus entgegengesetzten Prinzipien unaufhörlich gemartert," hatte er es für seine Pflicht gehalten, den Soldatenstand zu lassen und sich ganz seiner „moralischen Ausbildung" zu widmen. Ebensowenig hatte er sich in die preußische Bureaukratie einzuordnen vermocht; gegen alle Vorstellungen der Verwandten hatte er die mehrfachen Versuche, ein Amt zu übernehmen, abgebrochen. Und wenn das gewiß an der einseitigen, dämonischen Gewalt seiner Berufung lag, die jäh und rein zur Erfüllung drängte, so trug doch auch der pedantisch-dumpfe Bureaukratismus des damaligen preußischen Staates Schuld: „Am Hofe teilt man die Menschen ein wie ehemals die Chemiker die Metalle, nämlich in solche, die sich dehnen und strecken lassen, und in solche, die dies nicht tun. Die ersten werden dann fleißig mit dem Hammer der Willkür geklopft, die andern aber, wie die Halbmetalle, als unbrauchbar verworfen." Er war weder geeignet noch gewillt, sich dehnen und strecken zu lassen. Sein erstes Gesetz war die reine Entwicklung seiner Persönlichkeit. Und wenn diesem idealistischen Individualismus der Entscheid gestellt wurde, so entgegnete er selbstherrlich und trotzig: „Wenn er [der König] meiner nicht bedarf, so bedarf ich seiner noch weit weniger. Denn mir möchte es nicht schwer fallen, einen andern König zu finden, ihm aber, sich andere Untertanen aufzusuchen."

Inzwischen aber waren beide, Kleist und der preußische Staat, in schicksalvollen Kämpfen gereift. Der leid- und schmachvolle Zusammenbruch von Jena hatte Preußen zur Selbstbesinnung und Selbsterneuerung gedrängt; Deutschlands geistige Führer hatten sich in den Dienst dieser Reform gestellt; Stein, Scharnhorst, Gneisenau, Wilhelm von Humboldt, Schleiermacher, Fichte, Arndt schufen daran, den Polizei-Bureaukraten- und Söldnerstaat zum Kulturstaat, zum Volks- und Nationalstaat zu wandeln, Staat, Nation und Individuum zu verbinden. Adam Müllers „Staatspersönlichkeit" sollte lebendig werden, von der jeder ein Glied war, deren metaphysische Wesenheit zu verwirklichen jeder berufen und verpflichtet war, nicht nach außen nur, wie die Hermannsschlacht kündete, auch nach innen: in der freiwilligen, sittlichen Ein- und Unterordnung der Einzelpersönlichkeit in die Staatspersönlichkeit. Hatte Kleist, nachdem er der Dämonie seiner Berufung genug getan, als Künstler sich gerechtfertigt hatte, in der Hermannsschlacht den Weg zur äußeren Befreiung Deutschlands gezeigt, im Prinzen von Homburg zeigt er den Weg zur inneren Befreiung, den er selber durchmessen: den Weg vom Individualismus zum Staatsbürgertum. In dieser Erziehung zur staatsbürgerlichen Gesinnung arbeitet er an der Reform des preußischen Staates, tiefgründig und würdig wie Stein, Wilhelm von Humboldt u. a. Und da er den Staat nicht als Selbstzweck sieht, sondern als Träger der Idee, als Symbol der sittlichen Weltordnung, so mündet der Konflikt des Prinzen zwischen Ich und Staat in den tragischen Urkonflikt von Individuum und Idee.

Die dramatisch einfachste Lösung des Konflikts wäre gewesen, einen Vertreter des Individualismus und des Staatsgesetzes im Kampf gegenüberzustellen und den vermessenen Individualisten unterliegen zu lassen, wie Grillparzer später in „König Ottokars Glück und Ende". Kleist wählte die schwierigere, in ihrer Lösung und Wirkung reinere Aufgabe, den Konflikt in ein und derselben Seele auszukämpfen. So erst wurde das Drama zum vorbildlichen Erziehungsdrama, in dem jeder Deutsche, jeder Mensch Kampf und Entwicklung seines Ich aus Willkür und Selbstherrlichkeit zur freiwilligen, verantwortungsbewußten Ein- und Unterordnung unter Staat und Gesetz erschüttert nacherlebt.

Das menschlich eigentümliche Alter des Individualismus, des ungebändigten Eigengefühls und -willens ist die Jünglingszeit. So wandelte Kleist — um der reineren, typischen Formen willen — den 42jährigen historischen Prinzen von Homburg, den „Landgrafen mit dem silbernen Bein", der schon eine dreißig Jahre ältere, aber sehr vermögende Gemahlin verloren, ein Jahr darauf eine kurländische Prinzessin, eine Nichte des Großen Kurfürsten, „meine Engelsdicke", geheiratet hatte, und Vater zahlreicher Kinder war, in das Urbild des ichbefangenen, ungestümen, ruhm- und liebestrunkenen Jünglings. Gleich Werther lebt er ganz in der Innenwelt seines Herzens, seiner Phantasie. Werther ist der Typus des künstlerischen,

der Prinz von Homburg der Typus des heldischen Jünglings. Werther ist der Vertreter des 18. Jahrhunderts in
Deutschland, des staats- und wirklichkeitsfremden, er verkörpert die Gefahren des idealistischen Individualismus.
Der Prinz von Homburg vertritt das 19. Jahrhundert,
die gereifte Staatsauffassung im gereiften preußischen
Staat. Werther geht zugrunde als der Jüngling, der nicht
über sich hinaus kann, und warnt seine Leser: „Sei ein
Mann und folge mir nicht nach!" Der Prinz von Homburg wächst im tragischen Kampf, durch Grab und Tod
vom Jüngling zum Manne. „Werde" — mahnt er —
„werde ein Mann, ein Staatsbürger, gleich mir, um des
heiligen Vaterlandes willen folge mir nach!"

Die Eingangsszene des Dramas spielt in der Nacht vor
der Entscheidungsschlacht bei Fehrbellin. Aus unruhigem,
von Ehrgeiz und Liebe erregtem Jünglingsschlummer hat
der Mond den Prinzen von Homburg, den General der
Reiterei, schlafwandelnd in den Garten des Schlosses ge-
lockt. So übermächtig ist die Gefühls- und Phantasiewelt
in ihm, daß sie die Traumwelt als die eigentliche Wirklichkeit erlebt und die Wirklichkeit nicht empfindet. Er
flicht an einem Lorbeerkranze. Die seine keusche, bei allem
Ungestüm doch knospenherbe Seele im Tagesbewußtsein
nie verraten: im Traum enthüllt er seine trunkene Sehnsucht dem herbeigerufenen Kurfürsten — gleich Käthchen
vor dem Grafen —; und dessen gütige Überlegenheit
durchschaut und billigt sie, ja spielt mit ihr ein heite-
res, aufreizendes Spiel: er nimmt den inzwischen vollendeten Lorbeerkranz — das Symbol seiner Ruhmsucht für die
morgige Schlacht — aus des Prinzen Hand, umschlingt

ihn mit seiner Halskette, gibt ihn der — wie er ahnt: geliebten — Prinzessin-Nichte und weicht mit ihr zurück. Der Prinz, schlafwandelnd, folgt mit ausgestreckten Armen: „Natalie! Mein Mädchen! Meine Braut! — Friedrich! Mein Fürst! Mein Vater!" flüstert er. Nach dem Kranze greifend erhascht er einen Handschuh der Prinzessin. Aus dem zurasselnden Parktor mahnt der Kurfürst:

> Ins Nichts mit dir zurück, Herr Prinz von Homburg,
> Ins Nichts, ins Nichts! In dem Gefild der Schlacht
> Sehn wir, wenn's dir gefällig ist, uns wieder!
> Im Traum erringt man solche Dinge nicht!

Er hat des Prinzen Sehnsucht verstanden, gebilligt, ermutigt; seine überlegene Menschenkenntnis weiß um den reinen Charakter, um die geniale Begabung des Prinzen, aber auch um die schweifende Unbändigkeit des Jünglings. Den Preis des Sieges aus der Hand der Liebe hat er dem Träumenden gezeigt, damit ihn der Wachende männlich verdiene, im Feld der Schlacht, im Einsatz seiner ganzen Kräfte, seines reifen, verantwortungsbewußten Willens.

Dieser Auftritt ist das Vorspiel, der Grundklang des Dramas. Aus ihm spielt ein Sonnenglanz auch in die düstersten Gewitterszenen. Heimlich fühlen wir: der Preis, der hier gewiesen worden, gewiesen von der überlegenen, wahrhaft königlichen Menschenkenntnis und Menschengüte des Kurfürsten, wird errungen werden.

Der Prinz, von seinem Freunde Hohenzollern geweckt, nimmt das ganze Erlebnis für einen bloßen Traum. Nur der Handschuh der Prinzessin in seinen Händen verwirrt ihn und hält ihn auch während der nächsten Szene, da Feldmarschall Dörfling den Plan der Schlacht und die Aufgaben der Führer diktiert, in der schweifenden Innenwelt seiner Träume und Wünsche fest, zumal die Kurfürstin und die Prinzessin Natalie zugegen sind, und die Prinzessin im Aufbruch den unbemerkt ihr abgestreiften Handschuh sucht. Ohne des Diktats über seine Stellung und Aufgabe in der morgigen Schlacht zu achten, ist der Prinz ganz diesem Anblick hingegeben. Er läßt den Handschuh fallen, daß er entdeckt wird, er bringt ihn der Prinzessin; sie erkennt ihn als den ihrigen. Verwirrt, „wie vom Blitz getroffen“, hört und wiederholt der Trunkene aus dem ganzen Schlachtbefehl nur das Wort, das seiner inneren Stimmung zuklingt: „Dann wird er die Fanfare blasen lassen!“ Neben ihm hat jedoch Rittmeister von der Golz den Schlachtbefehl notiert für den Obersten von Kottwitz, der dem Prinzen mit seinem Rat zur Hand gehen soll. Und der Kurfürst ermahnt den Prinzen zur Ruhe und Selbstbeherrschung, daß er ihm nicht den Entscheidungsschlag verderbe, wie er jüngst am Rhein ihm zwei Siege verscherzt habe. Der aber fühlt von all den Aufgaben und Pflichten, die verantwortungsschwer ihm anvertraut sind, nichts. Er fühlt nur das Glück, das seiner wartet, das ihm die Locken schon gestreift, im Handschuh ein Pfand gegeben hat, und stürmt in die Schlacht, des ichbefangenen, trunkenen, blinden Willens, es sich vom schwedischen Siegeswagen loszureißen — auf jeden Fall! Die Schlacht, die über Thron und Reich des brandenburgischen Staates entscheidet, ist dem Jüngling eine Gelegenheit, sich den Kranz des Ruhmes, die Hand der Geliebten zu erobern.

Der Schlachtplan des Kurfürsten ist folgender: Graf Truchß bildet das Zentrum, Oberst Hennings den rechten, der Prinz mit der Reiterei den linken Flügel des Heeres. Gegenüber die Schweden haben im Rücken den Rhyn, den hinter ihrem linken Flügel drei Brücken kreuzen, indes hinter dem rechten ein Sumpf sich breitet. Bei einem geraden, siegreichen Vorsturm der Brandenburger würden die Schweden sich über die Brücken retten und jenseits wieder sammeln können. Der Kurfürst will aber den Feind nicht nur schlagen, sondern völlig vernichten, indem er ihm den Weg zur Flucht verlegt. Hennings soll noch vor Beginn der Schlacht den linken Flügel der Schweden heimlich umgehen und von den Brücken abschneiden. Dann soll er ihn vom Rücken, Truchß ihn zugleich von vorne fassen und ihn auf den rechten schwedischen Flügel werfen. Dieser wird so von den eignen Truppen und von dem jetzt erst — auf ausdrücklichen Befehl eines persönlichen Adjutanten erst! — eingreifenden Prinzen in den Sumpf gedrängt, die Masse des schwedischen Heeres ihm nach, und rettungslos vernichtet.

Diesen weitausschauenden Plan des Kurfürsten kennt der Prinz nicht, er hat ihn bei der Befehlsausgabe in seiner trunkenen Zerstreuung nicht vernommen, er hat ihn vor Beginn der Schlacht von Hohenzollern erbeten, aber, immer noch traum- und wahnbefangen, von neuem überhört; in seinen verwunderten Fragen über den Verlauf der Schlacht zeigt sich, wie wenig er unterrichtet ist. Aber wenn er ihn auch deutlich wüßte: als Hennings den linken schwedischen Flügel unter Wrangel umgangen und sich in seinem Rücken zum Angriff entfaltet hat, als Truchß zugleich von vorne auf ihn stürzt, Wrangel zu wanken beginnt — indes vom rechten schwedischen Flügel, durch Reiterei gedeckt, drei

Regimenter zur Hilfe eilen — als Wrangel den Rücken kehrt, die Schanzen räumt, und alle Umgebung des Prinzen: „Triumph! Triumph! Triumph! Der Sieg ist unser!" jubelt: da würde den Prinzen keine Ordre der Welt mehr halten. Die Entscheidung der Schlacht fällt, er darf nicht säumen, wenn er noch Anteil am Sieg gewinnen will. Stürmisch fordert sein ruhm- und liebedürstendes Herz: „Auf! Laß Fanfare blasen! Folge mir!" Vergebens halten ihm Kottwitz, Golz, Hohenzollern den strengen Parolebefehl entgegen, der ihn auf Ordre warten heißt. „Auf Ordre!" — erwidert er Kottwitz — „hast du sie noch vom Herzen nicht empfangen?" Voll blinder Überheblichkeit — „Ich nehm's auf meine Kappe. Folgt mir!" — stürmt er in die Schlacht.

Zwei Linien des Feindes hat er schon durchbrochen und auf der Flucht vernichtet, als er auf eine Feldredoute stößt, die mörderische Lücken in seine Reiterscharen reißt und ihn zur Deckung und Sammlung zwingt. Da sieht er den kurfürstlichen Schimmel im schwedischen Feuer stürzen — er weiß nicht, daß der treue Froben ihn mit seinem Fuchs getauscht —, und nun vergißt er Ruhm und Liebe; von unermeßlichem Schmerz um den scheinbar gefallenen, geliebten Fürsten, von Wut und Rache gespornt, bricht er auf die Verschanzung los, vernichtet die Besatzung, erbeutet Kanonen, Fahnen, das ganze Kriegsgepäck der Schweden und verfolgt die Flüchtigen bis an den Rhyn.

Hier aber hat infolge seines verfrühten Angriffs Oberst Hennings noch nicht Zeit gehabt, die Brücken abzubrechen. Die geschlagenen Schweden retten sich über den Fluß. Ein glänzender Sieg ist errungen, aber der weiter ausschauende, vernichtende Plan des Kurfürsten ist durch des Prinzen Ungehorsam vereitelt.

Immerhin, des Kurfürsten Plan war erst im Werden, noch keineswegs gesichert. Es wäre möglich gewesen, daß die Verstärkung vom rechten schwedischen Flügel dem linken wieder Halt gebracht und so den Angriff der Brandenburger und den Plan des Kurfürsten gebrochen hätte. Die sachlichen, militärischen Momente halten sich die Wage, sie geben dem Prinzen weder klares Recht noch Unrecht. Der ideelle Konflikt ist frei und rein zur Entscheidung, nicht das strategische, nur das moralische Handeln des Prinzen steht zu Gericht.

Erst aber führt ihn das Schicksal noch strahlend zum Gipfel: die Kurfürstin und die Prinzessin-Nichte sind vom Gerücht über den Tod des Kurfürsten niedergeworfen. Die Prinzessin, „zum zweiten Male heut verwaist", fragt tränenvoll, wer nun die Schweden bändigen, vor dieser Welt von Feinden sie nun beschirmen soll? Da wagt der Prinz, dessen Trunkenheit dem tiefsten Schmerz und Mitleid gewichen ist, das erste Wort; aus Leid und Tod der Stunde blüht ein Bekenntnis, das ebensoviel treue, selbstlose Fürsorge als Drang und Liebe zeigt. Wir fühlen hinter der jungen Unbändigkeit des Prinzen den Seelenadel, der seine Läuterung verbürgt.

Und jetzt bringt ein Bote die Nachricht: das Gerücht war falsch, der treue Froben, der seinen Fuchs mit dem bedrohten Schimmel des Fürsten getauscht, ist auf dem Schimmel gefallen, der Kurfürst lebt, ist nach Berlin gegangen, wo der Feind schon unterhandelt, und erwartet dort die Generale. Im überströmenden Jubel teilt der Prinz der Kurfürstin seine Liebe mit und bittet um ihre Einwilligung; sie erwidert: „Keinem Flehenden könnt' ich heute etwas versagen, dir, du Sieger in der Schlacht, zuletzt." Der Prinz ist auf dem Gipfel der Erfüllung; Sieg und Liebe, die er erträumt, sind ihm geworden. In trunkener Seligkeit fordert er des Glücks verwöhntesten Günstling in die Schranken:

O Cäsar Divus!
Die Leiter setz ich an an deinen Stern!

Diesem vermessenen Jubelruf folgt jäh, schneidend, unerbittlich das Kurfürstenwort des nächsten Auftritts:

Wer immer auch die Reuterei geführt
Am Tag der Schlacht, und eh der Obrist Hennings
Des Feindes Brücken hat zerstören können,
Damit ist aufgebrochen, eigenmächtig,
Zur Flucht, bevor ich Order gab, ihn zwingend,
Der ist des Todes schuldig, das erklär' ich,
Und vor ein Kriegsgericht bestell' ich ihn.
— — Der Sieg ist glänzend dieses Tages —
Doch wär' er zehnmal größer, das entschuldigt
Den nicht, durch den der Zufall mir ihn schenkt:
Mehr Schlachten noch als die hab' ich zu kämpfen,
Und will, daß dem Gesetz Gehorsam sei.

Der Konflikt ist erklärt, die tragische Auseinandersetzung beginnt.

Noch weiß der Kurfürst nicht, über wen er diesen Spruch verhängt, weil das Gerücht einen leichten nächtlichen Sturz des Prinzen mit dem Pferde zu einer schweren Verletzung aufbauscht, die ihn von der Schlacht ferngehalten habe. Da erscheint der Prinz mit seinen Offizieren, siegesstolz, im Glanz der Trophäen, und legt drei eroberte schwedische Fahnen vor dem Kurfürsten nieder. Der, zuerst betroffen, vergewissert sich kurz, daß das Gerücht getrogen, daß der Prinz die Reiterei geführt hat. Dann befiehlt er: „Nehmt ihm den Degen ab. Er ist gefangen.“ Die Offiziere erschrecken, Obrist Kottwitz versucht Ein- und Fürsprache. Der Kurfürst überhört sie, wendet sich in beherrschter Majestät, den Fahnen, den Depeschen, den Offizieren zu und tritt ab mit den Worten:

Bringt ihn nach Fehrbellin ins Hauptquartier,
Und dort bestellt das Kriegsrecht, das ihn richte.

Ein Sturz aus allen Himmeln des Glücks in den Abgrund der Vernichtung! Der Prinz ist fassungs- und verständnislos: „Träum’ ich? Wach’ ich? Lieb’ ich? Bin ich bei Sinnen?“ Er hat sein Handeln im Augenblick der Tat nicht als verwerflich empfunden, der glänzendste Sieg hat es gekrönt — was also? „Sind denn die Märkischen geschlagen worden?“ Vergebens hält ihm Hohenzollern vor: „Der Satzung soll Gehorsam sein.“ „So! — so, so, so!“ entgegnet er mit Bitterkeit. Er gibt den Degen ab. Aber wenn der Kurfürst, für den er sein Leben aufs Spiel gesetzt, um dessen vermeintlichen Tod er eben noch schmerzvoll gelitten hat, ihm nun „wie die Antike starr entgegenkömmt“, den Brutus spielend, der dem Staate seine eignen Söhne preisgibt, so wird sein „deutsches Herz, aus altem Schrot und Korn — gewohnt an Edelmut und Liebe“ ihn nicht bewundern, sondern überlegen, bemitleiden und bedauern.

Noch lebt der Prinz, ichbefangen, ganz in der Welt seines Herzens, noch ist die Majestät des Staats- und Sittengesetzes ihm fremd und fern. Und wenn er im nächsten

Akt, durch das inzwischen erfolgte Verhör vor dem Kriegsgericht auch seinen Fehltritt eingesehen, erkannt hat, daß
der Kurfürst seine Pflicht getan, da er das Gericht bestellt,
so nimmt er ihn doch leicht und fühlt sich der vollen, bal-
digen Begnadigung sicher. Der Kurfürst aber darf nicht
an falsche Milde denken, aus sachlichen Gründen: denn die
schwere Insubordination, die ihm Reich und Thron gefährden konnte, ist im Angesicht des ganzen Heeres, mit Wissen aller Offiziere vorgegangen, aus persönlichen Gründen
nicht: denn je höher er die Begabung und Bedeutung des
Prinzen schätzt, desto reiner und unerbittlicher muß er sie
seinem Staat erziehen. Will er denn die Hinrichtung des
Prinzen? Er will, „daß dem Gesetz Gehorsam sei". Und
er glaubt an die sittliche Kraft im Prinzen, sich gleichfalls zu diesem Willen durchzuringen, sühnebereit sich zu
unterwerfen und damit dem Gesetz genug zu tun. Diese
Kraft soll in Schuld und Leid und Kampf sich läutern
und entwickeln, und so „die Schule dieser Tage" den Prinzen zum Manne, zum Staatsbürger, zum würdigen Führer reifen.

Das Urteil des Kriegsgerichtes erkennt auf Tod. Den
Prinzen schreckt es nicht: es scheint ihm eine Rechtsform,
der genügt werden muß, hinter der die Gnade wartet.
Seine Sicherheit gründet sich „auf sein Gefühl" vom Kurfürsten, der eher die eigne Brust sich öffnen wird, eh er sein
treues Herz der Kugel preisgibt. Immer noch sieht und erlebt er nur die persönlichen Beziehungen, nicht die sachlichen
und sittlichen. Erst als Hohenzollern berichtet, daß der
Fürst das Urteil schon zur Unterschrift befohlen habe, als
er mit dem sachlich Fassungs- und Verständnislosen nach

persönlichen Beweggründen des Fürsten forscht und dabei erzählt, daß der wegen des Friedens eingetroffene schwedische Gesandte für seinen Herrn um die Prinzessin zu werben, diese aber — entgegen den Plänen des Kurfürsten — widerspenstig zu finden scheine, da glaubt er zu begreifen: der Kurfürst will ihn aus dem Wege räumen, um die Prinzessin frei und der schwedischen Werbung geneigt zu machen. Das Urteil, das ihm aus sachlichen Gründen unerklärlich war, unwürdige persönliche Gründe deuten es ihm. Jetzt glaubt er an seinen Tod, jetzt überkommt ihn die Angst. Er eilt zur Kurfürstin, um ihre Verwendung zu erflehen. Unterwegs sieht er das offene Grab, das morgen seine Gebeine empfangen soll. Da bricht er zusammen. Todesfurcht und Todesschauer werfen ihn haltlos vor die Füße der Kurfürstin nieder. Weil sein bisheriges Dasein im persönlichen Leben befangen geblieben ist, fühlt er mit ihm alles versinken. Nur in der Idee, im überpersönlichen Leben, ist der Tod überwindbar. Wie Achill, der Jüngling der Antike, des sinnlich-gebundenen, selbstherrlichen Lebens, in der Unterwelt wehklagt:

Preise mir jetzt nicht tröstend den Tod, ruhmvoller Odysseus,
Lieber möcht' ich fürwahr dem unbegüterten Meier,
Der nur kümmerlich lebt, als Tagelöhner das Feld baun,
Denn die ganze Schar der vermoderten Toten beherrschen,

so ist diesem Jüngling der Tod das einzige Übel:

Seit ich mein Grab sah, will ich nichts als leben.

Ruhm, Ehre, Liebe wirft er hin. Nur leben! leben! wie das Tier, wie die Natur! Je gewaltiger die Fülle dieses ungelebten Jünglingslebens ist, desto maßloser bäumt sie sich auf, raft, bangt, bettelt sie gegen die Vernichtung. Ergreifend klingt ihr Liebesbekenntnis an all die schwesterliche Lebensherrlichkeit, die sie lassen soll:

O Gottes Welt, o Mutter, ist so schön!

In diesen Erschütterungen, die die letzten Gründe seines Seins umwühlen, die ihn durch Nacht und Tod hindurchführen, stirbt der Jüngling, der Mann wird geboren.

Der Kurfürst, den die Prinzessin anfleht, der einen Augenblick über ihre Schilderung vom maßlosen Zusammenbruch des Prinzen erschrickt und sich sorgt, ob der Prinz auch die schwere Prüfung bestehen wird, gibt die letzte, überlegene Hilfe: Er macht den Prinzen zum eignen Richter:

Wenn er den Spruch für ungerecht kann halten,
Kassier' ich die Artikel: er ist frei!

Mit diesem Bescheid sendet er die Prinzessin zu ihm. In den Kämpfen seiner Wiedergeburt erhebt er den Prinzen selber zum Träger der sittlichen Forderung, zum Anwalt der Idee, und löst so seine aufstrebende sittliche Natur von seiner sinnlichen. Zum erstenmal weicht das unbändige „will" im Prinzen dem verantwortungsbewußten, überpersönlichen „soll": „Mir ziemt's hier zu verfahren, wie ich soll!" Er erkennt die Hoheit der Idee, die unbedingte Gültigkeit des Gesetzes, erkennt, daß er gefrevelt: „Schuld ruht, bedeutende, mir auf der Brust," und nimmt die Strafe als freie Sühne in seinen Willen auf: „Ich will den Tod, der mir erkannt, erdulden!"

Inzwischen aber hat — den Prinzen zu retten — die Liebe der Prinzessin ein Vorgehen eingeleitet, das den Fehler des Prinzen wiederholt und damit in seiner Wirkung und Bedeutung um so schärfer herausstellt. Sie hat eine von Kottwitz verfaßte, von allen Offizieren unterschriebene Bittschrift des Regiments, das ihren Namen trägt, zugunsten des Prinzen erhalten und ihren Namen an die Spitze gesetzt. Sie hat Kottwitz mit dem Regiment eigenmächtig durch eine im Namen und angeblich im Auftrag des Kurfürsten erlassene Ordre aus Arnstein herberufen, um die Offiziere auch der anderen Reiterregimenter zum Anschluß an die Bittschrift zu bereden. Auch sie hat so aus erregtem Herzen gehandelt, ohne Gesetz und Ordnung zu achten, hat die Tat des Prinzen wiederholt zur Stunde, da er selber sie gerichtet und verurteilt hat. Der Kurfürst klagt sie nicht an deswegen: sie ist ein Weib, sie hat aus jener selbstlosen Liebe gehandelt, die des Weibes Gesetz ist; am Staate und seiner Leitung ist sie ohne Anteil und Verantwortung; und der Kurfürst weiß gerade ihre Tat zur letzten Klärung und Verherrlichung der Staatsidee zu nutzen. Die Auseinandersetzung des Konflikts wird aus dem Herzen und Willen des Prinzen hinausgetragen in das Heer, in Geist und Brust der versammelten Offiziere.

Im Augenblick, als der Kurfürst die erregten Petenten und „Rebellen" zu sprechen begehrt, wird ihm das Schreiben des Prinzen übergeben, darin er sich schuldig bekennt und die Sühne auf sich nimmt. Was seine Menschenkenntnis vorausgesehen, hat sich erfüllt. Der ideelle Brandherd ist erstickt, die Funken, die er entzündet, werden leicht zu löschen sein. Mit aufatmender, rückhaltloser Freiheit tritt der Fürst in die große Auseinandersetzung ein. Was die Herren wollen, die Begnadigung des Prinzen, hat er längst beschlossen; er hat das Todesurteil schon kommen lassen, es zu vernichten; mehr als das, als Leben und Freiheit, will und darf er nun dem Prinzen geben. Aber mit überlegener Ironie verbirgt er Kottwitz und den Offizieren seine Absicht, spielt er mit ihnen ein bedeutsames Spiel, um sie den Ernst des Konfliktes noch einmal tief und voll erleben und die Begnadigung dann in ihrem inneren Grunde erfassen zu lassen.

Er läßt Kottwitz alle militärischen und sittlichen Gründe zur Rechtfertigung des Prinzen vorbringen. Nicht ohne Rührung hört er zu, wie dieser greise Feuerkopf das, was er ursprünglich doch auch verworfen, in der Glut seines Mitleids umdichtet und verteidigt. Gewiß, dieser Gesinnung kann auch der Kurfürst nichts entgegenstellen. Aber sie ist nicht jene, daraus des Prinzen Tat entsprang. Wenn Kottwitz auch für sich die Möglichkeit in Anspruch nimmt, verantwortungsfreudig gegen eine Ordre zu handeln, eigenmächtig eine von der Ordre unvorhergesehene strategische Gelegenheit zu nutzen und dann dem Kurfürsten seinen Kopf zu Füßen zu legen, so hat eben das der Prinz ja nicht getan, er hat weder aus überlegten, strategischen Gesichtspunkten gegen die Ordre gehandelt (sondern aus persönlichen), noch sich nachher zur Verantwortung gestellt. Daß Kottwitz also — unbewußt! — der Tat des Prinzen eine edlere unterschiebt und diese verteidigt, das erklärt der Kurfürst in gütiger Ironie für „arglist'ge Rednerkunst", die ihn besteche, gegen die er den Prinzen selber als seinen Sachwalter aus dem Gefängnis rufen werde. Inzwischen weist er noch Hohenzollerns Entschuldigungsgründe ab, der den Prinzen entlasten will, indem er seine Tat aus dem Reich der sittlichen Freiheit und Verantwortung in den mechanisch-psychologischen Kausalzusammenhang rückt: hätte der Kurfürst nicht den schlafwandelnden Prinzen durch das Spiel von Kranz und Kette in Nataliens Hand gereizt, so wäre er nicht so zerstreut worden, so hätte er den Befehl bei der Paroleausgabe deutlich notiert usw., eine Beschuldigung, die der Kurfürst leicht ad absurdum führt, indem er die Kausalkette weiter verfolgt: hätte ihn Hohenzollern nicht in den Park gerufen, so hätte er, der Kurfürst, nicht mit dem Prinzen gescherzt usw.

Jetzt erscheint der Prinz. Der Kurfürst übergibt ihm die Bittschrift. „Das Heer begehre, heißt es, Eure Freiheit, — Und billige den Spruch des Kriegsrechts nicht." Die Entscheidung, die der Prinz im stillen für sich getroffen, hier gilt es, sie im Angesicht des ganzen Offizierkorps und für das Offizierkorps neu zu treffen und sie so über den persönlichen Fall hinaus zum Fundament der Heeres- und Staatsordnung zu machen.

In dieser Entscheidungshöhe wächst der Prinz über sich selbst hinaus, er selber fühlt, wie sein Konflikt überpersönliche Bedeutung gewonnen, wie er zum Repräsentanten emporgerückt ist. Mit feierlicher Entschiedenheit verkündet er:

Ruhig! Es ist mein unbeugsamer Wille!
Ich will das heilige Gesetz des Kriegs,
Das ich verletzt im Angesicht des Heers,
Durch einen freien Tod verherrlichen!
Was kann der Sieg Euch, meine Brüder, gelten,
Der eine, dürftige, den ich vielleicht
Dem Wrangel noch entreiße, dem Triumph
Verglichen über den verderblichsten
Der Feind' in uns, den Trotz, den Übermut?

Erschüttert und geläutert lebt das Offizierkorps die Erhabenheit dieses Kampfes und Sieges mit. Der Prinz darf sich sagen, daß er nicht vergebens sterben wird. Und nun, im eignen Blut von jeder Schuld gewaschen, bittet er den Kurfürsten zum Zeichen der Versöhnung um eine letzte Gnade: den schwedischen Unterhändler aus dem Lager zu senden und nicht mit der Hand Nataliens den Frieden vom Schwedenkönig zu erkaufen. So stellt er nach der Ehre und Würde des Feldherrn auch die Ehre und Würde des Liebenden wieder her, die er in seiner Todesangst schmählich verraten hat. Tiefergriffen küßt der Kurfürst ihn auf die Stirn:

Sei's wie du sagst!
Blüht doch aus jedem Wort, das du gesprochen,
Jetzt mir ein Sieg auf, der zu Staub ihn malmt!
Prinz Homburgs Braut sei sie, werd' ich ihm schreiben,
Der Fehrbellins halb dem Gesetz verfiel,
Und seinem Geist, tot vor den Fahnen schreitend,
Kämpf' er, auf dem Gefild der Schlacht, sie ab!

Und nun — nachdem der Prinz davongegangen, vorüber an Natalie, der er den Abschied weigert, um nicht seine schwererkämpfte Fassung zu verlieren — löst der Kurfürst die tragische Spannung: „Wollt Ihr" — ruft er seinen eingeschüchterten, stilltraurigen Offizieren zu — „es mit dem Prinzen, der durch Trotz und Leichtsinn mir zwei Siege verscherzt und den dritten schwer gekränkt hat, nachdem er die Schule dieser Tage durchgegangen, zum vierten Male wagen?" Indem er das Todesurteil zerreißt, führt er die Aufjubelnden in den Park.

Es ist der Schloßpark des ersten Auftritts, der des Prinzen Traum und Verheißung gesehen. Er soll auch die Erfüllung schauen. Wunderbar schließt sich „der Kettenring von Wonn' und Wehe". Wieder ist es Nacht. Mit verbundenen Augen wird der Prinz durch das untere Gartengitter aufgeführt, wie er glauben muß: dem Richtplatz zu. In der Ferne hört man die Trommeln des Totenmarsches. Sein Geist aber lebt schon jenseits von Grab und Tod, Unsterblichkeit strahlt ihm durch die Binde seiner Augen:

> Durch stille Ätherräume schwingt mein Geist;
> Und wie ein Schiff, vom Hauch des Winds entführt,
> Die muntre Hafenstadt versinken sieht,
> So geht mir dämmernd alles Leben unter:
> Jetzt unterscheid' ich Farben noch und Formen,
> Und jetzt liegt Nebel alles unter mir.

Der Prinz hat mit dem Leben gezahlt, „versöhnt und heiter" hat er es hingegeben, in demütigem Bekenntnis seiner Schuld, in glorreicher Anerkennung des Gesetzes. Die Musketenkugel, die auch empirisch dieses Leben endete, hätte sittlich nichts mehr zu bedeuten. So darf der Kurfürst ihn begnadigen. Er darf mehr: dem Geläuterten und Vollendeten, dem Sieger auf dem Felde der Schlacht wie der Idee darf er den vollen, verheißenen Preis des Sieges zuerkennen: der Kurfürst erscheint mit dem Gefolge des ersten Auftritts, er gibt den Lorbeerkranz und die goldene Kette an Natalie, die Prinzessin setzt den Kranz dem Prinzen aufs Haupt, hängt ihm die Kette um und drückt seine Hand an ihr Herz. Der Prinz fällt in Ohnmacht. Kanonenschüsse wecken ihn. Das Schloß erleuchtet sich. Ein Siegesmarsch klingt auf. Jubelrufe huldigen „dem Sieger in der Schlacht bei Fehrbellin!" Und aus den hingerissenen Herzen aller schwillt das Verlangen, des Prinzen würdig, Blut und Leben fürs Vaterland aufs neue einzusetzen:

Ins Feld! Ins Feld! Zur Schlacht! Zum Sieg! Zum
Sieg!
In Staub mit allen Feinden Brandenburgs!

Prinz Friedrich von Homburg und Penthesilea: welche Spannungsweiten in Kleists Seele und Dichtung! Zur ekstatisch flutenden tragischen Symphonie der Penthesilea bedeutet der Prinz von Homburg den Gegenpol. Dort ist dionysischer Rausch, dunkel drängendes Fluten, hier ist Maß und Beherrschung, gegliederter Bau. Wie in der Durchführung der Idee, der Ein- und Unterordnung des Subjektiven unter das Objektive, so ist auch in der Form des Dramas eine Ausgeglichenheit und Objektivität erreicht, die es unter die „klassischen" Werke der Weltliteratur reiht. Der szenische Aufbau wie der sprachliche Ausdruck sind bis zum äußersten verdichtet. Die Verszahl ist geringer als bei all unsren „klassischen" Dramen. Die Sprache ist geläutert; nicht mehr der vulkanische Ausbruch, die flammende Bildgewalt der Penthesilea: die Bilder sind seltener, ausgeglichener, ohne an Tiefe, Innigkeit, Anschauungskraft eingebüßt zu haben. Die Verse sind von ungewohnter Regelmäßigkeit. Polare Werte finden und verbinden sich: maßvolle Klarheit und letzte Tiefe, erhabene Würde und schlichte Natürlichkeit, ungezwungene Entfaltung und straffe Verdichtung und Gliederung. Selbst die weltanschaulichen Grund- und Gegengefühle einen sich zu

„einer ganz neuen Gestalt der Tragödie, welche auf wunderbare Weise die tiefsten tragischen Schauer und die leisen Entzückungen einer selbst in der dunkelsten Nacht nicht ganz verlöschenden Hoffnung ineinander mischt". (Hebbel.) Einer Tragödie? „Ein Schauspiel" nennt es Kleist. Aber Hebbel deutet: „Der Prinz von Homburg gehört zu den eigentümlichsten Schöpfungen des deutschen Geistes, und zwar deshalb, weil in ihm durch die bloßen Schauer des Todes, durch seinen hereindunkelnden Schatten erreicht worden ist, was in allen übrigen Tragödien (das Werk ist eine solche) nur durch den Tod selbst erreicht wird: die sittliche Läuterung und Verklärung des Helden." Es ist mehr als der Schatten und Schauer des Todes darin: in Wille und Gefühl hat der Prinz den Tod voll erlebt. Die Versöhnung von Individuum und Idee führt wie in der Tragödie durch den Tod hindurch.

Dennoch: aus der Asche des Jünglings hebt sich phönixgleich, in tragischer Wiedergeburt der Mann. Nicht „die" Tragödie, aber eine Tragödie ist in schwerem, tragischem Konflikt überwunden.

Die unentrinnbare Zwiespältigkeit und Gebrechlichkeit des Lebens werden neue heraufführen, und vielleicht solche, deren Überwindung nicht in unsere Macht gegeben ist — wie im unerbittlichen Schicksal Kleists.

Auch dieses vollkommene Werk, dieses in der Weltliteratur hochaufragende Drama, geschickt und geschaffen, an der Erneuerung des preußischen Staates, des preußischen Menschen mitzuwirken, blieb zu Kleists Lebzeiten unaufgeführt, ungedruckt.

Die Prinzessin Wilhelm von Preußen, die Schwägerin

des Königs, eine geborene Prinzessin von Hessen-Homburg,
der Kleist das Werk mit einem Widmungsgedicht über-
sendet, verharrt in eisigem Schweigen. Die mythische Verherrlichung ihres Ahnherrn empfindet sie, seiner Todesfurcht halber, als eine Erniedrigung. Noch 1822 weiß sie
die Aufführung des Dramas in Berlin zu hintertreiben.
In Wien kommt es 1821 zu einer verstümmelten, „unter
Gelächter und Zischen begrabenen", Uraufführung, deren
Wiederholung bald durch eben denselben Erzherzog Karl
unterdrückt wird, den Kleist als den „Überwinder des Unüberwindlichen" gefeiert hat: es müsse auf die Armee de-
moralisierend wirken, wenn ein Offizier so feig um sein
Leben bitte.

Das Ende des Tragikers

Hoffnungsvoll begannen die 2½ Monate, die Kleist noch in Berlin vergönnt waren. Adam Müller, der schon seit dem Frühjahr 1809 sich in Berlin um eine Anstellung im preußischen Staatsdienst mühte, erwartete ihn. Sein alter Gönner Altenstein war jetzt Finanzminister und sah ihn gern und oft in seinem Hause. Bei Rahel Levin fand er Freundschaft und Verständnis: „Ich lieb ihn und was er macht. Er ist wahr und sieht wahr." Im Palais des Prinzen Radziwill, der mit der Prinzessin Luise von Preußen vermählt und so dem Königshause verwandt war, sollte der „Prinz von Homburg" zur Aufführung kommen. Der Salon der Gräfin Voß geb. von Berg gab in Frau von Berg, der Mutter der Gräfin und Freundin der Königin, ihm eine freundliche Gönnerin, die sich mehrfach für ihn verwandte. Sie vermittelte wohl, daß er am Geburtstag der Königin bei Hofe erscheinen und ihr sein Sonett „An die Königin von Preußen" überreichen durfte, „das sie vor den Augen des ganzen Hofes zu Tränen gerührt hat". Kleist glaubt auf eine Hofcharge rechnen zu dürfen und lädt seine Schwester Ulrike nach Berlin, die hoffnungsvollen Fäden zu verknüpfen. Am 17., 18. und 19. März wird im Theater an der Wien endlich auch das „Käthchen von Heilbronn" gegeben, wenngleich in ungünstiger Bearbeitung, ohne sonderlichen Erfolg und — tragische Ironie! — zu den Vermählungsfeierlichkeiten Marie Luises und Napoleons.

Im Juni tritt Altenstein vor Hardenberg, dem Staatskanzler, zurück. Im Juli stirbt die Königin Luise. Im August wird die Aufführung des „Käthchen“ von Iffland abgelehnt, nachdem offenbar selbst die Privataufführung des „Prinzen von Homburg“ gescheitert ist.

Da scheint ein letztes, journalistisches Unternehmen Kleist Lebensunterhalt und Wirkungsmöglichkeit zu geben: am 1. Oktober 1810 beginnen unter seiner Leitung die „Berliner Abendblätter“, eröffnet mit seinem „Gebet des Zoroaster“: „... Mich, o Herr, hast du in deiner Weisheit, mich wenig Würdigen, zu diesem Geschäft erkoren; und ich schicke mich zu meinem Berufe an. Durchdringe mich ganz, vom Scheitel zur Sohle, mit dem Gefühl des Elends, in welchem dies Zeitalter darnieder liegt, und mit der Einsicht in alle Erbärmlichkeiten, Halbheiten, Unwahrhaftigkeiten und Gleisnereien, von denen es die Folge ist. Stähle mich mit Kraft, den Bogen des Urteils rüstig zu spannen, und in der Wahl der Geschosse mit Besonnenheit und Klugheit, auf daß ich jedem, wie es ihm zukommt, begegne: den Verderblichen und Unheilbaren, dir zum Ruhm niederwerfe, den Lasterhaften schrecke, den Irrenden warne, den Toren mit dem bloßen Geräusch der Spitze über sein Haupt hin necke. Und einen Kranz auch lehre mich winden, womit ich auf meine Weise den, der dir wohlgefällig ist, kröne! Über alles aber, o Herr, möge Liebe wachen zu dir, ohne welche nichts, auch das Geringfügigste nicht, gelingt: auf daß dein Reich verherrlicht und erweitert werde durch alle Räume und alle Zeiten, Amen!“

Nie mehr ist eine Tageszeitung unter solch absoluten Gesichtspunkten begonnen worden. Die vaterländische Begeisterung der einst geplanten „Germania", „den Deutschen zu sagen, was sie ihrerseits zu tun haben", ist hier von religiöser Inbrunst vertieft: Kein jäher Aufruf zu Schlacht und Tod, ein Prophetenruf zur inneren Einkehr und Umkehr, aus der allein die äußere, politische Wandlung folgen kann! Der politische Zusammenbruch des Zeitalters dargetan als Folge seines geistig-seelischen: seiner „Erbärmlichkeiten, Halbheiten, Unwahrheiten und Gleisnereien". Erneuerung des Staates durch die metaphysische Erneuerung des Menschen!

Es war der letzte und größte Versuch Kleists, aus der Dichtung in das Leben durchzubrechen, das, was er im „Prinzen von Homburg" als Dichter geschaffen, in der Wirklichkeit zu gestalten als Prophet und Erzieher seines Volkes. Nie ist seine Unbedingtheit schmerzlicher und schmählicher von der Bedingtheit alles Endlichen verstrickt, verletzt und zurückgeworfen worden.

Schon die Zensur, die 1809 durch die „Königliche zur Vollziehung des mit Frankreich abgeschlossenen Friedens angeordnete Immediat-Kommission" wieder eingerichtet war, mußte seinem Idealismus in den Weg treten. Eine kurze Notiz vom 3. November über französische Verluste in Portugal reizte den französischen Gesandten zur Beschwerde bei der preußischen Regierung, nur die eilige, freiwillige „Berichtigung" Kleists verhinderte diesmal die schon angeregte „gänzliche Supprimierung aller politischen Artikel" in den Abendblättern. Und wenn Kleist diesen Zwiespalt künftig mit List und Vorsicht zu umgehen wußte, unvermerkt geriet er in einen anderen, der ihn hinunterzog. Kleist war ein Patriot, aber kein Politiker. Die Unbe-

dingtheit seines idealen Willens kannte nur eins: die Erneuerung und Befreiung des Vaterlandes. Ihr gegenüber
erschien ihm — wie seinem Hermann — alles andere zufällig und bedeutungslos. Er bedachte nicht, daß die Menschen für ein Ideal höchstens zu sterben, fast nie zu leben vermögen, daß das Ideal, sobald es mitten ins Leben tritt,
auch dessen Zwiespältigkeit reizt, Gewohnheiten, Interessen, Anschauungen und Parteiungen aufrührt. Unvermerkt war er, der absolute Idealist, zwischen zwei feindliche
politische Parteien geraten, und während er, der keinen einzigen rein politischen Artikel schrieb, über sie hinweg zum
Ideal emporverlangte, wurde er zwischen ihnen zerrieben.

Es war die konservative Partei der Junker, deren
Haupt von der Marwitz, deren Wortführer Adam Müller
war, und die liberale Reformpartei, die der Staatskanzler
Hardenberg leitete.

Über die Vorgeschichte der Abendblätter ist uns kein
Dokument erhalten. Wohl aber wissen wir, daß Adam
Müller noch unter Altenstein mit dem Ministerium über
die Begründung eines Regierungs- oder regierungsfreundlichen Tagesblattes verhandelt hat. Der Minister- und
Systemwechsel im Juni 1810 brach die Verhandlungen
ab. Nun gründete Müller im Zusammenhang mit der
Junkerpartei die „Abendblätter", die anfangs kollektiv
durch „Die Redaction", erst am 22. Oktober, nach dem
ersten Zusammenstoß mit der Regierung durch Heinrich von
Kleist verantwortlich gezeichnet wurden. Je weiter die Reformen Hardenbergs sich entwickelten, desto schärfer obstru-
ierte in den Abendblättern Adam Müller und der Kreis der
Junker, der sich am 18. Januar 1811 unter Adam Müllers

und Achim von Arnims Führung zur „christlich-deutschen Tischgesellschaft" zusammenschloß. Christentum, Königstreue, Schutz historisch gewordener Rechte, Befreiung des Vaterlandes von der fremden Herrschaft waren die Ziele, die Arnims Stiftungslied feierte. Aber der Schutz der alten Rechte: das war der Kampf gegen die neuen Reformen: „Der kurmärkische Adel" — berichtet Treitschke — „hatte die Ernennung des Staatskanzlers anfangs mit Freuden begrüßt, da man von Hardenberg erwartete, er werde die Übereilungen Steins rückgängig machen. Sobald der neue Regent sein wahres Gesicht zeigte, brauste ein Sturm der Entrüstung durch die Kreise des Landadels ... Das klassische Land des alten Ständewesens blieb Brandenburg. Nirgends waren die ständischen Institutionen verrotteter, nirgends den Ständen teuerer ... noch einmal erhob sich der altständische Partikularismus zu offener Fehde gegen die Rechtsgleichheit und Staatseinheit der Monarchie."

Mit einem Aufsatz „Über Christian Jakob Kraus" eröffnete Adam Müller im elften Abendblatt den Kampf. Kraus, der in Königsberg auch Kleist gelehrt, hatte die preußische Beamtenschaft in die Ideen von Adam Smith eingeführt, in deren Sinn Hardenbergs wirtschaftliche Reform vorging. Gegen sie standen Müller und die Junker auf, die Preußen als Agrikulturstaat erhalten wollten. Der offene Kampf aber entbrannte erst um das entscheidende Finanzedikt Hardenbergs vom 27. Oktober 1810. Am 15. und 16. November ging Adam Müller mit den schärfsten Anklagen, ja in persönlichem Angriff dagegen vor. Eine eigene, empörte Kabinettsorder des Königs war die

Folge. Kleist mußte zugestehen, daß die Staatskanzlei selbst in den Abendblättern Müllers Aufsätze bekämpfte und ihre Neuerungen erklärte und verteidigte. Die Opposition wurde durch die Zensur zum Schweigen gebracht. Allein Arnim wurde in einem Quartal für zehn Aufsätze das Imprimatur verweigert.

Nachdem das Blatt so als Kampforgan gelähmt war, verlor es für die Öffentlichkeit wie für die Junker das Interesse. Und Kleist, dem diese politischen Zwistigkeiten wohl zufällig, die Idee des Vaterlandes allein wesentlich war, sah sich genötigt, um sein Blatt zu retten, es der Staatsregierung zu nähern, die ihm bei „zweckmäßiger Haltung" offizielle Artikel, ja sogar geldliche Unterstützung in Aussicht gestellt hatte. Er verpflichtete sich, „mit der größten Gewissenhaftigkeit über die politische Unschädlichkeit dieses Artikels zu wachen" und „mit seiner Ehre für den Geist der Abendblätter und für den Umstand, daß kein anderer Aufsatz als der in Sr. Exzellenz Interessen geschrieben ist, darin aufgenommen werden soll, zu haften." Der Öffentlichkeit erschien er am Ende des ersten Quartals als der Leiter eines regierungsfreundlichen, halboffiziellen Blattes. Aber die versprochenen Beiträge der Regierung, die „wöchentlichen Darstellungen" blieben aus, die Aufsätze über die Veränderungen der vaterländischen Gesetzgebung versiegten. Auch im literarischen Kampf der Abendblätter gegen Iffland, den Leiter des Nationaltheaters, den Gegner der Romantiker, den Hort der Berliner Aufklärung, den Förderer Kotzebues — den schon der „Phoebus" angegriffen — hatte Iffland ein Zensurverbot gegen jede Theaterkritik der Abendblätter durchgesetzt. Zum

1. Januar lehnte der Verleger die Fortführung des Blattes ab. Im Verlag von Koßebues „Freimüthigen" kam es unter. Aber die preußische privilegierte Vossische und die Spenersche Zeitung erhoben am 22. Dezember gegen die von Kleist angekündigte offizielle Lieferung politischer Nachrichten an die Abendblätter Beschwerde, beriefen sich auf ihr ausschließliches Privileg zur Bekanntmachung politischer Nachrichten, das sie titulo oneroso, d. h. mit Verpflichtung zur Gegenleistung, zum Abdruck aller Edikte und Verfügungen der Staatskanzlei und Ministerien, besaßen, und erreichten ein gänzliches Verbot aller politischen Artikel gegen Kleist. Im Hin und Her der politischen und finanziellen Interessen und Intrigen zerfielen die Zusagen, die Kleist gemacht waren. Am 26. Januar ließen Adam Müller und die Junkerpartei das sterbende Blatt vollends im Stich, Müller kam um die Genehmigung eines neuen Organs, der von ihm herauszugebenden „Staatsanzeigen" bei Hardenberg ein. Hardenberg wußte sie zu verschleppen und zu verhindern.

So waren die Abendblätter von beiden Parteien verraten. Und der neue Verleger kündigte nicht nur den Vertrag, sondern verlangte auch noch einen Schadenersatz von 300 Talern. Vergebens machte Kleist die Regierung, die ihm sein Blatt ruiniert, dafür haftbar und bat nun um Zahlung der versprochenen Unterstützung. In langen, erregten Verhandlungen, die sich bis zur Pistolenforderung Kleists an Friedrich v. Raumer, Hardenbergs Vertreter, zuspitzten, vermochte er nichts zu gewinnen. Mit dem zweiten Quartal, dem 1. April 1811, sind die Abendblätter, die das feierliche Gebet Zoroasters eröffnet, in peinlichen politischen

Zwiſtigkeiten und Intrigen zugrunde gerichtet. Der abſolute Idealiſt bittet müde und mittellos „Seine Exzellenz mit Übergehung der ganzen bewußten Entſchädigungsſache, als einen bloßen Beweis ihrer Gnade, um Übertragung der Redaktion des kurmärkiſchen Amtsblatts.“ Auch das vergebens!

Was war aus den Ideen der Hermannsſchlacht, des Prinzen von Homburg, des Zoroaſter-Gebetes geworden, angewandt auf die — journaliſtiſche — Wirklichkeit? Ein paar Ausfälle gegen Iffland, ein paar Bemerkungen zur Kunſtausſtellung, ein paar ſatiriſche Gloſſen zur Pädagogik der Zeit, Gelegenheitsfüllſel über Aeronautik, über Helgoland, Auszüge aus fremden Zeitungen, Überſetzungen aus dem Franzöſiſchen und Engliſchen, kleinere Erzählungen („Das Bettelweib von Locarno“, „Die hl. Cäcilie“) und Anekdoten, die Kleiſt in der „Anekdote aus dem letzten preußiſchen Kriege“ auf klaſſiſche Höhen hob, durch ſeinen Sinn für das Weſentliche, der eine Novelle Loebens von 28 auf 2½ Seiten zuſammenſtrich, und ſeine dramatiſche Wucht. Reinhold Steig bemüht ſich in ſeinen umfaſſenden Unterſuchungen über „Heinrich von Kleiſts Berliner Kämpfe“ dieſe zerſplitterten Äußerungen organiſch in die anderen Beiträge der Abendblätter und beide zuſamt in den geiſtigen Entwickelungskampf der Zeit einzuordnen. Kleiſt gerät dabei völlig in die Partei und Ideenwelt der Junker und macht den Eindruck eines in allen Einzelheiten bewußten, literariſch und politiſch freundſchaftlich verbundenen Mitkämpfers. Als wenn der Sänger der Hermannsſchlacht, der die goldenen und ſilbernen Geſchirre zu ſchmelzen, Perlen und Juwelen zu verkaufen, die Fluren zu ver-

heeren, die Herden zu erschlagen, die Plätze niederzubrennen
gebot, sich der trotzigen Selbstsucht der Junker hätte eins
fühlen können! Sicherlich war der Enttäuschung über sie
seine Erklärung zum Luxussteueredikt entwachsen: „Gäbe
es der begüterten Staatsbürger, welche so denken, mehrere:
so wäre es allerdings besser, weder die Luxus- noch irgend
eine andere Steuer wäre ausgeschrieben worden. Denn ob
ein Staat, der aus solchen Bürgern zusammengesetzt ist,
besteht, oder ob er von den Stürmen der Zeit in alle Lüfte
verweht wird: das gilt völlig gleichviel." Wie einsam
Kleist zwischen ihnen stand, das geht aus Bemerkungen hervor, die selbst die ihm nächsten Mitglieder der christlich-
deutschen Tischgesellschaft, die Dichter und Nachbarn Arnim
und Brentano über ihn machten. Arnim, den Kleist selber
im Juli 1811 denjenigen nennt, „mit dem ich jetzt am liebsten, wenn ich die Wahl hätte, in ein näheres Verhältnis
treten möchte", war in seiner epischen, schollenfesten Klarheit und Freudigkeit der tragischen Unrast und Dunkelheit
Kleists so fremd, daß er ihn Anfang April 1810 „eine sehr
eigentümliche, ein wenig verdrehte Natur" nennt, und nach
dem Tode schreibt: „Der arme Kerl, so wenig Freude mir
seine störrische Eigentümlichkeit gemacht hat, er tut mir
doch leid, er meinte es mit seinen Arbeiten so ehrlich wie
wenige, seine Erzählungen sind gewiß brav und seinem dramatischen Talente fehlte eigentlich nur ein Theater, das er
geachtet hätte, indem es sich für ihn interessiert hätte." Und
Brentano, dessen sinnlich-südliche Einbildungskraft der
metaphysisch-nordischen Kleists polar fern blieb, schrieb auf
die Todesnachricht an Arnim: „Der arme, gute Kerl,
seine poetische Decke war ihm zu kurz, und er hat sein Leben

lang ernsthafter als vielleicht irgendein neuer Dichter daran
gereckt und gespannt. Er ist allein soweit gekommen, weil
er keinen recht herrlichen Menschen gekannt und geliebt, und
grenzenlos eitel war."

Auch die — neben den Anekdoten und Erzählungen —
wertvollsten Beiträge der Abendblätter, Kleists Aufsätze
zur Kunst, zeugen von seiner Sonderstellung. Er fühlte sich
keineswegs — wie Steig und Nadler es darstellen — den
Romantikern eins. Ausdrücklich erklärt Arnim im Entwurf eines Nachrufs: „Statt ihm vorzuwerfen, daß er
der neueren [romantischen] Schule angehangen, wozu wohl
kein Mensch so wenig Veranlassung gegeben wie Kleist,
hätte man eher bedauern müssen, daß er keine Schule anerkannt, das heißt nur in seltenen Fällen dem Hergebrach-
ten und dem Urteil seiner Kunstfreunde nachgab." Die
Kunstaufsätze der Abendblätter, der „Brief eines jungen
Dichters an einen jungen Maler", der „Brief eines Ma-
lers an seinen Sohn", der „Brief eines Dichters an einen
andern" stellen sich ebenso wie die bedeutendste der Abhand-
lungen, „Über das Marionettentheater", gegen jede Theo-
rie und Formenlehre, die der Aufklärung wie der Romantik, und proklamieren die Ursprünglichkeit und Unbewußt-
heit alles künstlerischen Schaffens. Sie sind der Ausbruch
eines Dichters, dem in der Urnotwendigkeit seines Wesens
und Schaffens das ästhetisierende Berlin, Literaten und
Gelehrte, gleich zuwider sind: „Jüngsthin, als ich Dich
bei der Lektüre meiner Gedichte fand, verbreitetest Du Dich
mit außerordentlicher Beredsamkeit über die Form und
unter beifälligen Rückblicken über die Schule, nach der ich
mich, wie Du vorauszusetzen beliebtest, gebildet habe; rühm-

test Du mir auf eine Art, die mich zu beschämen geschickt war, bald die Zweckmäßigkeit des zugrunde liegenden Metrums, bald den Rhythmus, bald den Reiz des Wohlklangs und bald die Reinheit und Richtigkeit des Ausdrucks und der Sprache überhaupt. Erlaube mir, Dir zu sagen, daß Dein Gemüt hier auf Vorzügen verweilt, die ihren größten Wert dadurch bewiesen haben würden, daß Du sie gar nicht bemerkt hättest. Wenn ich beim Dichten in meinen Busen fassen, meinen Gedanken ergreifen und mit Händen, ohne weitere Zutat, in den Deinigen legen könnte: so wäre, die Wahrheit zu gestehn, die ganze innere Forderung meiner Seele erfüllt." Der Künstler, der aus dem Notdrange seiner Empfindungen sein eignes Leid im Weltleid ausspricht, kehrt sich gegen die Romantiker, deren Bildungserlebnis so oft stärker als das Urerlebnis ist. „Diese Unempfindlichkeit gegen das Wesen und den Kern der Poesie bei der bis zur Krankheit ausgebildeten Reizbarkeit für das Zufällige und die Form, klebt Deinem Gemüt überhaupt, meine ich, von der Schule an, aus welcher Du stammst; ohne Zweifel gegen die Absicht dieser Schule, welche selbst geistreicher war als irgendeine, die je unter uns auftrat, obschon nicht ganz, bei dem paradoxen Mutwillen ihrer Lehrart, ohne ihre Schuld."

Vom persönlichen Bekenntnis hebt die Abhandlung „Über das Marionettentheater" solche Bemerkungen zur Höhe eines ästhetischen und geistigen Weltbildes. Was seit seinem Zusammenbruch an Kant seine leidenschaftliche Überzeugung war, daß alle Verstandeserkenntnis ohnmächtig und trügerisch, daß nur das Gefühl, das Irrationale und Unbewußte unser metaphysischer Wesenskern sei, in dem sich Gott uns offenbare, was alle seine Gestalten begründet, was Käthchens Schicksal bestimmt hatte, spricht sich in dieser vollendeten Abhandlung systematisch und doch bildhaft-lebendig aus. Als er 1805 Rühle von Lilienstern zurief: „O der Verstand! Der unglückselige Verstand! Studiere nicht zu viel, mein lieber Junge. Folge deinem Gefühl", da hatte er das Problem des Marionetten-Aufsatzes schon formuliert: „. . . Kunst? Es gibt nichts Göttlicheres als sie! Und nichts Leichteres zugleich; und doch, warum ist es so schwer? Jede erste Bewegung, alles Unwillkürliche, ist schön; und schief und verschroben alles, sobald es sich selbst begreift." Jetzt stellt er dies Problem in den Gang der Menschheit ein, den entwickelungsgeschichtlichen Triaden Schillers, Fichtes, Hegels gleich. Wo das Unbewußte, Naturgesetz und Instinkt, allein mächtig ist, bei der Marionette, beim Tiere, beim Kinde, da ist vollendete Grazie in jeder Bewegung. Wo Selbstbeobachtung und Selbstreflexion erwacht sind, da ist Unsicherheit und Ziererei. „Wir sehen, daß in dem Maße, als in der organischen Welt die Reflexion dunkler und schwächer wird, die Grazie darin immer strahlender und herrschender hervortritt. — Doch so wie sich der Durchschnitt zweier Linien auf der einen Seite eines Punkts, nach dem Durchgang durch das Unendliche, plötzlich wieder auf der andern Seite einfindet, oder das Bild des Hohlspiegels, nachdem es sich in das Unendliche entfernt hat, plötzlich wieder dicht vor uns tritt: so findet sich auch, wenn die Erkenntnis gleichsam durch ein Unendliches gegangen ist, die Grazie wieder ein; so daß sie zu gleicher Zeit in demjenigen menschlichen Körperbau am reinsten erscheint, der entweder gar keins oder ein unendliches Bewußtsein hat, d. h. in dem Gliedermann oder in dem Gott." „Mithin müßten wir wieder von dem Baum der Erkenntnis essen, um in den Stand der Unschuld zurückzufallen?" „Allerdings, das ist das letzte Kapitel von der Geschichte der Welt." — — —

Der Zusammenbruch der Abendblätter nötigte Kleist, seine Manuskripte geschäftlich zu nützen. Käthchen von Heilbronn, das Cotta abgelehnt, übernahm das Mitglied der christlich-deutschen Tischgesellschaft Georg Andreas Reimer, ebenso den Zerbrochenen Krug. Auch die Erzählungen, die Kleist in zwei Bänden zusammengestellt, verlegte er. Die Honorare waren dürftig, der politischen und wirtschaftlichen Gedrücktheit der Zeit gemäß. Ungedruckt blieben die Hermannsschlacht und der Prinz von Homburg. Erst Tiecks Ausgabe der Hinterlassenen Schriften (1821) brachte sie. Aber nicht nur ungedruckt, sondern auch ungewahrt blieb ein zweibändiger Roman, den Kleist im Juli 1811 Reimer zum Verlag anbot, und von dem Ferdinand Grimm, der bei Reimer tätig war, 1816 an seine Brüder schrieb: „Ich hoffe, daß auch ein Roman von Kleist, in zwei Bänden vollendet, dem Druck bald übergeben wird, von dem ich zwar bis heute noch nichts erblickt habe, der aber auch sehr gut sein soll." Er ist — einer der schwersten Verluste der deutschen Literatur! — spurlos verloren gegangen. So wirkte das tragische Schicksal dieses Dichters noch über sein Leben fort.

Hilflos wendet sich Kleist am 6. Juni 1811 noch einmal an Hardenberg mit einem Anstellungsgesuch. Noch einmal erinnert er ihn an den empfindlichen Verlust, den er durch den Untergang der Abendblätter erlitten, „ganz allein

durch das Verschulden der Staatskanzlei", und an die ver=
sprochene Entschädigung, die ihm niemals geleistet worden
ist. „Die gänzliche Unfähigkeit, jenen Ausfall, auf dem
meine Existenz basiert war, zu ertragen, zwingt mich, Ew.
Exzellenz Gnade und Gerechtigkeit von Neuem wieder in
Anspruch zu nehmen." Er bittet, ihn im Kgl. Zivildienst
anzustellen, oder ihm wenigstens ein Wartegeld auszusetzen,
ein Gesuch, „dessen Verweigerung mich aller Mittel, ferner
im Vaterlande zu bestehen, berauben würde." Elf Tage
darauf sucht er diesem Schreiben durch ein Immediatge=
such an den König Nachdruck zu geben. Beide blieben er=
folg= und antwortlos.

Inzwischen hatte Adam Müller, der einzige, der ihn zu
würdigen wußte, Berlin verlassen, um, gewandt und be=
weglich, sich in Wien durch Gentz einen neuen Weg zu bah=
nen. Die christlich=deutsche Tischgesellschaft hatte sich auf=
gelöst, der Adel war mit dem Frühling auf seine Güter
gegangen; Arnim, seit dem 11. März mit Bettina verhei=
ratet, lebte ganz zurückgezogen. Auch Marie von Kleist,
geb. Gualtieri, die 16 Jahre ältere, einst mütterliche
Freundin seiner Jugend, der er nach langer Trennung vom
November 1810 bis zum April 1811 in neuer leidenschaft=
licher Neigung zugewachsen, war fern. „Das Leben, das
ich führe," schreibt er ihr im August 1811, „ist seit Ihrer
und A. Müllers Abreise gar zu öde und traurig. Auch bin
ich mit den zwei oder drei Häusern, die ich hier besuchte, seit
der letzten Zeit ein wenig außer Verbindung gekommen und
fast täglich zu Hause, vom Morgen bis auf den Abend, ohne
auch nur einen Menschen zu sehen, der mir sagte, wie es in
der Welt steht." „Er lebt sehr wunderlich," hatte Arnim

schon früher über ihn geschrieben, „oft ganze Tage im Bette, um da ungestörter bei der Tabakspfeife zu arbeiten.“

Da zünden Wandlungen in der politischen Welt neue Hoffnungen an. Das Bündnis zwischen Napoleon und dem Zaren war schon seit Jahresbeginn durch des Korsen Überheblichkeit gelockert, wachsende Verstimmungen trieben zu einem Krieg, in dem Preußen nicht neutral bleiben konnte. Die Kriegspartei gewann Raum. Gneisenau wurde an Scharnhorsts Seite in den Staatsrat berufen. Pläne zu einer allgemeinen Erhebung des preußischen Volkes wurden heimlich bearbeitet. Kleists alte Träume flammten auf. Am 7. September wandte er sich an den König mit einem Gesuch um Anstellung im Militärdienst. Marie von Kleist, als Freundin der verstorbenen Königin von Einfluß, unterstützte es durch eine begeisterte Empfehlung: „Mein König lasse ihn an seiner Seite fechten, er beschirme meines Monarchen Leben. Nicht das Traktament eines Adjutanten fordere ich für ihn. Er verlangt nur die Gage des letzten Leutnants eines Regiments, gern diente er ganz umsonst, wenn er die mindeste Ressource hätte. Sein ganzer, sein einziger Wunsch ist für seinen König zu sterben ... Mein König vergesse nicht, daß ein Dichter seines Namens unter die ersten Helden des Vaterlandes gehört, ein Mann, auch aus unsäglichen Sonderbarkeiten zusammengesetzt, aber brav und treu — in H. K. soll dieser Held wieder aufleben.“ Der König antwortete gnädig, daß er für den Fall eines Krieges zur Anstellung vorgemerkt sei. Kleist nahm, hingerissen von der neuen Erregung, Krieg und Anstellung schon als gewiß. Er suchte Beziehungen zu Gneisenau und überreichte ihm einige Aufsätze. „Ich bin gewiß, daß, wenn er den Platz fände, für den er sich geschaffen und bestimmt fühlt, ich irgendwo in seiner Umringung den meinigen gefunden haben würde." Er wandte sich — so hilf- und mittellos war er — an Hardenberg, seinen alten Widersacher, um einen Vorschuß von 20 Louisdor zur Equipierung, „da Se. Majestät der König geruht haben mich im Militair anzustellen." Vergebens versicherte er ihn seiner „ewigen und unauslöschlichen Dankbarkeit". Der Kanzler ließ das Gesuch ohne Antwort, erst am 22. November schrieb er an den Rand: „Zu den Akten, da der p. v. Kleist nicht mehr lebt."

Nun wandte sich Kleist, dem die neuen, kriegerischen Hoffnungen schon wieder im Werden zerbröckelten, noch einmal an seine Familie. Nervös, gehetzt, zerrissen kam er nach Frankfurt a. d. O. Seine unerwartete, durch Leiden und Entbehrungen entstellte, gespenstige Erscheinung entsetzte die Schwestern so, daß er sofort wieder dem Haus enteilte. Zu Tode bestürzt schreibt er Ulrike, die ihm so oftmals beigestanden, ein paar Zeilen abgründigen Wehs, verwundeter Liebe, die zuerst seines Wunsches um Hilfe gedenken: „Da Du Dich aber, mein liebes wunderliches Mädchen, bei meinem Anblick so ungeheuer erschrocken hast, ein Umstand, der mich, so wahr ich lebe, auf das Allertiefste erschütterte: so gebe ich, wie es sich von selbst versteht, diesen Gedanken völlig auf, ich bitte Dich von ganzem Herzen um Verzeihung und beschränke mich, entschlossen, noch heut nachmittag nach Berlin zurückzureisen, bloß auf den anderen Wunsch, der mir am Herzen lag, Dich noch einmal auf ein paar Stunden zu sehen. Kann ich bei Dir zu Mittag essen?"

Dieses Mittagessen mit den beiden Schwestern, darüber Kleist vier Wochen später Marie von Kleist berichtet, muß furchtbar gewesen sein. Da saßen diese Menschen, die sich liebten, blutsverwandt, schicksalverbunden. Da saß Ulrike, die in Not und Tod Kleist zur Seite geeilt, ihm den größten Teil ihres Vermögens geopfert hatte, Schwester und Freundin, die „Einzige auf der Welt". Und in gellendem Unverstand, in gespenstiger Fremdheit marterten sie den Todwunden mit Vorwürfen über sein zerbrochenes Leben. In Gegenwart eines Gastes, der dazu kam, warfen sie ihm die tragische Schuld seines Schicksals als banale persönliche Verschuldung vor. Ihr Mitleid mit seiner zerstörten Existenz wird zur Bitterkeit, ihre Klage zur Anklage, ihre Hilflosigkeit zur Gereiztheit und Gehässigkeit. Kleist sieht sich von seinen Nächsten, die er liebte, denen er in dämonischem Schaffen den Kranz des Ruhmes mit errungen hatte, verkannt, verzerrt, verlästert „als ein ganz nichtsnutziges Glied der menschlichen Gesellschaft, das keiner Teilnahme mehr wert sei". Sein ganzes Leben, diese Schicksalskette aus Blutstropfen und Schöpfungsperlen sieht er zerrissen, beschmutzt, in den Staub geworfen. „Lieber zehnmal den Tod erleiden, als noch einmal wieder erleben, was ich das letztemal in Frankfurt an der Mittagstafel zwischen meinen beiden Schwestern empfunden habe." Mich so „betrachtet zu sehen, ist mir überaus schmerzhaft, wahrhaftig es raubt mir nicht nur die Freuden, die ich von der Zukunft hoffte, sondern es vergiftet mir auch die Vergangenheit". Was konnte er noch von den andern erwarten, wenn so die Nächsten vor ihm zurückbebten. Grauenvoll überwächst ihn die Einsamkeit und Fremdheit alles Endlichen, der er im ersten

seiner Dramen Gestalt gegeben. Damals hatte er Wilhelmine unschuldig-schuldvoll zugerufen: „Ach, warum kann
ich dem Wesen, das ich glücklich machen sollte, nichts gewähren als Tränen? Warum bin ich verdammt, das, was
ich liebe, mit jeder Handlung zu verletzen?" Jetzt erlitt er
das Gleiche, erlitt es von denen, die ihn nicht weniger
liebten.

Die jäh aufgeflammten politischen Hoffnungen sanken
schnell in Asche. Der König wollte den Kampf gegen Napoleon nur dann aufnehmen, wenn er ihn mit Rußland auf
deutschem Boden führen konnte. Der Zar aber wollte den
Feind innerhalb seiner Grenzen erwarten. Und Wien und
London vermochten keine wirksame Hilfe zuzusichern. So
blieb Preußen nichts übrig, als auf Napoleons Seite zu
treten und der Bundesgenosse seines Unterdrückers zu werden. Schon im Herbst 1811 war diese Wendung deutlich,
im Oktober war sie entschieden.

„Wie diese Aussicht auf mich wirkt" — schreibt Kleist
im August 1811 an Marie von Kleist — „können Sie
leicht denken; es ist mir ganz stumpf und dumpf vor der
Seele, und es ist auch nicht ein einziger Lichtpunkt in der
Zukunft ... Wozu raten Sie mir denn, teuerste Freundin,
falls auch diese Aussicht, die sich mir eröffnete, wieder vom
Winde verweht würde? Soll ich, wenn ich das Geld von
Ulriken erhalte, nach Wien gehen? Und werde ich es erhalten? — Ich gestehe, daß ich mit eben so viel Lust bei
Regen und Schneegestöber in eine ganz finstere Nacht
hinausgehen würde als nach dieser Stadt. Nicht als ob sie
mir an und für sich widerwärtig wäre; aber es scheint mir
trostlos, daß ich es nicht beschreiben kann, immer an einem

anderen Orte zu suchen, was ich noch an keinem, meiner eigentümlichen Beschaffenheit wegen, gefunden habe."

„Was soll man doch," schreibt er am 10. November voll tragischer Bitternis, „wenn der König diese Allianz abschließt, länger bei ihm machen? Die Zeit ist ja vor der Tür, wo man wegen der Treue gegen ihn, der Aufopferung und Standhaftigkeit und aller andern bürgerlichen Tugenden, von ihm selbst gerichtet, an den Galgen kommen kann."

Von allen Seiten ballen sich die Gewitterspannungen seines Schicksals. Zum weglosen Unglück des Vaterlandes kommt die eigene dunkle Weglosigkeit. Und er weiß jetzt in der endlosen Folge seiner Bedrängnisse, seines unaufhörlichen Aufsturms und Absturzes, daß sie kein Zufall ist, kein überwindbares Hin und Wider, daß sie in seiner „eigentümlichen Beschaffenheit" begründet ist. Wer aber kann wider die? „Das Schicksal oder mein Gemüt — und ist das nicht mein Schicksal?", hat er 1802 an Ulrike geschrieben. Und in einem pädagogischen Aufsatz der Abendblätter hat er erklärt: „Das Kind ... trägt ein unabhängiges und eigentümliches Vermögen der Entwickelung und das Muster aller innerlichen Gestaltung in sich." Jetzt ist ihm die eigene Wesensanlage in ihrem Verhängnis deutlich geworden: „In einem so besondern Falle ist noch vielleicht kein Dichter gewesen. So geschäftig dem weißen Papier gegenüber meine Einbildung ist, und so bestimmt in Umriß und Farbe die Gestalten sind, die sie alsdann hervorbringt, so schwer, ja ordentlich schmerzhaft ist es mir, mir das, was wirklich ist, vorzustellen. Es ist, als ob diese in allen Bedingungen angeordnete Bestimmtheit meiner Phantasie im

Augenblick der Tätigkeit selbst Fesseln anlegte. Ich kann, von zu vielen Formen verwirrt, zu keiner Klarheit der innerlichen Anschauung kommen; der Gegenstand, fühle ich unaufhörlich, ist kein Gegenstand der Einbildung: mit meinen Sinnen in der wahrhaftigen lebendigen Gegenwart möchte ich ihn durchdringen und begreifen." Wir erkennen nur, was wir erschaffen, hatte Kant dargetan. Kleist, der allmächtig und allweise war, wo er die Welt frei erschaffen und bilden konnte, im Reich seiner Kunst, war fremd und blind, wo eine bestimmte, zufällige Wirklichkeit seiner schöpferischen Phantasie entgegentrat. Und auch die besondere, tragische Grundlage seines Künstlertums ist ihm unerbittlich offenbar geworden: „Ich schwöre Dir, es ist mir ganz unmöglich länger zu leben; meine Seele ist so wund, daß mir, ich möchte fast sagen, wenn ich die Nase aus dem Fenster stecke, das Tageslicht wehe tut, das mir darauf schimmert. Das wird mancher für Krankheit und überspannt halten; nicht aber Du, die fähig ist, die Welt auch aus andern Standpunkten zu betrachten als aus dem Deinigen. Dadurch, daß ich mit Schönheit und Sitte seit meiner frühsten Jugend an in meinen Gedanken und Schreibereien unaufhörlichen Umgang gepflogen, bin ich so empfindlich geworden, daß mich die kleinsten Angriffe, denen das Gefühl jedes Menschen nach dem Lauf der Dinge hienieden ausgesetzt ist, doppelt und dreifach schmerzen." Der Tragiker, der mit dem Wissen und Willen zum Ideal durch die Endlichkeit geht, fühlt sich täglich qualvoller von „der gebrechlichen Einrichtung der Welt", der Unzulänglichkeit des Irdischen verletzt und zurückgeworfen. „Mir waren die Gesichter der Menschen schon jetzt, wenn ich ihnen begegnete, zuwider, nun würde mich gar, wenn sie mir auf der Straße begegneten, eine körperliche Empfindung anwandeln, die ich hier nicht nennen mag." Der Lebensekel seines ersten Dramas steigt würgend in ihm auf: „Es hat das Leben mich wie eine Schlange — Mit Gliedern zahllos, ekelhaft umwunden — Es schaudert mich, es zu berühren."

Wie oft schon war im Wirbel seiner Verhängnisse der Gedanke an Lebensflucht in ihm aufgedunkelt. Tapfer hatte er immer wieder sich ihm entgegengeworfen. Er hatte ausgehalten auf seinem Posten, der Dämonie seiner Berufung genug getan. Jetzt beginnt er der eigenen Kunst, ihrer Gestaltenbestimmtheit müde zu werden. Er träumt davon, sie „auf ein Jahr oder länger ganz ruhen zu lassen und mich ... mit nichts als mit Musik zu beschäftigen". Die unendliche Melodie tönt aus dem Jenseits aller Erscheinung her, erlösend und verlockend. Und wenn ihn bisher geschaudert hat, allein aufzubrechen aus der vertrauten Enge des Lebens in die Unergründlichkeit der Weltennacht, wenn er Marie von Kleist vergebens „mehrmals gefragt, ob Du mit mir sterben willst", jetzt ist ihm in Henriette Vogel — der Frau des Rendanten Vogel, Müllers Jugendfreund — die ihm durch gemeinsame Musikfreuden und -Übungen verbunden, eine Weggefährtin geworden. Und wieder ist es die tragische Ironie Kleists: während ihn „eine höhere, festgewurzelte und unheilbare Traurigkeit" aus dem Leben treibt, ist Henriette Vogels letzter Grund körperliche Krankheit, ein unheilbarer Krebs, dessen qualvoller Zerstörung sie entflieht. Aber ihre schwärmerische Anempfindung eilt, diesen Grund zu verwischen und in die Freiheit des Herzens emporzuheben. Kleist selber drängt sie und sich in die trügerische

Ekstase eines gemeinsamen Liebestodes. Am 21. November 1811 erschießt er sie und sich am Ufer des Wannsees. Am Morgen seines Todes hat er im Brief an Ulrike noch einmal die Unerbittlichkeit dieses Ausgangs bedeutet: „Die Wahrheit ist, daß mir auf Erden nicht zu helfen war." Rein und furchtbar hat sich Hebbels Wort an ihm erfüllt:

„Was soll ein Tragödienschreiber denn anders sein als ein Tragödienheld!"

Anmerkungen zur Literatur

Das hundertjährige Todesjahr Kleists (1911) brachte der Kleist=
Literatur eine bedeutende Steigerung und Zusammenfassung. Ro=
bert Petsch gibt Überblicke über die Kleist=Literatur des Jubiläums=
Jahres in der Germanisch=Romanischen Monatsschrift (1913) und
in der Zeitschrift für den deutschen Unterricht (1913). Die beiden
hervorragenden Werke des Jahres, die auch über die Kleist=Lite=
ratur bis 1911 gründlich unterrichten, waren: Wilhelm Herzog,
Heinrich von Kleist. München 1911 und: Heinrich Meyer=Benfey,
Das Drama Heinrich von Kleists, I. Band: Kleists Ringen nach
einer neuen Form des Dramas. Göttingen 1911, II. Band: Kleist
als vaterländischer Dichter. Göttingen 1913.

Das Werk Herzogs baute das ganze bisher gesammelte biogra=
phische Material lebendig auf. Es zeichnete das Wesen und Schick=
sal Kleists vielfach groß und mitreißend, mit entschiedener Be=
gabung für Künstlerpsychologie. Doch fehlt die letzte metaphysische
Tiefe. Die Analysen der Werke sind bei allem künstlerischen Mit=
gefühl die des ersten Eindrucks, nicht eindringlich und umfassend
genug. Und die Werke ertrinken schließlich in der Flut des biogra=
phischen und historischen Materials.

Meyer=Benfeys Bände über Kleists Dramen sind wohl das
gründlichste und geistigste Buch über Kleist. Er geht vom Werk
aus und sucht — jenseits einer naiv stofflichen Quellenforschung —
die innere Form jeder Dichtung aufzudecken, der die äußere Form
Gestalt und Farbe gibt. Philosophische Schulung und Tiefe unter=
stützt ihn darin. So dringen seine Kapitel über die Familie Schrof=
fenstein, die Hermannsschlacht, den Prinzen von Homburg in das
wesentliche. Und auch ich bin ihnen verpflichtet. Aber Meyer=
Benfey hat keine sichere, stete, unmittelbare Gemeinschaft mit
Kleists Lebensgefühl und geht daher oft nicht vom erfühlten We=
sensgrund einer Dichtung aus, sondern von einer gesuchten Idee,

die zu philosophisch bedeutsamen, aber keineswegs Kleistschen Zusammenhängen führt. Immer wieder verliert er sich in Konstruktionen. Und mit der Form im engeren Sinne geht es ihm ebenso. Sein ganzer erster Band „Kleists Ringen nach einer neuen Form des Dramas" läuft schließlich nur auf ein Drama ohne Einteilung in Akte hinaus (Guiskard, Penthesilea, Zerbrochener Krug), und das zum Problem jahrelanger Kleistscher Kämpfe zu machen, heißt gerade Kleist gründlich mißverstehen.

Aus der Literatur seit dem Jubiläumsjahr sind hervorzuheben:

Bücher und Aufsätze, die neues Material bringen:

Flodoard Freiherr von Biedermann, H. v. Kleists Gespräche. Leipzig 1912.

Georg Minde-Pouet, Neue Briefe H. v. Kleists. Deutsche Rundschau, Oktober 1914.

K. G. Herwig, Neue Dokumente von H. v. Kleist aus der Zeit seiner Gefangenschaft im Fort de Joux, aufgefunden in Orbe im Waadtland, bisher nur in Zeitungs-Auszügen veröffentlicht und darum noch nicht nachprüfbar und nutzbar.

Allgemeinere Werke über Kleist:

W. Kühn, H. v. Kleist und das deutsche Theater. München 1912 (vielfach unzureichend und überholt).

Julius Hart, Das Kleist-Buch. Berlin 1912 (voll überreizter Subjektivität).

Hermann Schneider, Studien zu H. v. Kleist (mit guten Darlegungen zu den beiden Fassungen der Familie Schroffenstein und des Zerbrochenen Krugs).

Max Fischer, H. v. Kleist, der Dichter des Preußentums. Stuttgart 1916.

Ernst Cassirer, H. v. Kleist und die Kantische Philosophie. Berlin 1919 (sucht geistvoll zu deuten, daß es wahrscheinlich nicht Kants Schriften selber, daß es vielmehr Fichtes Darstellung der Kantischen Philosophie, die 1800 erschienene „Bestimmung des Menschen", gewesen sei, die Kleist erschüttert habe. Gewiß hätte

die Zuspitzung, in der sich Kants Begrenzung der reinen Vernunft=
erkenntnis hier darstellt, Kleist mit gesammelter Wucht ins Herz
treffen müssen. Aber es wäre doch seltsam, wenn Kleist bei solch
lebensentscheidender Bedeutung dieser Schrift für sich niemals
Fichtes Namen in seinen Briefen oder Gesprächen genannt hätte.
Die Wucht, die ihn traf, entstammte nicht erst einer zugespitzten
Darstellung der Kantischen Philosophie, sie wuchs aus dem Werde=
prozeß des Tragikers).

Josef Nadler, Die Berliner Romantik 1800—1814. Berlin
1921 (stellt Kleist mit Fouqué und Arnim auf „die Scheitelhöhe
der ostdeutschen Bewegung", ohne Verständnis für die tiefe innere
Einsamkeit Kleists, die der romantischen Schule durchaus fern
blieb. In einer Polemik gegen Treitschke kommt Nadler zu gro=
tesken Formulierungen über den Prinzen von Homburg).

Über einzelne Werke Kleists:

Ottokar Fischer, Kleists Guiskardproblem. Dortmund 1912
(sucht in äußerer Auffassung von Guiskards Krankheit Zusam=
menhänge mit Sophokles' Trachinierinnen, Philoktetes und Ger=
stenbergs Ugolino).

Berthold Schulze, Kleists Penthesilea. Leipzig 1912 (sucht
Kleists Bilder leitmotivisch auszudeuten).

Hans Klein, Die antiken Amazonensagen in der deutschen Lite=
ratur. (Seite 37—108 Kleists Penthesilea.) Dissertation. Mün=
chen 1919.

Friederich Röbbeling, Kleists Käthchen von Heilbronn (Saran's
Bausteine zur Geschichte der neueren deutschen Literatur. XII),
Halle 1913 (trifft von allen Darstellungen Käthchens am reinsten
das wesentliche, übersieht nur, daß in der ursprünglichen und in
der Gesamtanlage des Dramas der Silvestertraum dem Grafen
— wie Käthchen — nicht bewußt gegenwärtig bleibt, sondern erst
in der Holunderszene wieder lebendig wird. Die dem widersprechen=
den Einfügungen Kleists im II. Akt sind durchaus dem Gesamt=
bau des Dramas fremd).

Zu Kleists Erzählungen:

Meyer=Benfey, Die innere Geschichte des Michael Kohlhaas im Euphorion XV. 1908, Seite 99—140 und in

Meyer=Benfey, Kleists Leben und Werke, dem deutschen Volke dargestellt. Göttingen 1911 (bedeutsam im Nachweis der drei Fassungen im Michael Kohlhaas, aber in der Unterscheidung der ersten und zweiten Fassung konstruiert und — vgl. Wächter — unhaltbar. Auch die geistreiche Ausdeutung der Marquise von O. macht einen Endpunkt zum Mittelpunkt).

Hermann Davidts, Die novellistische Kunst Heinrichs von Kleist (Bonner Forschungen NF 5). Berlin 1913.

Kurt Gassen, Die Chronologie der Novellen Heinrich von Kleists. Forschungen zur neueren Literaturgeschichte LV. Weimar 1920 (eine stilometrische Untersuchung, die keineswegs voll über= zeugt, da z. B. die chronologisch am meisten strittige Novelle „Die Verlobung in St. Domingo" vor ihrer späten Veröffentlichung überarbeitet sein kann).

Karl Wächter, Kleists Michael Kohlhaas. Forschungen zur neueren Literaturgeschichte LII. Weimar 1918 (macht höchst wahrscheinlich, daß Amtmannsszene, Bittgang und Tod der Frau der Urfassung nicht angehören, und widerlegt so Meyer=Benfeys Annahme, daß die erste Fassung ein „rein individuelles psycholo= gisches Problem" sei, das Ausschweifen in einer Tugend bis zur ungezügelten Rachsucht).

PHILIPP WITKOP

Goethe
Leben und Werk

Mit 8 Bildtafeln
Ganzleinen Rm. 9.50, Halbleder Rm. 14.50

…Hier ist wohl zum erstenmal erreicht, und zwar auf dem Raum von nur fünfhundert Seiten, weder das philologische Kleinwerk allzu aufdringlich aneinanderzureihen, noch die Wesensdeutung des Dichterischen allein in den Vordergrund zu stellen, sondern beides zu vereinigen, Lebensbeschreibung (also Tatsachenbericht) und Deutung (also geistige Sinngebung des Dichterischen und Naturwissenschaftlichen) als Einheit von Leben und Werk, als Totalität der Goetheschen Wesenheit darzustellen. Es ist im Grunde der Erfolg einer Methode, die aus der vollen Beherrschung des Stofflichen und des Geistigen stammt… Jedes der dreißig Kapitel, jedes meisterhaft in gedrängter Kürze geformt, bedeutet einen Schritt der Entwicklung im Äußern und Innern bis zur Vollendung…

Kölnische Zeitung

…Dies ist vielleicht das Goethe-Buch, aus dem man am meisten lernen kann… Noch nie ist Goethes Naturwissenschaft als wesentlicher Bestandteil seines Seins so spürbar gemacht worden…

Berliner Tageblatt

… Ein ausgezeichneter Führer, für die Jungen wie für die Älteren… Ein Volksbuch im besten Sinne, d. h. es verbindet höchste Qualität der geistigen Leistung mit einer Einfachheit der Darstellung, die alles Esoterische im allgemein Zugänglichen auflöst…

Deutsche Allgem. Ztg., Berlin